MODOS DE PRODUÇÃO E REALIDADE BRASILEIRA

Coleção *HISTÓRIA BRASILEIRA/5*

Coordenação de
José Roberto do Amaral Lapa

Volumes da coleção, já publicados:

José Roberto do Amaral Lapa
Livro da Visitação do Santo Ofício da Inquisição ao Estado do Grão-Pará

Marisa Saenz Leme
A Ideologia dos Industriais Brasileiros (1919-1945)

Carlos Guilherme Mota
Idéia de Revolução no Brasil (1789-1801)

Arnaldo Daraya Contier
Imprensa e Ideologia em São Paulo (1822-1842)

Vários Autores
Modos de Produção e Realidade Brasileira

A sair:

Maria Beatriz Nizza da Silva
Cultura no Brasil Colônia

Almir Chaiban El-Kareh
Filho Branco de Mãe Preta

FICHA CATALOGRÁFICA

CIP-Brasil. Catalogação-na-fonte
Sindicato Nacional dos Editores de Livros, RJ.

M698 Modos de produção e realidade brasileira / [organização de] José Roberto do Amaral Lapa. — Petrópolis : Vozes, 1980.
212p. (Coleção História brasileira; 5).

Bibliografia.

1. Brasil — Condições econômicas 2. Brasil — História 3. Economia — História — Brasil I. Lapa, José Roberto do Amaral II. Série.

CDD — 330.981
981
CDU — 338(81)
80-0391 981

MODOS DE PRODUÇÃO E REALIDADE BRASILEIRA

Organizador

José Roberto do Amaral Lapa
(da Universidade Estadual de Campinas)

Colaboram:

Antônio Barros de Castro
Nelson Werneck Sodré
Jacob Gorender
Ciro Flamarion S. Cardoso
Octavio Ianni
Peter L. Eisenberg
Theo Santiago

VOZES

Petrópolis
1980

Rua Frei Luís, 100
25600 Petrópolis, RJ
Brasil

Diagramação
Valdecir Mello

"ABANDONA-SE a pesquisa empírica em favor do ensaio porque supomos que inventar a realidade é fazer boa teoria... Quando me refiro à pesquisa empírica, não estou falando do empirismo vulgar de pessoas que não distinguem entre coletar dados e organizar a lista telefônica. Estou falando da pesquisa científica, isto é, da investigação teoricamente fundamentada em que o pesquisador tem o domínio tanto do método da investigação quanto do método da explicação. Estou falando da pesquisa necessária politicamente neste momento político, da pesquisa que nos revele cientificamente os aspectos escondidos da situação que vivemos, que nos mostre o ser e o pensar daqueles que, estando juntos conosco no mesmo processo, não nos entendem nem são entendidos".

JOSÉ DE SOUZA MARTINS ("Ciência e Crise Política: A Sociologia a Caminho da Roça", in *Encontros com a Civilização Brasileira,* n. 12, p. 246-247, Rio, junho, 1979).

"COMO na prática haverá sempre fortes pressões a favor das ortodoxias políticas e sociais predominantes, uma universidade que tente viver em conformidade com sua retórica acerca da liberdade intelectual tem uma obrigação especial de procurar porta-vozes talentosos de quaisquer idéias que forem reprimidas. A obrigação aplica-se à direita e à esquerda de qualquer porção do espectro político que seja respeitável. Existe ao mesmo tempo uma obrigação que recai sobre o porta-voz de doutrinas não-liberais e antiliberais e que leva a uma contradição óbvia. Aceitando a filiação em comunidade acadêmica, o porta-voz de doutrinas antiliberais compromete-se a usar apenas armas puramente intelectuais para defender seu ponto de vista. A liberdade de defender seu próprio ponto de vista depende de sustentar ativamente a liberdade correspondente de seus oponentes intelectuais".

BARRINGTON MOORE, JR. (*Reflexões sobre as Causas da Miséria Humana e sobre Certos Propósitos para Eliminá-las,* p. 118, Zahar Ed., Rio 1974).

SUMÁRIO

INTRODUÇÃO AO REDIMENSIONAMENTO DO DEBATE

José Roberto do Amaral Lapa

A idéia desta Antologia teve sua origem durante as discussões que se desenvolveram na UNICAMP, no Seminário intitulado *Debate sobre os modos de produção e o processo histórico brasileiro.*

No calor da hora pareceu-nos, por motivos vários, relevante que não se contivesse o debate tão-somente durante aquelas sessões, promovidas pelo «Projeto Capitalismo e Agricultura» do Curso de Pós-Graduação em História nos dias 19 e 20 de outubro de 1978.

A partir daí, continuamos o trabalho, com estímulo e convicção, pretendendo ter tentado conseguir textos quase totalmente inéditos, os mais representativos possíveis no quadro de interpretações da realidade histórica brasileira através do conceito de modo de produção. Com esse procedimento assumia-se, conscientemente portanto, um livro de conteúdo bastante polêmico para o nosso conhecimento histórico.

O objetivo é dar ao leitor uma informação a mais completa sobre a situação atual do debate e o instrumental crítico para o seu posicionamento nele.

Assim e por isso coube desde logo ao organizador o desafio de congregar autores que pelas suas obras haviam enfrentado aquela problemática, isto é, o processo histórico brasileiro cientificamente apreendido e «explicado» através de um conceito teórico marxista axial.

As posições desses autores, como verificará o leitor, são definidas e no geral discordantes, o que não impede de notar contudo substantivas aproximações em certos casos.

A configuração das estruturas econômico-sociais brasileiras, a partir da colonização portuguesa — como feudais ou capitalistas — não foi iniciada com a literatura científica marxista, como nos demonstrou recentemente Christian Topalov, embora esse percurso anterior não tenha sido despolitizado ou tampouco possa ser despojado necessariamente de qualquer idéia que ressumasse o conceito de modo de produção. [1]

Entretanto, como não poderia deixar de acontecer, o debate se acelerou, desde que o conceito marxista do modo de produção se instaurou na literatura científica no Brasil, ao mesmo tempo em que nos era proposta de fora uma «explicação acabada». Dessa maneira, se as colocações já eram permeadas por um lastro ideológico que as politizava, passavam agora a ser manipuladas com a função de detectar as nossas contradições e impasses históricos e portanto também possíveis projeções das alternativas e rumos a serem tomados, em outras palavras, a ciência assumia mais acentuadamente suas dimensões sociais.

Mais explicitada em alguns textos, menos em outros, essa politização do debate científico continua, como é natural, presente nesta Antologia.

Nesse sentido, não queremos referir-nos ao sectarismo político, mas por outro lado desejamos deixar bem claro que após 15 anos a retomada do debate, com o maior vigor que esta Antologia pretende oferecer, só pode ter um objetivo científico que é o de contribuir para uma causa final política: a plena democracia para o Brasil.

Mas vale a pena lembrar algumas informações sobre o itinerário desse debate, desde o início de seu aceleramento.

1. Christian Topalov, *Estruturas Agrárias Brasileiras*, Liv. Francisco Alves Ed., Rio 1979.

Reclama-se ainda que seja reconstituída sua historia por alguém que dela tendo participado ou acompanhado consiga isentar-se dos envolvimentos político-sectários, a fim de recuperar-nos a substância científica que, se lhe deu menos calor, foi responsável todavia por um lastro mais seguro.

Dito isto, registremos dentro de um certo consenso — do qual participamos em boa e numerosa companhia — de que a influência das «propostas» programáticas da III Internacional Comunista (março de 1919) foram incorporadas pelo VI Congresso Mundial em 1º de setembro de 1928, em Moscou, e postas em prática como um modelo único para a América Latina pelo *Bureau Sul-americano da Internacional Comunista* que irradiava de Montevidéu para o continente o seu programa teórico e de ação. [2]

Deste passo em diante a nossa reconstituição tem como base o depoimento possível de Astrogildo Pereira, refletindo que aquelas «propostas» representavam teses cuja divulgação no Brasil foi feita sobretudo pela imprensa operária através dos trabalhos de Lênin *Mensagem aos Trabalhadores Americanos* e *A Democracia Burguesa e a Democracia Proletária.* [3]

Dessa maneira, verifica-se portanto que o debate científico sobre o Modo de Produção surgiu no bojo de um contexto político-ideológico, monopolizado, de certa maneira, pelo Partido Comunista do Brasil, embora não necessariamente pelos seus pioneiros intelectuais, entre os quais, na primeira hora, não havia aqueles que poderíamos reconhecer como cientistas sociais.

Os fóruns privilegiados desse debate, em seus posteriores desdobramentos, seriam o interior do PCB, certos círculos da Universidade, algumas publicações não-acadêmicas e excepcionalmente os sindicatos, sempre no eixo Rio-São Paulo.

Mas, nessa altura, o núcleo inicial de intelectuais do PCB havia-se ampliado consideravelmente e o alto grau de politização do debate provocava cisões, dissidências e rompimentos entre representativos teóricos do marxismo que desatavam as amarras partidárias sem se afastar da participação científica e social do debate.

2. Caio Prado Júnior, *A Revolução Brasileira,* p. 47, 48 e 49, Ed. Brasiliense, São Paulo 1966.
3. Astrogildo Pereira, *Formação do PCB 1922-1928* (Notas e Documentos), p. 28, Ed. Vitória Ltda., Rio 1962.

Daí, possivelmente compreendermos a lentidão alternada pelos saltos com que se desdobrou a discussão na medida em que se incorporavam novos círculos intelectuais não propriamente ao movimento comunista, mas às diversas frentes das esquerdas brasileiras.

Extravasava assim a discussão o puro sectarismo político, sem se despolitizar contudo, ganhando mais força e conseguindo traduzir-se já numa produção intelectual brasileira sobre o marxismo.

Desenvolve-se um período de fortes porfias internas no PCB, cumprindo-se justamente o início de sua primeira etapa de amadurecimento teórico e doutrinário, voltado sobretudo para as tarefas mais urgentes de estabelecer as diferenças ideológicas entre o anarquismo e o comunismo, na teoria e na prática, rastreadas pela tradução dos textos estrangeiros. [4] Aliás, essas preocupações transparecem na pauta dos trabalhos dos dois Congressos do Partido Comunista do Brasil (1922 e 1925), embora no II a discussão em torno do confronto «capitalismo agrário semifeudal x capitalismo industrial moderno» (o que dito de outra maneira significaria imperialismo inglês x imperialismo norte-americano) reflitam de forma difusa o conjunto de idéias que se corporificavam teoricamente ao longo do movimento. O trabalho de Octávio Brandão escrito em 1924 e publicado em 1926 no Rio, com o título de *Agrarismo e Industrialismo* (ensaio marxista-leninista sobre a revolta de São Paulo e a guerra de classes no Brasil), perfila-se bem nessa linha.

Para o III Congresso as discussões também se aceleraram com divergências que inclusive vieram a público, obrigando o PCB a canalizá-las para os oito números que saíram de sua publicação «Autocrítica», que incluindo em sua pauta «o caráter da revolução brasileira», na verdade limita-se mais às estratégias de ativismo.

As polêmicas travadas (1927) antes e durante o III Congresso levaram o Partido a uma nova orientação política (1929-1930) que tinha o seu núcleo nas «concepções dominantes no Partido acerca do caráter da revolução brasileira», incluindo-se tópicos como a questão camponesa, o bloco operário e camponês sempre embutidos na visão da economia brasileira como do tipo «agrária, semifeudal, semicolonial». [5]

4. *Idem, ibidem,* p. 58.
5. *Idem, ibidem,* p. 110 a 116.

Aliás, Astrogildo, preocupado em registrar as deficiências teóricas que marcaram a formação do Partido, tem perfeita consciência da importação «— mecânica e livrescamente — da linha política...» de outros povos, conforme afirma na p. 140 dessa sua obra, o que também ocorre com outro teórico de projeção no Partido, Otávio Brandão, que faz sua autocrítica em 1957 reconhecendo a transposição mecanicista que fizera do materialismo. [6]

Mas, voltando à tarefa a que se propôs o responsável por esta Antologia, infelizmente será fácil observar que não conseguiu ser cumprida em sua totalidade, pois há sensíveis ausências, entre outras, de Caio Prado Júnior, Celso Furtado, Fernando A. Novais, Fernando Henrique Cardoso, Florestan Fernandes e José de Souza Martins, que por motivos diversos — mas perfeitamente compreensíveis para o organizador — não puderam aceitar o compromisso, louvando entretanto a iniciativa.

Por outro lado, os autores que chegaram até o final da empresa ofereceram um conjunto de posições teóricas, linhas de abordagem e interpretações, como também resultados de pesquisas empíricas, que representam, com exceção de quem subscreve esta introdução, alguma coisa do que de melhor poderíamos reunir para exatamente redimensionar o debate num momento dos mais delicados do nosso processo histórico. É bom que se registre também que a sua contribuição teve origem dentro e fora da Universidade, pois ela está longe de ter conseguido arrogar-se alguns dos altos momentos em que a discussão científica e a sua correspondente ação se desdobraram motivadas por essa problemática.

Isto porque aquelas contradições e impasses a que nos referimos e que nos assaltam estão — legitimamente ou não — levando muitos de nós a uma espécie de cobrança das falhas, equívocos, falácias e distorções de que a teoria sobre a nossa evolução econômica e social não deu conta nas suas interpretações e projeções.

Dessa maneira, estamos convencidos de que a Antologia representará mais uma etapa da discussão que, com certeza, a partir dela, se desdobrará, ainda com mais força, inclusive

6. Octávio Brandão, "Uma Etapa da História de Lutas", in *Imprensa Popular*, Rio, 21.1.1957.

se enriquecendo — são os nossos votos — com a incorporação daqueles que aqui não compareceram.

Não se trata de simples presunção, mas de natural projeção, que tomará, sem dúvida, rumos previsíveis e imprevisíveis, pois estamos certos de que não resistiremos à dinâmica que nos é proposta pela própria «revolução científica» legitimada pela revolução social ou reciprocamente.

Contribuirá ainda, para tanto, o caráter crítico e polêmico das colaborações, como já afirmamos, e a ambigüidade conceitual, que como Celso Furtado nos asseverava em recente carta, é a fonte de sua própria fecundidade.

Reconhecemos que este conjunto de textos em grande parte perfila-se como historiográfico, na medida em que se qualifica como análise crítica do conhecimento científico, que no caso é representado pela produção intelectual brasileira ou estrangeira que operou com o conceito de modo de produção para interpretar a nossa realidade.

Mas não fica nesse nível, uma vez que em mais de uma colaboração há a análise direta daquela realidade, em determinada e demorada etapa da sua História, geralmente compreendida pelos séculos XVI, XVII, XVIII e XIX.[7]

Nessa linha de conhecimento, isto é, a análise mais voltada para a «realidade histórica» do que para o conhecimento científico que sobre ela se produziu, mas que dela faz parte, tendo em vista os diferentes objetos de uma mesma realidade e as suas abordagens metodológicas, notamos que o privilegiamento categorial se movimenta ora para as relações sociais de produção, ora para a trama das forças produtivas, percorrendo as etapas de produção, distribuição, circulação e consumo do seu sistema de produção, alargando em certos casos consideravelmente a conceituação marxista original.

7. Por evidentes limitações de informação do Organizador, esta Antologia já estava montada, quando tomamos conhecimento da importante contribuição ao debate sobre os modos de produção no Brasil, particularmente no século XX, dada por antropólogos e sociólogos como Maria de Nazareth Baudel Wanderley (UNICAMP), Otávio Guilherme Velho e Afrânio Raul Garcia Júnior (Museu Nacional), Maria Rita Garcia Loureiro (Fundação Getúlio Vargas, SP), cuja presença nestas páginas seria altamente estimulante, entre outros motivos porque não nos privariam de incorporar ao debate, no momento deste livro, colocações teóricas de relevância para o conhecimento da realidade agrária brasileira mais recente, como a articulação e/ou subordinação entre modos de produção diversos e/ou entre relações de produção também diversas, bem como ainda nessa linha de novas propostas teóricas para o debate, lastreadas por pesquisas empíricas, a colocação da capacidade debilitada da expansão capitalista no campo, etc. Nesse sentido, assumimos aliás, que a Antologia se ressente de um tratamento mais demorado sobre as estruturas sócio-econômicas contemporâneas do Brasil. As obras desses autores vão apontadas nas bibliografias que arrolamos.

Os exemplos analisados nos textos aqui reunidos o são a partir naturalmente da representatividade que os seus autores lhes conferem em relação às suas propostas teóricas. Assim, o percurso dos dois níveis faz-se, na maioria das propostas, nos dois sentidos.

Assim e por isso, julgamos este um dos momentos para nos posicionarmos no debate.

Certos conceitos teóricos marxistas gerais formam, em nossa maneira de entender, um *corpus* conceptual que dissociado nas categorias que o compõem corre o risco de pulverizar-se e pulverizar a realidade de onde provém e para a qual se dirige em última instância.

Pretendendo ser representativo em relação a uma realidade abrangente, acreditamos que o debate também deve manter um contorno abrangente que não se despregue do conceito teórico geral de *formação social* — onde incluímos o político e o cultural — não se procedendo ao privilegiamento de uma etapa ou parte, com sua respectiva categoria, para ser o núcleo nervoso que represente uma realidade complexa ou um complexo de realidades.

Assim se dá, nesse universo conceptual, com os dois conceitos: *modo de produção* e *formação social,* só compreendidos respectivamente no *conjunto,* na natureza e no inter-relacionamento de suas categorias básicas, como, por exemplo, relações de produção, forças produtivas, classes sociais, luta de classes, consciência de classe, etc.

Destacada ou seccionada uma categoria que assume ser, nesse caso, o centro da elaboração teórica do conhecimento, do conceito geral e do seu objeto — a realidade total — a percepção e visão do processo se acanham e a análise crítica é metodologicamente viciada por esse enfoque. Prefaciando *O Capital,* Marx, ao tratar do valor, antecipa que «... é mais fácil estudar o organismo, como um todo, do que suas células». Aliás, é nesse mesmo prefácio que coloca de maneira clara a sua visão abrangente do que chama de «processo histórico-natural». [8]

Ao nível do econômico-social verifica-se, muitas vezes, que a essência da «explicação histórica» ganha novas dimensões, com o simples deslocamento do foco analítico que salta de

8. Karl Marx, *O Capital,* livro I, vol. 1, p. 4 e 6, Ed. Civ. Bras., Rio 1968.

uma etapa para outra do sistema de produção, explorando as ambigüidades que as suas respectivas categorias permitem e/ou surpreendendo facetas ainda mal conhecidas da realidade. Nessa linha de idéias estão os que perfilam o conceito e/ou a realidade a partir da simples existência e funcionamento de uma «forma» do processo, como, por exemplo, a natureza da produção, a dinâmica da busca do lucro, etc., já vigorosamente criticados por João Manuel Cardoso de Mello.[9]

Realmente, surpreende o uso indiscriminado na linguagem científica, entre nós, de expressões conceituais que em cada ciência tem um significado, para o que não se atenta e em conseqüência não se define coisa nenhuma. Em boa parte dos casos há ainda a considerar que as diferenças entre as colocações dos autores não ultrapassam o nível adjetivo, enquanto por outro lado o objeto da análise e do debate continua preso, no Brasil, ao universo rural.

Mas temos ainda o procedimento científico de detectar a «explicação» e portanto a definição da estrutura na articulação ou desarticulação entre uma das etapas e as outras; na articulação entre forças produtivas e relações de produção, e também finalmente o estudo das diversas categorias conceituais que representam os mecanismos, ações ou agentes que engendram a formação, organização e funcionamento de determinada etapa do sistema de produção.

Ora destacamos, com Marx, no sentido restrito que deu às relações de produção, o processo produtivo propriamente, ora recuperamos a categoria modo de produção na etapa da distribuição e circulação e poderíamos até, forçando um pouco, essencializar a partir da trama da realização, se reconhecermos que o núcleo de poder e decisões se perfila também na esfera onde mais e melhor se consome dentro do Sistema: dos bens materiais aos sociais, da ciência à ideologia.

Flexibilizando esses exercícios teremos, com alguma facilidade, que um modo de produção pode ser dominante, sem que entretanto, muitas vezes, deixem de funcionar no seu interior formas produtivas, nas quais as relações de produção e/ou as forças produtivas poderão ser de outra natureza.

Se de um lado essa constatação permite-nos iluminar e melhor compreender estruturas complexas que fogem a algu-

9. João Manuel Cardoso de Mello, *O Capitalismo Tardio*, fls. 24 e 25.

mas linhas categoriais mais sistemáticas, de outro colocaremos a nosso serviço intelectual um fator multiplicador que se adequará à posição que adotemos perante a realidade multifacetada ou ainda mais perante a leitura que fizermos do discurso marxista.

Daí, acreditarmos na abrangência e equilíbrio do *corpus* a que nos referimos, apesar dos seus antagonismos, que se não mantidos aqueles podem levar-nos a um claro-escuro, onde acreditamos ser sombras os nossos objetos concretos e vice-versa.

Dito de outra maneira, a vertente que perfilou a irradiação *tout court* do modo de produção capitalista para a América Latina e que, temos de convir, avançou acentuadamente com o conhecimento e o debate científicos, ofereceu-nos imagens de grande eficácia pedagógica, padronizando por sua vez uma linha dicotômica na qual as expressões maiores são dominações-dependência, centro-periferia, metrópole-colônia, urbano-rural, indústria-agricultura (moderno-arcaico), etc., etc., evidentemente que com os seus mecanismos e processos de satelitização que tomando como marcos a concentração diferencial da renda, entre outros, promove a interiorização capitalista nas fímbrias do sistema.

Numa abordagem mais recentemente adotada, ou que pelo menos agora, com certo entusiasmo, vem multiplicando as direções do seu alcance, a compreensão e conceituação se referem às próprias diferenças internas ou intersticiais como determinadas pelas formas impositivas mais *avançadas* ou mais *atrasadas* que o Sistema adota para esta ou aquela área dependente ou ao contrário pelos processos de adequação assumidos por estas em resposta àquele.

Temos, portanto, colocações que admitem a expansão do capitalismo em certas áreas e/ou a incorporação destas ao Sistema num processo em que as «formas», mecanismos e relações se acham arcaizadas em relação ao centro. É um capitalismo que chega mais ou menos tardio.

Por outro ângulo está se vizualizando também, em termos do Brasil, a emergência de um capitalismo debilitado, que não consegue remover a sobrevivência ou inserção de padrões que aberram do Sistema.

Daí a alcançarmos uma explicação aparentemente persuasiva para o subdesenvolvimento de boa parte do Terceiro Mundo a distância é muito pequena.

Não estão estes cientistas tão longe portanto das conclusões de algumas vertentes do conhecimento histórico norte-americano e francês, que identificam entre si épocas distantes no tempo, o que implicitamente pode significar soluções comuns para os seus problemas, como é o caso, por exemplo, do reconhecimento de certas similitudes por eles encontráveis entre a transição a que se denomina «capitalismo comercial» e o nosso subdesenvolvimento contemporâneo, o que não deixa de ser um anacronismo para a ciência histórica.

Se quisermos ser um pouco mais rigorosos na concepção do modo de produção capitalista conviremos afinal, com Rosa Luxemburgo, que em meados do século XIX só a Inglaterra o apresentava, mas o resto da Europa e do mundo se debatia com formas de produção pré-capitalistas que levariam, mesmo em sua área nuclear, pelo menos mais meio século para serem ultrapassadas.

Recentes sintomas de que está se rompendo a ciranda com que, num certo momento, tínhamos a sensação de ver amarradas as propostas dos diferentes autores no debate, aqui no Brasil, e com isso novas dimensões vêm sendo alcançadas, temos entre outras em duas obras que, a nosso ver, sem descartar propriamente o conceito de modo de produção, centram contudo outras categorias como fundamentais para o conhecimento da realidade histórica brasileira.

Propõem respectivamente a esse nível a *estrutura agrária* (latifundiária) e o *processo social* (movimento da sociedade). É evidente portanto que se procedem novos deslocamentos do foco analítico. No primeiro caso, centripetado na estrutura econômico-social o complexo de relações «entre os trabalhadores e os meios de produção», que representariam no caso «o modo de produção característico de uma agricultura». [10]

No segundo caso mais abrangente — mas ambos com certa sofisticação analítica na releitura que promovem de Marx — temos a procura da «reconstrução científica do *processo social*, do movimento da sociedade. Um modo de produção é um modo como se dá esse movimento». Aliás é esta a proposta de Marx ao estudar e descrever «a lei econômica do movimento da sociedade moderna», que afirmou ser o objetivo final de sua obra *O Capital*. [11]

10. Christian Topalov, *op. cit.*, p. 62.
11. Karl Marx, *op. cit.*, livro I, vol. 1, p. 6.

Referimo-nos aos últimos trabalhos publicados por Christian Topalov e José de Souza Martins e registrados em nossas indicações bibliográficas.

À primeira vista pode parecer que Topalov, procurando superar o que ele chama de antagonismo doutrinário do debate, nada mais fez do que recuperar, em outro nível teórico, a projeção do *latifúndio,* como antes já o haviam feito Oliveira Vianna e Gilberto Freyre entre outros. [12] Mas a leitura do seu texto nos convence logo que ultrapassa essa simples recuperação, reconhecendo um *complexo* ou, mais do que isto, um *sistema* na estrutura fundiária *latifúndio-minifúndio.*

Já na obra de Souza Martins a abrangência da proposta é evidente, pois se traduz na busca da visão do processo nas suas mudanças, portanto no seu movimento, que se explicitaria pela «produção capitalista de relações não-capitalistas de produção». [13]

Se reconhecemos o adiantamento conquistado em níveis e direções tão diversos, não podemos desconhecer, por outro lado, que o percurso cumprido pelo debate até agora e as energias consumidas nos comprovam quanto ainda nos julgamos insatisfeitos com a dinâmica do processo de conhecimento científico da nossa realidade — dentro e fora do marxismo — e em natural decorrência com a própria realidade, tão longe do mínimo de bem-estar social (elevação do nível de vida) e segurança (preservação e aumento da duração da vida), que se aspira para a sociedade como um todo, mas particularmente para os que são desfavorecidos no sistema de distribuição das riquezas e decisões políticas.

Assistimos e participamos desse debate através de profundos e saudáveis mergulhos às ambigüidades de «partes» ou «momentos», de «mecanismos» ou «circuitos», «componentes», «formas», «relações», que seriam responsáveis pelos retrocessos, estagnações e acelerações dos processos, captando-os

12. A preocupação em superar as conotações ideológicas do debate está também na análise crítica feita por Moacir Palmeira em sua tese, ainda inédita, registrada nas bibliografias desta Introdução.

13. A reprodução pelo capitalismo dominante de relações não-capitalistas de produção é também manifesta por Francisco de Oliveira em seu conhecido estudo, *A Economia Brasileira: Crítica à Razão Dualista.* Ainda Maria Rita Garcia Loureiro em *Parceria e Capitalismo,* que é um estudo de caso — uma empresa agrícola capitalista, na região Centro-Sul de Goiás — encontra a oportunidade de demonstrar a articulação de relações capitalistas de produção (mão-de-obra assalariada) com relações não-capitalistas (parceria). Num outro contexto histórico não seria difícil localizarmos esse complexo de relações de produção em fazendas cafeeiras do século XIX, entre as quais poderíamos ainda verificar a "articulação" com o regime de trabalho escravo e até "brechas de campesinato"...

no interior da estrutura. Assim é que as acirradas discussões sobre a estrutura fundiária, a renda da terra e o lucro agrícola, o papel do Estado, a natureza das relações de produção, o desempenho das forças produtivas, a expropriação dos produtores diretos, a forma da propriedade (o proprietário fundiário e o capitalista), os fugidios processos de acumulação, a origem e/ou destino dos excedentes, o caráter e a dinâmica do capital, o alcance de sua dominação, o processo e condições da organização do trabalho, e por aí afora, se quisermos ficar ao nível econômico-social, têm-nos levado aos exercícios teóricos mais refinados para ajustá-los às nossas concepções conceituais e/ou a investigações empíricas — macro ou microeconômicas — objetivando surpreender dados concretos que nos remetam à reelaboração daquelas concepções.

Nesse momento, chamamos mais uma vez a atenção para a complexidade do processo ao nível da realidade e do seu conhecimento. Sem a abrangência dialética a que nos referimos, i.é, um processo permanente de cruzamento do abstrato com o concreto, da realidade com a teoria, o que implica em reconhecer o seu antagonismo, estaremos sempre atingindo até o meio do caminho.

Nesse sentido, é claro que só um «pool» científico nos levará ao percurso da outra metade. Não é esta ou aquela ciência que nos oferecerá a «representatividade» mais completa do conhecimento de uma realidade mais totalizante, ou melhor, o próprio conhecimento da realidade imanente a ela, mas o conjunto das ciências que poderá dar conta dos níveis econômicos, sociais, políticos, culturais e mentais daquela realidade. Nesse sentido, radicalizamos mais ainda do que aqueles que vêem a falência da ciência da Economia Política na proposta de conhecimento de outros modos de produção que não o capitalista.

Naturalmente, estamos assumindo a incapacidade científica *per se*, o que não deixa de ser uma frustração, sobretudo para um historiador como é o nosso caso...

O debate sobre o modo de produção prevalente na economia e na sociedade brasileira, pelo menos até a vigência do século XIX, como objeto de estudo, não é de hoje. Incorporado ao discurso do cientista social, de maneira setorial ou abrangente, explícita ou implicitamente, em obras ditas ou consideradas marxistas, o conceito foi operacionado de diversas formas, prestando-se portanto a polêmicas conclusões, às quais se acrescentavam naturalmente as próprias controvérsias teóricas entre os marxistas de várias latitudes sobre os conceitos teóricos de modo de produção e formação social particularmente, mas não exclusivamente.

Assim, o debate teórico que se travou e vem evoluindo lá fora teve alguma ressonância no Brasil.

Nesse sentido, ficamos algum tempo ou estamos ainda preocupados com o «uso» que Marx e cada um dos seus leitores deu ao conceito teórico, para conhecer e interpretar, a partir dele, a realidade histórica que nos desafia.

Nessa linha, não demorou que ao longo do debate se verificassem e se verifiquem entre os debatedores as inevitáveis classificações de que fulano é menos marxista do que sicrano, o que na maioria das vezes se não é um falso problema é irrelevante, ao contrário do que poderíamos dizer em relação aos «muitos marxismos», que existem por esse mundo afora, a partir dos seus conflitos teóricos e políticos, como ainda recentemente nos demonstrou Eric Hobsbawn ao justamente historiar o marxismo.

Dessa maneira, as divergências ocorrem entre marxistas e não-marxistas, em diferentes níveis, na medida em que o próprio conceito nos momentos em que ele aparece nos textos de Marx, como não poderia deixar de ser, quando aplicado a realidades outras, permite interpretações diversas tanto ao nível do conhecimento do concreto, como do próprio concreto enquanto concreto, embora essa distinção não tenha dialeticamente qualquer sentido.

Envelhecem os homens e se rejuvenesce a ciência com os seus avanços, enfrentando entretanto na sua mediação o permanente e insuperável desafio das ambigüidades imanentes ao teórico e da complexidade do concreto.

Enquanto a nave espacial Terra permitir-nos apenas estes vôos rasantes no espaço e o conhecimento deles decorrente, estamos condenados a acreditar — aqueles que não vêem motivos mais transcendentais para superar essa convicção — que nós homens somos a parte essencial dessa concretitude que desejamos conhecer e que se fez em sua totalidade independente da nossa vontade, muito embora e com secular persistência nos esforcemos por alterá-la e às vezes até, em tempos mais recentes, empenhemo-nos em destruí-la... — para o bem ou para o mal — nos alterando com ela, pois dela somos parte integrante.

É que o próprio abstrato ao nível do nosso conhecimento não existiria sem o concreto, mas o concreto existia evidentemente — para os que assim crêem — antes e independente do abstrato. «Não é a consciência que determina a vida, mas a vida que determina a consciência», lemos em *A Ideologia Alemã.*

Ora, se qualificamos o desafio como insuperável, esta convicção não deve conduzir-nos à incapacidade de conhecer e poder contribuir para mudar, nem tampouco por outro lado vai conferir-nos o senhorio da verdade e da chamada «certeza histórica», jogando às urtigas os que não compartilham do nosso pensamento — da ideologia à ciência — e do nosso comportamento, da prática aos resultados que esta alcança. O moto é contínuo, pois, caso contrário, confessaríamos a ausência de dinâmica no processo histórico e portanto a sua inexistência.

Dessa maneira, não concordamos com aqueles que vêem envelhecido o debate sobre o modo de produção como tentativa de melhor conhecimento da realidade histórica brasileira.[14]

O que houve foi um longo e penoso tratamento sonoterápico, que por pouco não nos levou à letargia.

Antes dele, o que talvez por último tenha soado como uma espécie de grito parado no ar, com bastante ressonância contudo, foi *A Revolução Brasileira,* de Caio Prado Júnior (1966), onde se repassavam, com novos acrescentamentos, as posturas que então se fixavam no debate.[15]

14. O desgaste do debate e a própria "fragilidade do conceito" ou simplesmente seu equivocado uso são apontados, entre outros, por autores como: Nazareth Baudel, *O Camponês: Um Trabalhador para o Capital,* fls. 22ss (mimeografado); Gláucio A. Dillon Soares, *A Questão Agrária na América Latina,* Zahar Ed., Rio 1976, e José de Souza Martins, *O Cativeiro da Terra.* Algumas dessas posições, com certeza, perfilam-se com a revisão crítica que sofrem há algum tempo os conceitos teóricos marxistas particularmente em tradicionais centros europeus de estudos de filosofia e ciências humanas em geral.

15. Entre outros objetivos que tem em seu livro, Caio Prado Júnior procura justamente mostrar, a partir da sua postura teórica, como sobretudo ao nível político as esquerdas brasileiras foram levadas a pesados equívocos por se orientarem pelo que ele chama de "modelo universal", que tendo ocorrido na Europa se reproduziria "necessariamente" em qualquer outro lugar.
Subjacente a essa crítica, que, como não podia deixar de ser, alvoroçou a respectiva comunidade, está a concepção do modo de produção, que aliás está bem explicitada em certos momentos do livro.
A repercussão de suas críticas foi imediata e bastante marcada pela politização do debate. Entre outros são representativos, a propósito, os seguintes artigos: 1. Assis Tavares, "Caio Prado e a Teoria da Revolução Brasileira", in *Rev.*

Depois disso a longa «terapia» do sono, rompido com bocejos ou gritos, estes logo sufocados ou ostensivamente desestimulados. A própria tradução integral e direta do alemão de *O Capital* é posterior (1968). Aliás, é sintomático lembrar nesse sentido que em 1930, ao procurar nas livrarias de São Paulo essa e outras obras de Marx, Caio Prado Júnior não as encontrasse e os livreiros nem tivessem informações a respeito[16], sem que contudo nesse sentido possamos cometer a leviandade de considerar a comunidade científica brasileira incapaz de ter acesso, pelo menos, às traduções francesas e inglesas e com maior facilidade (aí estão as citações dos leitores mais antigos que não nos deixam mentir) as espanholas.

Enquanto isto não aconteceu, a freqüência mais consentida pelo sistema foi a de que fôssemos nos tornando leitores — quando não até especialistas — dos leitores de Marx. Criou-se assim uma fauna, que na feliz expressão de Maurício Tragtenberg formou a *marxiologia* brasileira. É claro que caricaturamos os maus leitores, de pouco fôlego, que trabalham na montagem de textos que mal assimilam ou simplesmente reproduzem as idéias alheias. Seria ainda o caso de lembrarmos da *boutade* do velho George Lukács que afirmava «É curioso, conheci muita gente que leu Marx, mas nunca, realmente nunca, eu vi alguém *lendo* Marx».

E pensar que, não obstante esse sufoco, o debate se arrastou e novas posições foram alcançadas!

Civilização Brasileira, n. 11-12, Rio, dez. 1966/março 1977.
2. César Malta, "A Revolução Brasileira de Caio Prado Júnior", in *Rev. Civilização Brasileira,* n. 9-10, Rio, set., nov. 1966.
3. Florestan Fernandes, "Caio Prado não disse tudo", in *Jornal da Senzala,* Rio, jan.-fev., 1968.
4. Otto Maria Carpeaux, "Caio Prado Júnior e a Neurose", in *Jornal da Senzala,* Rio, jan.-fev., 1968.
5. Paulo Cavalcanti, "Os Equívocos de Caio Prado Júnior", in Coleção *Estudos Brasileiros,* n. 1, Argumentos, São Paulo, s.d.

Da réplica de Caio Prado Júnior a essas críticas, através de cartas, entrevistas e artigos publicados, destacamos:
1. "A revolução de Caio Prado" (entrevista), in *Jornal da Senzala,* Rio, jan.-fev., 1968.
2. "Adendo à Revolução Brasileira" (artigo), in *Rev. Civilização Brasileira,* n. 14, Rio, julho, 1967.

Ainda recentemente em entrevista ao jornal *O Estado de São Paulo,* de 11 de junho de 1978, Caio Prado Júnior não só explicita a sua divergência teórica com o Partido Comunista que considerava o Brasil um país semifeudal e a partir daí traçava portanto suas estratégias políticas, perfilando-as com uma revolução democrático-burguesa, como afirma categoricamente: "É fantasia a tese do feudalismo brasileiro", frase que o repórter aproveitou para titular parte da entrevista.

16. Entrevista de Caio Prado Júnior ao *O Estado de São Paulo,* de 11 de junho de 1978.

Assim, a contenda científica não está sendo simplesmente recuperada, mas provocada, redimensionada, ganhando nova dinâmica, com novas abordagens, propostas, versões e conclusões ao nível do empírico e do teórico.

Admitirmos que se avelhantou, seria aceitar que o conhecimento científico brasileiro está sendo incompetente em enriquecer-se com inovadoras contribuições, ou então que, pelo contrário, «fechamos a questão», conclusões inaceitáveis por várias razões.

Realmente, não é essa a verificação que se faz num ligeiro balanço da produção científica mais recente. A não ser que se esteja questionando a própria capacidade do conceito teórico do modo de produção de dar conta dessa percepção da realidade brasileira.

Mas não queremos acreditar que a melhor crítica se dirige para esse ponto, tendo em vista o processo histórico brasileiro em todo o seu percurso, pois aí então poderíamos estar — os que assim afirmam — na linha de Hindess e Hirst que negam qualquer forma de apropriação do concreto pelo abstrato, não se sujando propriamente com o lixo da História, mas sim jogando a História na lata de lixo!

Afinal, o celebrado debate sobre a transição do Feudalismo para o Capitalismo da década de 1950, dentro do marxismo, com seus desdobramentos e novas controvérsias, tem ainda suas últimas edições inglesas datando, se não nos enganamos, de dois anos atrás, isso para não falarmos no bem nutrido ensaísmo que continua a convergir para a questão.

A realidade histórica brasileira nas suas especificidades ou, se quiserem, nas suas adequações à expansão dos modos de produção e das formações sociais impositivas externas, está ainda longe de ter acumulado um conhecimento científico que nos permitisse virar a página.

Por sua vez, assistimos entre nós a sucessão de artigos, obras, seminários e comunicações num ritmo que nos convence que nunca o debate esteve tão intenso quanto agora.[17] A

17. A título de exemplo de como a comunidade científica brasileira tem "consumido" e "produzido" uma literatura científica teórica e/ou aplicada à realidade brasileira a respeito da problemática que envolve o conceito de modo de produção, registramos apenas alguns títulos, que nos ocorrem, traduzidos ou aqui elaborados nos últimos quatro anos:

ARTIGOS

1. José Arthur Giannotti, "Notas sobre a categoria 'Modo de produção' para uso e abuso dos sociólogos", in *Estudos CEBRAP*, n. 17, São Paulo 1976.
2. Nilo Dolária, *Sentido de colonização, modo de produção e história colonial in* Debate & Crítica n. 4, S. Paulo, novembro de 1974.
3. Robert Henry Srour, "Por uma (Re)elaboração do Conceito de Modo de Produção", in *Educação e Sociedade*, n. 1, Fac. Ed., UNICAMP, Campinas, set., 1978.

continuidade e a multiplicação do movimento editorial constituem seguros indicadores de que jamais, na história do Brasil, o marxismo foi tão estudado por tantos quanto agora, restando naturalmente verificar se está sendo corretamente estudado...

Da dessacralização de Marx à sua deificação há um considerável espaço de discussão e elaboração científica que desejamos ocupar, como teoria e prática da sociedade brasileira.

Nessa ordem de idéias, não se trata evidentemente de demonstrar que o conceito do modo de produção capitalista, elaborado por Marx, cabe como uma luva para conhecer e interpretar o Brasil, pois não era para esta realidade que se dirigia o seu pensamento, e isto estamos cansados de ouvir a cada passo, para justificar ou anular posições.

Mas não custa, ainda uma vez, insistirmos que não só não se está em busca desse tipo de demonstração, como também é improcedente o inverso, isto é, que o Brasil corresponde, numa determinada e prolongada etapa do seu processo histórico, àquele conceito, pois Marx não elaborou um modelo de natureza epistemológica, mas um modelo de natureza analítica, é o que se repete em coro. Dirigia-se para determinada realidade histórica específica, e o modelo com o qual «ilus-

TRADUÇÕES
1. Barry Hindess e Paul Q. Hirst, *Modos de Produção Pré-Capitalistas*, Zahar Ed., Rio 1976.
2. Barry Hindess e Paul Q. Hirst, *Modo de Produção e Formação Social* (Uma Autocrítica de Modos de Produção Pré-Capitalistas), Zahar Ed., Rio 1978.
3. Jaime Pinsky (organizador), *O Modo de Produção Feudal* (Apêndice), Ed. Brasiliense, São Paulo 1979.
4. Philomena Gebran (coordenadora), *Conceito de Modo de Produção*, Paz e Terra, Rio 1978.
5. Theo Araújo Santiago (organizador), *América Colonial — Ensaios*, Ed. Pallas, Rio 1975.
6. Theo Araújo Santiago (organizador), *Capitalismo: Transição*, Liv. Eldorado Ed., Rio 1974.
7. Rodney Hilton e outros, *A Transição do Feudalismo para o Capitalismo*, Ed. Paz e Terra, Rio 1977.

OBRAS
1. Carlos Henrique Escobar, *Ciência da História e Ideologia*, Ed. Graal, Rio 1979.
2. Jacob Gorender, *O Escravismo Colonial*, Ed. Ática, São Paulo 1978.
OBS.: a obra de Gorender tem provocado polêmica, vide a propósito:
1. Beatriz Nascimento, "O Escravismo Colonial" (resenha), in *Encontros com a Civilização Brasileira*, Rio, set., 1978.
2. Glacyra Lazzari Leite, "O Escravismo Colonial" (resenha), in *Anais de História*, n. 9, Fac. Filosofia de Assis, SP, 1977.
3. Ignácio Rangel, "Dualidades e Escravismo Colonial", in *Encontros com a Civilização Brasileira*, n. 3, Rio, set., 1978.
4. Jacob Gorender, "Resposta a uma Agressão Pessoal", in *Encontros com a Civilização Brasileira*, n. 5, Rio, nov., 1978.
5. Jacob Gorender, "Um Novo Modo de Produção?" (entrevista), in *Movimento*, São Paulo, 2-7-1978.
6. José Roberto do Amaral Lapa, "Está virada a mesa do nosso conhecimento histórico", in *Jornal da Tarde*, São Paulo, 10-6-1978.
3. Robert Henry Srour, *Modos de Produção: Elementos da Problemática*, Ed. Graal, Rio 1978.

trava» sua teoria refletia um processo histórico bem concreto. Ao fazer suas contundentes críticas à *visão histórica* de Proudhon, deixa explícito que este «Não viu que as *categorias econômicas* não são mais que abstrações dessas relações reais, e que somente são verdades enquanto estas últimas subsistem. Por conseguinte, incorre no erro dos economistas burgueses, que vêem, nessas categorias econômicas, leis eternas e não leis históricas, válidas apenas para certo desenvolvimento histórico, para determinado desenvolvimento das forças produtivas. Assim, portanto, em vez de considerar as categorias político-econômicas como *abstrações* de relações sociais reais, transitórias, o senhor Proudhon, levado por uma inversão mística, só vê, nas relações reais, encarnações dessas abstrações».[18] Essa passagem, além do «senhor Proudhon», podia dirigir-se perfeitamente a certos senhores autores brasileiros, que o endereço não estaria equivocado.

Mas, se estamos operando com um conceito teórico geral — modo de produção — cabem aqui e ainda algumas reflexões ao nível epistemológico para se conhecer e explicar uma realidade concreta, específica no espaço e no tempo: o Brasil, particularmente em suas etapas de formação em direção ao capitalismo ou, se quiserem, dentro do capitalismo, mas na sua periferia, sob a sua dependência, onde naturalmente as relações e a organização da produção, bem como as forças produtivas se constituem e agem de maneira diversa.

O percurso poderá ser do teórico ao concreto e do concreto ao teórico. Portanto, não só distinguimos esses «momentos» do percurso, como nos reconhecemos — os colaboradores da Antologia — como «sujeitos históricos» que pertencem portanto à própria realidade que conceituam com os inevitáveis condicionamentos que presidem tal esforço.

O nosso trabalho visa superar a *pseudoconcreticidade* que marca certas colocações, como foi demonstrado por Karel Kosik[19], e na qual quase sempre nos detemos prazenteiros, a partir de sua evidência, e portanto com a relativamente fácil representação que ela nos permite elaborar e apresentar. Entre o *fenômeno* e a *essência,* no discurso desse autor, ficamos com ambos. E não poderia ser de outra maneira,

18. Karl Marx e F. Engels, *Obras Escogidas,* p. 420, Ediciones en Lenguas Extranjeras, Moscou 1952.
19. Karel Kosik, *Dialética do Concreto,* 2ª ed., Ed. Paz e Terra, Rio 1976.

pois em Marx a *essência* não é uma *abstração ideal* criada pelo pensamento, mas uma *abstração real,* isto é, a essência do fenômeno e portanto imanente a ele.

Neste passo, já não podemos retardar o registro de que não aceitamos nos confessar incapazes ou reconhecer a ciência da História como tal, isto é, como de certa maneira já afirmamos, de conseguir qualquer «representatividade» do real dentro do real. Não é pelo fato de levantarmos mais interrogações do que propriamente termos mais respostas ou soluções para oferecer que aceitamos a «morte da História». É claro que com essa afirmação estamos reclamando, para o conhecimento histórico, a sua participação efetiva no «pool» a que já nos referimos.

Mas nos aproximemos mais dos textos que se seguem. Refletem eles, na diversidade do seu teor e das posições dos seus autores, a problemática proposta pela Antologia e portanto as faces várias do debate no atual momento.

Há uma evidente tendência em exclusivizar os conceitos teóricos marxistas como aqueles que dão conta da percepção e representação — portanto conhecimento e interpretação — da realidade concreta brasileira.

Entretanto, entendida esta realidade como a chamada «totalidade concreta», dentro do próprio marxismo tem-se verificado um certo questionamento a propósito da capacidade do pensamento de conceber, de «produzir» aquela totalidade, como está em mais de uma passagem da *Contribuição à Crítica da Economia Política,* elaborada por Marx. Sem a radicalização que o debate tem assumido em alguns casos, faz-se necessário lembrar contudo que, no *Posfácio* do mesmo trabalho, Marx considera que «O objeto concreto permanece em pé antes e depois, em sua independência e fora do cérebro ao mesmo tempo, isto é, o cérebro não se comporta senão especulativamente, teoricamente», o que equivale a reconhecer que Marx admitindo, como de fato o faz, a «reprodução do concreto por meio do pensamento», releva que este tem um «comportamento» que guarda em si as limitações naturais do nível teórico.

Mais ainda, não se pode conceber o pensamento descaracterizado de sua condição natural, isto é, humana e portanto concreta. Escrevendo a Kugelmann, em 11 de julho de 1868, Marx considera que «Desde que o próprio processo de pensamento se desenvolve a partir das condições, é ele mesmo um *processo natural,* o pensamento realmente compreensivo deve sempre ser o mesmo, e apenas pode variar gradualmente, de acordo com a maturidade do desenvolvimento, inclusive o do órgão pelo qual é feito o pensamento. Tudo o mais é saliva». [20]

Em contrapartida, há dentro do pensamento marxista no Brasil, entre outras, uma linha de incorporação, sobretudo na área da Sociologia e em São Paulo (para relativa localização geográfica), do aparato teórico de autores clássicos — tomado o termo em sentido genérico — anteriores ou contemporâneos ao marxismo, numa postura hoje reconhecida entre nós como de «integração metodológica» que tem como objeto as sociedades capitalistas subdesenvolvidas e opera com contribuições conceptuais de Weber, Marx e Durckheim. É claro que em inúmeras colocações e propostas essas duas linhas se friccionam e se contendem.

Entretanto, é de se reconhecer que ambas contribuíram para considerável avanço do conhecimento sobre o Brasil neste século e se nesse sentido assumiram posições mais heterodoxas para o pensamento marxista de certos círculos europeus e norte-americanos, na verdade conhecendo e vivendo em profundidade o processo histórico latino-americano, lograram demonstrar-nos a nós próprios «dinâmicas» daquele processo que a nós e aos outros tinham passado desapercebidas.

Mesmo as críticas mútuas e mais contundentes que se processam entre ambas essas posturas metodológicas e teóricas reconhecem ou se reconhecem na contribuição que ofereceram para a «revolução brasileira». Inclusive não se descarta uma certa reciprocidade que determinadas colocações permitem.

Por outro lado a consideração — não confundir com a sujeição ou a acomodação — que só engrandece o verdadeiro cientista, apesar da veemência das suas argumentações aqui apresentadas e da contundência de algumas críticas ou mesmo do tom geral da Antologia, permite ao debate ver-se enriquecido e gratificados os que nele tomam parte, por ter-se conseguido reunir num mesmo local e momento — neste livro — alguns dos mais representativos cientistas sociais brasileiros, que não fecham a questão, como já dissemos, mas antes, na linha da verdadeira ciência, abrem-na e não no sentido retó-

20. Karl Marx, *O 18 Brumário e Cartas a Kugelmann*, 3ª ed., p. 227, Ed. Paz e Terra, Rio 1977.

rico que a conjuntura política aprendeu a conjugar hoje esse verbo...

Dessa maneira, afinal já vamos aprendendo a conviver com as nossas divergências e compreender a insatisfação explícita de vários colaboradores diante do texto elaborado sobre um objeto tão complexo ao nível teórico e concreto.

Nesse sentido, preservada a linha científica que deveria marcar o debate em todos os seus momentos, foi dada total liberdade aos colaboradores para suas polêmicas colocações críticas que, envolvendo certas reciprocidades, não deixam também de questionar outras posições, diversas posições e promover a crítica da crítica dentro do debate, não incorporadas aquelas à Antologia, por motivos alheios à vontade de seu organizador, conforme já ficou esclarecido.

Muito embora os leitores devam encontrar em princípio nos textos que se seguem o «último posicionamento» ou aquele que se espera mais denso e elaborado dos respectivos autores, uma vez que se trata do mais recente e tendo em vista os objetivos da Antologia, não julgamos dispensável, ainda uma vez, uma indicação bibliográfica — a mais objetiva possível — dos textos onde, conforme o organizador, a posição de cada autor está melhor explicitada e condensada ao longo de sua obra e evidentemente sem tomar em conta no caso o que se apresenta nesta Antologia.

Para que o leitor ainda possa ter à sua frente, senão todo o debate, pelo menos os novos e diferentes desdobramentos que assumiu, apontamos também, nesse registro sumário, autores não incluídos na Antologia, mas representativos das diferentes posições e por último os textos que chamaríamos historiográficos — sempre convém insistir, de conformidade com o critério do organizador, único responsável nesse caso pelas falhas e omissões — que são aqueles onde a revisão crítica melhor se fez.

Dessa maneira, acreditamos ter dado uma dimensão mais prática ainda a estas páginas para a consulta cotidiana de professores e estudantes, pois essa bibliografia-piloto, predominantemente em língua portuguesa, não vem necessariamente registrada nos textos, complementando por outro lado a que apontamos na nota 17. [21]

21. Dentre a numerosa bibliografia específica existente, publicada em particular nos últimos anos, gostaríamos de apontar alguns trabalhos, nos quais a realidade histórica brasileira é interpretada através do conceito de modo de produção — mas repitamos não necessária ou explicitamente — assumindo os seus autores

Mas sempre ainda cabe uma palavra de esclarecimento ao leitor, particularmente àquele que pertence aos circuitos universitários e que vai, com certeza, constituir o maior contingente e a massa crítica para estes textos.

Dado reunirmos propositadamente as divergências críticas e polêmicas do debate, poderá ficar sempre a partir daí aquela sensação que costuma, com certa freqüência, assaltar o aluno, mas que nós professores dela também não escapamos, a de se achar «meio perdido» diante de tantas e tão diversas concepções teóricas e exemplificações concretas.

Repetimos que o nosso objetivo foi gizar o quadro de um amplo e diversificado esforço de reflexão teórica, de interpretação e crítica, de resultados de pesquisas e formulações de hipóteses que, dirigidas para uma problemática comum, permitam ao leitor assimilar um capital de informações his-

diferentes posturas teóricas conceituais. Selecionamos os títulos que julgamos mais representativos no conjunto da produção intelectual sobre o país e na obra de cada autor. Entretanto, resta considerar que em mais de um autor a qualificação *pré-capitalista* buscando localizar a transição é identificada com o caráter *semifeudal* ou ainda com expressões como "resíduos feudais", "interno" e "externo", "híbrido" e outras, o que sem dúvida contribui para confundir ainda mais a polêmica. Chegando embora a conclusões diversas, os autores, a partir das divergências geradas dentro do marxismo, passaram a rejeitar o fato de ter-se "importado" um modelo analítico, o que não deixa de ser uma tentativa de minimizar a influência ideológica do PCB na discussão.

I. Autores que aceitam, com diferentes graus de representatividade setorial ou total da realidade (relações de produção), a tese da predominância de um modo de produção feudal ou semifeudal no Brasil, particularmente até meados do século XIX.

1. Alberto Passos Guimarães, *Quatro Séculos de Latifúndio*, Ed. Fulgor, São Paulo 1964.
2. Antônio Rodrigues Coutinho, *A Estrutura Agrária Brasileira nos Censos de 1950 e 1960*, Ministério da Agricultura, Rio 1963.
3. Celso Furtado, *Dialética do Subdesenvolvimento*, Ed. Fundo de Cultura, Rio 1964.
4. Celso Furtado, *Formação Econômica do Brasil*, 15ª ed., Cia. Ed. Nacional, São Paulo 1977.
5. Charles Morazé, *Les Trois Ages du Brésil*, A. Colin, Paris 1954.
6. Coutinho Cavalcante, *Reforma Agrária do Brasil*, Ed. Autores Reunidos Ltda., Rio 1961.
7. Ernesto Laclau, *Política e Ideologia na Teoria Marxista* — Capitalismo, Fascismo e Populismo (ver I capítulo: "Feudalismo e Capitalismo na América Latina"), Ed. Paz e Terra, Rio 1979.
8. Francisco de Oliveira, "A Economia Brasileira: Crítica à Razão Dualista", in *Estudos CEBRAP*, 2, Ed. Bras. de Ciências Ltda., São Paulo, outubro de 1972.
9. Ignácio Rangel, "A questão agrária brasileira", in *Textos Básicos* (F. Santiago, org.), Depto. de Ciências Ec. da Fac. Filosofia da Univ. Fed. de Minas Gerais, Belo Horizonte 1961.
10. Ignácio Rangel, "A Dinâmica da Dualidade Brasileira", in *Rev. Bras. de Ciências Sociais*, n. 2, ano II, Belo Horizonte 1968.
11. Jacques Lambert, *Os Dois Brasis*, MEC, Rio 1959.
12. José do Carmo Barbosa, *Pré-Capitalismo ou Neocapitalismo Brasileiro?*, Ed. Civ. Brasileira, Rio 1979.
13. M. Vinhas, *Problemas Agrário-Camponeses do Brasil*, Ed. Civ. Brasileira, 2ª ed., Rio 1972.
14. Nelson Werneck Sodré, *Introdução à Revolução Brasileira*, Liv. José Olympio Ed., Rio 1958.
15. Nelson Werneck Sodré, *História da Burguesia Brasileira*, Ed. Civ. Brasileira, Rio 1964.
16. Nelson Werneck Sodré, *Formação Histórica do Brasil*, 9ª ed., Ed. Civ. Brasileira, Rio 1976.

tóricas sobre o Brasil, um aparato científico e um arsenal crítico. Assim, estamos lhe oferecendo a oportunidade de se posicionar, criticamente portanto, perfilando-se com as propostas que lhe parecem mais próximas de sua compreensão e visão de um processo histórico ou, simplesmente, não as aceitando e com isso contribuindo para a permanência do debate que é inerente à dinâmica científica e à busca incessante em alterar para melhor a realidade na qual está inserido.

E agora? Colocada e debatida a questão, se se torna ainda prematura a síntese, quais os rumos a seguir?

Para o organizador ser coerente com a sua posição anteriormente explicitada, neste momento da evolução do nosso

17. Nestor Duarte, *A Ordem Privada e a Organização Política Nacional,* 2ª ed., Cia. Ed. Nacional, São Paulo 1966.
18. Oliveira Vianna (Francisco José de), *Evolução do povo brasileiro,* Cia. Ed. Nacional, 2ª ed., São Paulo 1933.
19. Paul Singer, "Agricultura e Desenvolvimento Econômico", in *Rev. Bras. de Estudos Políticos,* n. 12, Belo Horizonte, out., 1961.

II. Autores que defendem a existência — graduada por diferentes etapas da expansão (pré-capitalista, capitalismo comercial ou mercantil-capitalismo) — de um modo de produção capitalista presidindo a evolução econômico-social do Brasil. Nesse elenco de obras, o leitor encontrará uma gama variadíssima de abordagens e propostas teóricas extremamente matizadas.

A seleção bibliográfica foi feita tomando-se em consideração — nos casos em que assim se dá — os componentes diversos de natureza *capitalista* que os autores reconhecem inseridos na concepção teórico-explicativa que constroem. Assim, entre outros estariam a racionalidade econômica, as relações de produção, o mercado e o lucro, o trabalho assalariado, etc., que podendo ser considerados *capitalistas* não constituem necessariamente no seu complexo, para os críticos dessas concepções, um *sistema capitalista.* Por outro lado, estaria a utilização de expressões conceituais como "modo de produção subdesenvolvido", "modo de produção das estruturas agrárias", "sistemas mistos", "modos de produção combinados", "modo de produção subordinado", "modo de produção do campesinato" ou "modo de produção camponês", etc., etc.; cujas especificidades não descaracterizam sua natureza capitalista, ainda que tardia ou debilitada...

1. Alexander Marchant, "Feudal and capitalistic elements in the Portuguese settlement of Brazil", in *Hispanic American Historical Review,* agosto, 1942.
2. André Gunder Frank, "Capitalismo e o Mito do Feudalismo no Brasil", in *Rev. Brasiliense,* n. 51, São Paulo 1964 (ver *Capitalism and Underdevelopment in Latin American,* Nova Iorque 1967, e *Latin American: Underdevelopment or Revolution,* Nova Iorque 1969).
3. Caio Prado Júnior, *História Econômica do Brasil,* Ed. Brasiliense, São Paulo 1939.
4. Caio Prado Júnior, *A Questão Agrária,* Ed. Brasiliense, São Paulo 1979.
5. Caio Prado Júnior, *A Revolução Brasileira,* Ed. Brasiliense, São Paulo 1966.
6. Christian Topalov, *Estruturas Agrárias Brasileiras,* Liv. Francisco Alves Ed., Rio 1978.
7. Clóvis Caldeira, *Arrendamento e Parceria no Brasil,* Rio 1955.
8. Fernando A. Novais, *Portugal e Brasil na Crise do Antigo Sistema Colonial* (1777/1808), Ed. Hucitec, S. Paulo 1979.
9. Fernando Henrique Cardoso, *Autoritarismo e Democratização,* Ed. Paz e Terra, Rio 1975.
10. J. F. Almeida Prado, *História da Formação da Sociedade Brasileira,* 4 vols., Cia. Ed. Nacional, São Paulo 1939.
11. José Francisco Graziano da Silva (coord.), *Estrutura Agrária e Produção de Subsistência na Agricultura Brasileira,* Ed. Hucitec, São Paulo 1978.
12. José de Souza Martins, *Capitalismo e Tradicionalismo: Estudos sobre as Contradições da Sociedade Agrária no Brasil,* Ed. Pioneira, São Paulo 1975.
13. José de Souza Martins, *A Imigração e a Crise do Brasil Arcaico,* Ed. Pioneira, São Paulo 1973.
14. José de Souza Martins, *O Cativeiro da Terra,* Ed. Hucitec, São Paulo 1979.
15. José Vicente Tavares dos Santos, *Colonos do Vinho: Estudo sobre a Subordinação do Trabalho Camponês ao Capital,* Ed. Hucitec, São Paulo 1979.

conhecimento científico sobre o Brasil, particularmente a comunidade de historiadores deve dar-se conta de que afinal permanecendo válido o velho axioma que lhe foi transmitido de que «sem documento não há história», mais importante que ele é saber que não há documento sem uma problemática anterior que o tenha provocado.

16. Luís Pereira, *Ensaios de Sociologia do Desenvolvimento*, Ed. Pioneira, São Paulo 1970.
17. Maria de Nazareth Baudel Wanderley, *Capital e Propriedade Fundiária*, Ed. Paz e Terra, Rio 1979.
18. Maria Rita Garcia Loureiro, *Parceria e Capitalismo*, Zahar Ed., Rio 1977.
19. Maria Sílvia Carvalho Franco, *Homens Livres na Ordem Escravista*, Inst. Est. Brasileiros, USP, São Paulo 1969.
20. Octavio Ianni, "Escravidão e História", in *Debate e Crítica*, n. 6, Ed. Hucitec, São Paulo, julho, 1975.
21. Pedro de Alcântara Figueira, e Claudinei M. M. Mendes, "O Escravismo Colonial", in *Economia Cristã dos Senhores no Governo dos Escravos* (Jorge Benci, SJ), Ed. Grijalbo, São Paulo 1977.
22. Raul de Andrada e Silva, "O Regime Feudal e as Capitanias Hereditárias. Breve Estudo Comparativo", in *Anais do III Congresso Sul-Rio-grandense de História e Geografia*, vol. IV, Porto Alegre 1940.
23. Raymundo Faoro, *Os Donos do Poder* (Formação do Patronato Político Brasileiro), 2 vols., Ed. Globo-Ed. USP, Porto Alegre-S. Paulo 1975.
24. Roberto Simonsen, *História Econômica do Brasil 1500-1800*, Cia. Ed. Nacional, 3ª ed., São Paulo 1957.
25. Sérgio Silva, *Expansão Cafeeira e Origem da Indústria no Brasil*, Ed. Alfa-Ômega, São Paulo 1976.

III. Autores que se inclinam pela caracterização da especificidade do(s) modo(s) de produção e das formações sociais no Brasil:

1. Afrânio Raul Garcia Júnior, *Terra de Trabalho: Trabalho Familiar de Pequenos Produtores*, Museu Nacional, Univ. Fed. do Rio de Janeiro, 1 vol., 1975 (mimeografado).
2. Ciro F. S. Cardoso, "Sobre os Modos de Produção Coloniais da América", in *América Colonial. Ensaios* (Theo A. Santiago, org.), Pallas Ed., Rio 1975.
3. Ciro F. S. Cardoso, "O Modo de Produção Escravista Colonial na América", in *América Colonial. Ensaios* (Theo A. Santiago, org.), Pallas Ed., Rio 1975.
4. Florestan Fernandes, *Capitalismo Dependente e Classes Sociais na América Latina*, Zahar Ed., Rio 1973.
5. Florestan Fernandes, *Sociedade de Classes e Subdesenvolvimento*, 3ª ed., Zahar Ed., Rio 1975.
6. Florestan Fernandes, *A Revolução Burguesa no Brasil*, Zahar Ed., Rio 1975.
7. Jacob Gorender, *O Escravismo Colonial*, Ed. Ática, São Paulo 1978.
8. Lygia Sigaud, *Os Clandestinos e os Diretos: Estudos sobre Trabalhadores da Cana-de-açúcar de Pernambuco*, Ed. Duas Cidades, São Paulo 1979.
9. Moacir Palmeira, *Latifundium et Capitalisme: Lecture critique d'un debat*, Faculté de Lettres et Sciences Humaines, Université de Paris, 1971.
10. Otávio Guilherme Velho, *Capitalismo Autoritário e Campesinato*, Difel, São Paulo 1976.

IV. Trabalhos nos quais são feitas revisões críticas das diferentes posturas teóricas assumidas sobre o(s) modo(s) de produção que prevaleceu(ram) na evolução da estrutura econômico-social brasileira:

1. Antônio Barros de Castro, *7 Ensaios sobre a Economia Brasileira*, vol. 1, p. 79 a 92 (Agricultura e Desenvolvimento no Brasil-I As posições em conflito), Ed. Forense, Rio 1969.
2. Christian Topalov, *Estruturas Agrárias Brasileiras*, Liv. Francisco Alves, Ed., Rio 1978.
3. João Manuel Cardoso de Mello, *O Capitalismo Tardio* (Contribuição à revisão crítica da formação e desenvolvimento da economia brasileira), UNICAMP, Campinas 1975 (mimeografado).
4. Maria de Nazareth Baudel Wanderley, *O Camponês: Um Trabalhador para o Capital*, UNICAMP, Campinas 1979 (mimeografado).
5. Moacir Palmeira, *Latifundium et Capitalisme: Lecture critique d'un debat*, Faculté de Lettres et Sciences Humaines, Université de Paris, 1971 (mimeografado).
6. Octavio Ianni, *Escravidão e Racismo*, p. 3 a 51 ("Escravidão e Capitalismo"), Ed. Hucitec, São Paulo 1978.

Em outras palavras, descer à realidade e voltar aos arquivos ou ao campo, sem abandonar um momento sequer a reflexão teórica, é o caminho que nos parece correto, mantendo assim a dialética permanente do antagonismo entre o concreto e o abstrato.

À insuficiência de um conhecimento — em extensão e profundidade — da realidade brasileira pode ser avaliada pelo volume e peso das hipóteses com que trabalham os diferentes autores.

Se temos, com certeza, a maior e possivelmente a mais qualificada biblioteca de conhecimentos sobre a *colônia* especificamente, alguns trabalhos fundamentais que iluminam suas estruturas econômicas e sociais e mais ainda os seus interiores estão sendo só agora publicados ou em vias de o serem, como é o caso, para lembrarmos alguns exemplos, de Virgílio Noya Pinto, *O Ouro Brasileiro e o Comércio Anglo-Português* (Uma contribuição aos estudos da economia atlântica no século XVIII), Cia. Ed. Nacional-INL/MEC, São Paulo 1979; Antônio Barros de Castro, *Escravos e Senhores nos Engenhos do Brasil* (Um estudo sobre os trabalhos do açúcar e a política econômica dos senhores), Campinas 1976 (mimeografado); Stuart, Schwartz, *Burocracia e Sociedades no Brasil Colonial, Ed. Perspectiva,* São Paulo 1979 e a relevante tese de Fernando A. Novais, *Portugal e Brasil na Crise do Antigo Sistema Colonial* (1777/1808), Ed. Hucitec, S. Paulo 1979.

Se tomarmos em consideração as relações coloniais com o exterior — império ultramarino português e o restante do mundo que então é incorporado à Europa ocidental sofrendo a expansão do Sistema — há teses esclarecedoras para serem publicadas e que talvez não tenham oferecido oportunidade de acesso a colaboradores desta Antologia. Referimonos, por exemplo, a José Jobson de Andrade Arruda, *O Brasil no Comércio Colonial 1796-1808* (Contribuição ao Estudo Quantitativo da Economia Colonial), São Paulo 1972 (mimeografado).

A formação dos mercados consumidores internos e seus circuitos de comercialização, as demandas conjunturais e as respostas que obtém, quer como suportes diretos ou indiretos da grande lavoura de exportação ou atuando na subsistência *na* ou *para a* mineração e ainda para os centros urbanos, estão recebendo exaustivas pesquisas e moderno tratamento analítico em trabalhos como os de Kátia Mattoso: *Bahia: A Cidade do Salvador e seu Mercado no Século XIX*, Ed. Hucitec, São Paulo 1978, e Maria Yeda Linhares, que, embora não se detendo especificamente no período colonial, oferecem subsídios para o compreendermos mais, projetando por sua vez o conhecimento sobre o século XIX, quando se definem melhor, na sua segunda metade, os avanços do sistema no campo e na cidade.

Mas para os séculos anteriores as áreas do Centro-Oeste ou então os complexos circuitos do comércio intercolonial têm ainda muito que nos revelar.

A nossa convicção é de que o devassamento sistemático dos arquivos, aproveitando-se do amplo trabalho que vem sendo desenvolvido em favor de sua recuperação e preservação, nos conduzirá *pari passu* à elaboração teórica e à sua comprovação.

Bastaria lembrarmos a freqüência dos encontros de documentos, que se atropelam obrigando-nos à reformulação de colocações e teses há muito consagradas no conhecimento histórico brasileiro, para verificarmos quanto ainda falta do percurso a ser cumprido no campo da investigação.

O século XIX e mais especificamente a economia cafeeira no Vale do Paraíba e com maior destaque para o pouco conhecido Oeste de São Paulo vão, ao nível das pesquisas em curso, oferecendo muitas surpresas, como já nos mostram resultados preliminares, ainda não publicados, de colegas da UNICAMP, como Peter L. Eisenberg, Héctor Hermán Bruit e Ademir Gebara e ainda do historiador norte-americano Robert Slenes.

As «aberturas» que tivemos com obras como *Formação Econômica do Brasil*, de Celso Furtado, e, mais recentemente, *O Escravismo Colonial*, de Jacob Gorender, mostraram, sobretudo neste último caso, o seu esforço permanente — que aliás é o de todos nós — em procurar a cada passo confirmar as colocações teóricas com dados concretos que na verdade têm um alcance representativo pequeno em grande parte dos casos, obrigando os seus autores a trabalharem no terreno sedutor, mas sempre escorregadio das hipóteses.

Daí, a permanente revisão crítica que se deve fazer e que em outro momento de nossas reflexões colocamos como tarefa inerente à historiografia.

Resta-nos ainda a problemática da transição, isto é, da passagem de um modo de produção para outro ou da emergência do capitalismo como modo de produção predominante. Em outros termos, mesmo para os que admitem o capitalismo desde o início da colonização, isto significa a teoria da revolução no Brasil, ou seja, a detectação dos seus mecanismos de mudança e os rumos assumidos nestes 480 anos de um processo histórico, cujos impasses e contradições, como já afirmamos, constituem nosso permanente combate científico e social.

Antecipemos aos leitores uma idéia a respeito de cada um dos textos que constituem o debate desenvolvido nas páginas deste livro.

O ponto de partida da colaboração de Castro é uma ampla e ambiciosa análise revisionista do marxismo, através de textos clássicos, para apontar, ainda nesse momento preliminar do seu trabalho, os conhecidos planos com que Marx visualiza a realidade do complexo de relações entre o capital e o trabalho antes e depois da ciência da Economia Política. O primeiro «plano» é falacioso na medida em que sugere uma interação igualitária entre os agentes, grupos ou classes que expressam aqueles dois componentes *interessados* em se integrarem.

Ora, caberia à Economia Política desmascarar esse contrato social marcado pelo igualitarismo, apesar de denunciado, criticado e combatido até então, mas com armas inadequadas e objetivos equivocados.

Acompanhando como Marx historia esse percurso, o autor deixa implícito o papel da tecnologia no substrato econômico que gera ou passa a gerar as relações sociais.

O segundo plano no qual a realidade capitalista fica camuflada é o da expropriação num processo espoliativo que se apresenta também na maioria das vezes politicamente bem composto e concessivo, mas que nem por isso consegue evitar a luta de classes que será o mecanismo capaz de vencer o antagonismo e superar o modo de produção.

Nesse momento do seu texto Castro procura se posicionar sobre o velho debate em torno da proeminência ou não do *econômico*, usando para tanto o confronto entre o escravismo (antigo e moderno) com o capitalismo, no que diz respeito às suas condições de produção traduzidas em duas «formas» ou procedimentos, o que leva o trabalhador a trabalhar em caráter imediato e como se define a necessidade social do seu trabalho.

Com esta colocação temos, a seguir, o ponto alto de sua análise: o da *qualidade* do trabalho do escravo e do moderno proletário, no que não vê diferença, reservando nessa linha severas observações aos autores que a partir de Marx embarcaram no equívoco — para Castro — de apontar uma diferença de motivação que levaria à diferença de qualidade.

Refere-se ao debate sobre a transição do feudalismo para o capitalismo, que a seu ver não atentou ainda para a dinâmica interna e específica de mutação de um modo de produção, que gera mecanismos capazes de selar o seu destino. Em outras palavras, poder-se-ia, forçando um pouco, afirmar que o feudalismo gerou o capitalismo!

Feita essa longa dissertação crítica, o autor se dirige para o seu objeto específico: a economia escravista nas Américas, que na sua maneira de entender se estrutura num certo processo de continuidade, que guarda uma dinâmica que não é um mero eco dos interesses europeus. Assim o chamado «sentido» da colonização estaria mais nas «necessidades» de reprodução, condicionando os interesses externos às suas estruturas internas.

Entretanto, reconhece as limitações políticas que recaem sobre o senhoriato colonial, para enfrentar as dificuldades econômicas ligadas às conjunturas dos mercados externos, obrigando-os a estratégias internas de mantença e/ou desenvolvimento da unidade de produção.

As suas conclusões giram em torno da pertinência de certas similitudes entre o escravismo moderno e o capitalismo, o que por sua vez não deixa de levar a especificidades do escravismo como tal. Nesse sentido, em relação às colocações de outros autores que comparecem a esta Antologia, nega a possibilidade de que a Economia Política possa dar conta da «explicação histórica» do escravismo moderno. Recupera nessa linha a «presença histórica» do escravo com críticas cerradas à literatura científica marxista brasileira que a minimizou ou esvaziou.

O escravo surge aí como um agente histórico e não uma simples *coisa* incapaz de se expressar, resistir ou participar da ordem social que o subjuga.

A demonstração dessa colocação é finalmente construída no tratamento das rebeliões de escravos, e das concessões que lhes são feitas, permitindo a configuração do seu pequeno universo embutido no sistema, assumindo papéis determinados e determinantes no contexto sócio-econômico.

O trabalho de Werneck Sodré, ele o afirma, não pretende polemizar em relação às controvérsias que caracterizam o debate, pois em oportunidades outras, ontem e hoje, ele tem criticado, com veemência e convicção, as colocações que lhe são contrárias, bem como defendido as suas idéias. Entretanto, notar-se-á em seu texto, sem insistência, alusões críticas que se dirigem diretamente a determinadas posições do debate.

A coerência dentro da evolução que suas idéias sofreram ao longo de suas obras tem neste texto uma tentativa de síntese do seu pensamento a respeito do tema, incorporados naturalmente os resultados de suas leituras e reflexões mais recentes.[22]

Como vários dos autores que o contraditam rejeita também a chamada «importação de modelos» teóricos acabados para a interpretação da realidade brasileira, dadas as suas diversidades e descompassos num mesmo conjunto político, chegando, porém, como se verá, a resultados bastante diversos em relação àqueles autores.

Caracterizando o escravismo brasileiro, não lhe concede foros de um modo de produção, embora reconheça a sua relevância no contexto colonial, mas circunscrito ao centro produtor que se volta para os mercados externos.

No mais há cinturões de economia subsidiária que chegam a perfilar-se como modos de produção marcados por um senhoriato — religioso ou leigo — que ocupa um papel num complexo de organização e relações de produção, que para o autor são feudais ou chegam, em certos casos, a passar de escravistas para feudais. É portanto, na maioria das ocorrências, um retrocedimento em determinadas áreas, onde a economia se desintegra e/ou se debate para resistir à de-

22. Embora na colaboração de Nelson Werneck Sodré esteja melhor dirigida a crítica que faz às diferentes concepções divergentes da sua proposta interpretativa e justamente ele se refira à matriz do longo percurso que os seus estudos vêm cumprindo nesse sentido, representada pela obra *Formação Histórica do Brasil*, ou melhor, pelo curso que deu e resultou naquele livro, julgamos que a melhor síntese do seu pensamento sobre a problemática está explicitada numa passagem de sua *História da Burguesia Brasileira*, obra bem mais recente que aquela, especificamente em "O Feudalismo no Brasil", p. 26 a 35, Ed. Civ. Bras., Rio 1967.

cadência. Mas há as áreas onde as relações se configuram como feudais desde a implantação do projeto colonial. Por outro lado, o processo de regressão dura mais no tempo em áreas em que — na tese do autor — as categorias do modo de produção feudal se explicitam até os nossos dias, provocando inclusive toda uma gama de movimentos sociais ligados à alta concentração da renda, às relações de trabalho, ao controle do poder político e da propriedade da terra que compõem a tessitura do «feudalismo brasileiro».

Entre outros indicadores da contribuição que Werneck Sodré nos dá — para não falarmos do conjunto quantitativo e qualitativo de sua obra na produção científica brasileira deste século — está o de trazer neste texto o debate para a realidade dos dias que o país atravessa, dando-nos nesse sentido um quadro em que se revela com penetração certos ângulos de sua visão crítica.

Longe de contentar-se com o avanço e os desdobramentos teóricos marxistas que se incorporaram à Economia Política, Gorender em seu estudo reclama e propõe para essa ciência o esforço intelectual que se traduziria na busca e representação das categorias e leis específicas que regem cada modo de produção e que conseqüentemente não serão as mesmas do modo de produção capitalista, aquele que teve o privilégio de assistir ao acabamento dessa teoria sobre a sua estrutura.

Assim, o seu texto, até certo ponto, conduz-se ao nível da discussão conceitual (categorial-sistemática) explorando a dialética *real x abstrato*, como foi tratada por diversos autores, para a seguir analisar o complexo estrutural das «instâncias sociais» em que se coloca o modo de produção como categoria fundamental, mas não totalizante no sentido de compreender a superestrutura.

Repele qualquer outra configuração que não a econômica para o conceito de modo de produção e portanto para o seu objeto, como por outro lado propõe a necessidade de elaboração de uma teoria para o conceito de formação social capitalista.

No tocante especificamente ao modo de produção, a sua dinâmica residiria no grau de adequação das relações de produção com as forças produtivas.

A sua exposição tem como corolário a demonstração da totalidade orgânica do modo de produção escravista colonial, um modo de produção inteiramente novo que se desenvolve no Brasil graças à sua prolongada duração, que permitiria uma acumulação possível para a estruturação capitalista.

A contribuição de Gorender reconhece — com segurança e propriedade — o extenso percurso que se deve ainda empreender com a investigação empírica.

Nessa linha é que visualiza a emergência do modo de produção capitalista no Brasil na segunda metade do século XIX, acentuadamente a partir de 1880, guardando entretanto diferenças regionais e tendo bolsões pré-capitalistas e nunca feudais, o que só ocorreria embrionária e setorialmente, na sua maneira de entender, dado que não houve um sistema feudal anterior.

Considerando que outros trabalhos seus tornaram suficientemente explicitadas, em suas definitivas reformulações, as suas concepções a respeito dos modos de produção na América Latina e especialmente no Brasil colonial, Cardoso volta o seu texto para a crítica ao enfoque que condiciona a América Latina e as Antilhas como um certo «conjunto» ancilar, capaz senão de passivamente perfilar-se como componente de um sistema mais amplo e complexo que define as suas estruturas.

Evitando em sua análise despolarizar a questão dentro do debate, isto é, procurar percepcionar um outro «sentido da colonização», pretende entretanto — com exemplos diferenciais concretos — mostrar que o interior das estruturas coloniais não é homogêneo, tampouco responde da mesma maneira às impositivas irradiações que recebe, não se organizando portanto como simples projeção de uma matriz, o que em nossa maneira de entender pode contribuir para verificarmos que há diferentes *direções* e *vibrações* econômico-políticas dentro daquele *sentido*.

Assim, a sua crítica é centrada na soma do que chama de «idéias» e que têm nutrido sobretudo o ensaísmo contemporâneo que configurou os mecanismos imperialistas para, a partir desse quadro, proceder à retrospecção.

Entre outros motivos que relevam a sua contribuição está a visão crítica abrangente de certas posições e suas respectivas categorias dentro do debate internacional, bem como o cotejo com outros sistemas econômicos latino-americanos, que o autor tão bem conhece, em suas aproximações e dessemelhanças, e que incorporando ao debate dá-lhe uma dimensão geralmente negligenciada nos estudos brasileiros. A defesa da pesquisa empírica complementa a sua contribuição.

Inclinando-se em recuperar os «espaços» internos das formações sociais que se articulam nas colônias durante o Mercantilismo e a partir de suas contradições, Ianni tenta demonstrar como as estruturas de dominação presidem àquelas formações sem as desestruturar contudo, dado que suas articulações e «composições» revelam um complexo de certa resistência — escravista e colonial — para simplesmente responder de forma mecânica às decisões que são tomadas nos distantes pólos dominadores.

O antagonismo latente ou pronunciado percorre o circuito metrópole-colônia-metrópole, num período de longa duração sem que contudo se rompa, o que significa reconhecer, no enfoque do autor, estruturas dentro de uma estrutura.

A seguir Ianni repassa e coteja as diferentes posições analíticas assumidas por autores representativos das tendências que pretenderam conceituar as estruturas coloniais da América Latina, tendo em vista a lenta transição mercantilista do feudalismo para o capitalismo.

Como no texto de Cardoso, alarga-nos a visão do debate incorporando nesse sentido as colocações de vários autores hispano-americanos.

Sem entrar nas controvérsias ou mesmo se posicionar, Ianni entretanto «sugere» a pesquisa das articulações e rearticulações do complexo econômico-social colonial no interior do sistema mais amplo, o que significa, mais uma vez, não o colocar como simples e mecânico reprodutor para a reprodução do capitalismo europeu. Este se impõe, mas aquele não oferece «condições» históricas de imediatas respostas.

São expressivas as transcrições que faz de Marx mostrando agentes capitalistas atuando em estruturas que não são capitalistas, para se chegar afinal ao impasse econômico-político-ideológico do antagonismo frontal dentro do sistema, isto é, trabalho escravo e/ou trabalho livre.

Registrem-se, contudo, as controvérsias que estas colocações também têm provocado, mas que não estavam nos objetivos do autor explorá-las.

Um quadro de contemporaneidade histórica que marcaria a aceleração da expansão capitalista no campo, configurada a partir dos contrastes entre duas áreas de produção cafeeira, recebeu o consenso, ainda que matizado, de um conjunto de autores de diferentes posturas teóricas e metodológicas. Entretanto, abordagens mais recentes da mesma problemática não vêem razões para essas diferenças. O estudo de Eisenberg busca justamente esse confronto, de certa maneira já cristalizado no conhecimento científico brasileiro, sobre duas áreas que oferecem relações sociais aparentemente diferentes dentro de um sistema de produção que se intensifica na projeção das forças produtivas e na empolgação do sistema político.

A colaboração de Eisenberg oferece à Antologia uma das poucas oportunidades de fazermos falar os agentes históricos — no caso os fazendeiros — que têm um certo papel também no retardamento ou aceleração do processo.

Menos teórico que os outros textos, procura captar a mentalidade, a «visão do mundo» que supostamente dois segmentos daqueles que então donos do poder — econômico e político — têm do processo histórico que os envolve de maneira diversa e por isso deles obteria respostas diferentes, isto é, mentalidades que se friccionam contundentemente, embora representem frações de uma mesma classe.

Dirigido para a problemática que o preocupa, Eisenberg revisa criticamente a bibliografia mais representativa que tratou do tema e nos dá assim páginas de historiografia que serão de grande alcance para o leitor.

As conclusões a que chega, com a devida cautela científica, são as da impertinência das teses generalizantes que advogam uma mentalidade capitalista racional mais avançada no Oeste de São Paulo e que representaria uma nova organização do sistema de produção, traduzida por sua vez no desdobramento das atividades econômicas que não a da grande lavoura, enquanto no Vale o complexo de relações sociais de produção seria ainda presidido pela arcaica resistência ao avanço. Demonstra que as camadas dominantes, sob maior ou menor pressão das crises e transformações, reagem relativamente por igual, o que, se não dá os parâmetros para definir diferenças regionais substantivas, permite todavia aprofundar o conhecimento sobre as relações de produção — capitalistas ou não — na lavoura cafeeira.

Apesar do uso indiscriminado com que os cientistas sociais brasileiros manipulam conceitos como os de artesanato, manufatura e indústria, um certo consenso tem prevalecido no sentido de reconhecer como *indústria* no período colonial apenas o processo de transformação da cana em açúcar.

Revisando e explorando com mais rigor essa terminologia conceitual a partir de Marx, Santiago promove uma releitura de Antonil — um testemunho descritivo do concreto — privilegiando, na esteira de Balibar, justamente a *manufatura* como um dos estágios de transição de um modo de produção feudal (artesanato) para outro modo de produção capitalista (a indústria).

Assim, a contribuição de Santiago procura caracterizar, de um lado, um componente da *transição* e com isso nos convida, do parcial para o total, a uma reflexão sobre o(s) modo(s) de produção prevalente(s) na colônia, como nos reclama, de outro lado, maior rigor conceitual em nossa linguagem científica, que pretende discursar sobre uma realidade histórica que se torna mais complexa e menos cognoscível na proporção do nosso menor rigor terminológico.

Por último, uma palavra de agradecimento. A montagem de uma Antologia, para a qual se convidam autores a redigir textos especiais, para uma problemática comum e altamente polêmica, não é prática freqüente entre nós brasileiros.

Somente o desafio e a sedução dessa problemática ao lado do nível científico que naturalmente cada um esperou do conjunto devem ter convencido os colaboradores de que seria gratificante adiar compromissos, suspender tarefas, sacrificar as poucas horas de lazer e dedicação à família, as pesquisas e viagens de estudo, como aconteceu na totalidade dos casos, para abrir uma nova frente de trabalho dentro de determinado prazo, cobrado com ranhetice pelo organizador, e cumpri-la integralmente.

Terminamos felizmente, ou melhor, continuamos ou até iniciamos, neste caso, uma nova etapa do debate.

Por essa soma de motivos, ao organizador cabe um comovido agradecimento a cada um e a todos os que compareceram a estas páginas.

O texto desta Introdução recebeu observações críticas e informações adicionais de Héctor Hermán Bruit e Peter Eisenberg, que nem por isso têm qualquer responsabilidade nos eventuais equívocos e omissões cometidos, mas aos quais somos muito gratos.

O CONCEITO DE MODO DE PRODUÇÃO E A PESQUISA HISTóRICA

Jacob Gorender

Apresentação

O ensaio a seguir resultou da ampliação de uma exposição que fiz a 19 de outubro de 1978 no Instituto de Filosofia e Ciências Humanas da UNICAMP, com caráter de participação num seminário promovido pelo Programa de Pós-Graduação de História sobre o tema dos modos de produção no processo histórico brasileiro, que envolveu discussão especial em torno do meu livro *O Escravismo Colonial.* Sob a presidência do prof. Héctor Hernán Bruit, tomaram parte como debatedores os profs. Octavio Ianni e Theo Araújo Santiago. A eles e ao prof. José Roberto do Amaral Lapa, pelo empenho na organização do seminário, meus agradecimentos.

I

Há cerca de um século, afirmava Engels no *Anti-Dühring:*

> "A economia política enquanto ciência das condições e das formas nas quais as diversas sociedades humanas produziram e intercambiaram e nas quais, em conseqüência,

> os produtos, cada vez, foram repartidos, — a economia política com esta extensão ainda está para ser criada. O que possuímos de ciência econômica até aqui se limita quase exclusivamente à gênese e ao desenvolvimento do modo de produção capitalista (...)".[1]

Ou seja, limitava-se, em 1877, à obra de Marx, definidamente a *O Capital.*

Quase um século depois, escrevia Oskar Lange:

> "A economia política aspira (...) a constituir, para cada formação social, uma teoria geral que englobaria de maneira abstrata o conjunto do modo de ação da referida formação. Trata-se da *teoria econômica da formação social.* Uma teoria deste gênero, inteiramente desenvolvida, não existe no presente senão para o modo de produção capitalista".[2]

Em nota de pé de página, explicitou Lange que se referia a *O Capital* de Marx como à obra que contém a teoria do modo de produção capitalista.

O atraso secular não pode deixar de ser constatado. É certo que, nesse lapso de tempo, a teoria econômica marxista realizou progressos na abordagem dos novos fenômenos do capitalismo com as obras econômicas de Kautsky, Hilferding e Lênin. Já no que se refere aos modos de produção anteriores ao capitalismo, extintos ou ainda vigentes, prevaleceu o enfoque histórico *acontecimental* e ficou completamente arquivado o estudo teórico sistemático.

Sem entrar em considerações outras que não as metodológicas, creio que semelhante atraso se deveu ao privilegiamento do que Engels chamou de *modo histórico* do método dialético, o qual se aplica aos níveis do singular e do particular, porém não ascende ao nível categorial-sistemático de abordagem da matéria histórica.[3]

A este nível só se aplica o que também Engels denominou de *modo lógico* do método dialético. E que consiste, conforme pode ser aferido por *O Capital,* no estudo articulado de categorias e leis específicas de um modo de produção. Estudo

1. Engels, Friedrich, *Anti-Dühring* (*M. E. Dühring Bouleverse la Science*), Paris, Éditions Sociales, 1950, p. 182.
2. Lange, Oskar, *Économie Politique,* Paris, Presses Universitaires de France, 1962, t. 1, p. 121.
3. Engels, Friedrich, "La 'Contribución a la Crítica de la Economía Política', de K. Marx", *in* Marx e Engels, *Obras Escogidas,* Moscou, Ediciones en Lenguas Extranjeras, 1951, t. 1, p. 340-345.

categorial-sistemático ou, se quiserem, estrutural, no sentido de que deve atravessar as aparências fenomenais e revelar a estrutura essencial, com seus elementos, suas conexões internas e seu movimento próprio, que é o movimento de suas contradições. Tais contradições, por sua vez, não são *disfunções,* como as admitiria uma concepção funcionalista, porém pertencem ao funcionamento *normal,* necessário, do sistema imanente no modo de produção e determinam sua existência transitória.

Ao enfatizar o modo lógico do método dialético, não pretendo suprimir o modo histórico, pois creio que o singular e o particular são escalas legítimas para os procedimentos da ciência histórica. Esta não deve desprezar o *acontecimental,* mas integrá-lo na visão lógica ou sistemática. Não se trata, portanto, de optar entre historicismo antiteórico e teoria supra-histórica, porém de construir uma teoria que seja a totalização concreta das diversas determinações do processo histórico real.

O modo histórico de abordagem historiográfica não conduz obrigatoriamente ao historicismo e disto dão prova as admiráveis obras em que Marx, Engels e Lênin estudaram acontecimentos na acepção estrita do termo. Contudo, é inegável que seu privilegiamento propiciou a proliferação de variantes do historicismo, dominantes na literatura marxista deste século. Penso que a superação do historicismo é indispensável à recuperação da própria ciência da história e para tirar a economia política marxista da estagnação. É no enfrentamento do historicismo que a escola althusseriana encontra sua justificação principal e não a refutaremos com boas razões se, por nossa parte, não soubermos desprender a historiografia do historicismo, sem perder a história, como ocorre com os althusserianos.

Ultimamente, pode-se notar certo retorno à abordagem categorial-sistemática no estudo dos modos de produção. Ao alcance do meu conhecimento, pelo menos, e sem implicar concordância com todos os procedimentos e conclusões dessas obras, citarei como manifestação de tal retorno *O Capital Monopolista,* de Baran e Sweezy, *A Evolução Econômica de Portugal,* de Armando Castro, e *Teoria Econômica do Sistema Feudal,* de Witold Kula. No mesmo sentido, creio poder afirmar que se orientaram os esforços de Ciro Cardoso e os meus próprios.

II

O estudo dos modos de produção impõe o esclarecimento do próprio conceito de modo de produção. Isto porque, a partir da escola althusseriana, se difundiu um conceito de modo de produção que, a meu ver, representa inadmissível retrocesso do materialismo histórico em direção a uma forma especial de ecletismo. A difusão de semelhante conceito tem sido tão ampla que é impossível passar a questão por alto. Tanto mais quanto, ao que eu saiba, a respeito não se registrou nenhum pronunciamento autocrítico do próprio Althusser. [4]

O ponto de partida é aqui a distinção estabelecida por Althusser entre conceitos teóricos e conceitos empíricos. Paulo Silveira já esclareceu, com notável força crítica, o que representou essa *démarche* na evolução do pensamento do filósofo francês e as incoerências nela implícitas. [5] No entanto, cabem esclarecimentos especiais nas questões que aqui interessam. Vejamos, então, o que escreve Althusser:

> "Os conceitos teóricos (em sentido estrito) dizem respeito às determinações ou objetos abstrato-formais. Os conceitos empíricos dizem respeito às determinações da singularidade dos objetos concretos. Assim, diremos que o conceito de *modo de produção* é um conceito teórico, e que se refere ao modo de produção em geral, que não é um objeto *existente no sentido estrito,* mas que é indispensável para o conhecimento de toda a formação social, dado que toda a formação social é estruturada pela combinação de vários modos de produção. Da mesma maneira, diremos que o conceito de modo de produção *capitalista* é um conceito teórico, e que se refere ao modo de produção capitalista em geral, que não é um objeto existente no sentido estrito (o modo de produção capitalista não existe em sentido estrito; apenas existem formações sociais em que domina o modo de produção capitalista), mas que, no entanto, é indispensável ao conhecimento de qualquer formação social sob a dominação do dito modo de produção capitalista, etc.". [6]

Tendo admitido, em *Lire Le Capital,* somente os conceitos abstrato-formais, seu autor cedeu à crítica e resolveu dar um passo em direção à realidade empírica. Para isso, redescobriu os conceitos provisoriamente chamados «empíricos». Digo re-

4. Cf. Althusser, Louis, *Elementos de Autocrítica,* Barcelona, Ed. Laia, 1975.
5. Cf. Silveira, Paulo, *Do Lado da História,* São Paulo, Liv. Ed. Polis, 1978, p. 39-47.
6. Althusser, Louis, *Sobre o Trabalho Teórico,* Lisboa, Ed. Presença, p. 55-56, [s.d.].

descobriu, porque foi Kant quem originalmente classificou os conceitos em puros *a priori* (independentes da experiência) e empíricos (decorrentes da experiência).[7] É certo que Althusser tomou a precaução de advertir que os conceitos teóricos não concernem a idéias «puras», não caem do céu, mas estão submetidos a um processo de trabalho teórico que comporta, entre suas condições e elementos determinantes, as práticas não-teóricas e seus resultados. Logo em seguida, contudo, acrescentou:

> "Mas, uma vez produzidos e constituídos, estes objetos formais-teóricos podem e devem constituir o objeto de um trabalho teórico em sentido estrito, ser analisados, pensados na sua necessidade, nas suas relações internas, e desenvolvidos para que deles se extraiam todas as conseqüências, isto é, toda a riqueza".[8]

Assim, uma vez produzidos e constituídos, os conceitos teóricos, referentes a objetos abstrato-formais inexistentes em sentido estrito, desprendem-se de sua origem experimental, impura, e acabam teoricamente tão puros quanto os conceitos *a priori* de Kant. Com isso, Althusser se salva do empirismo, assim como Kant, com as formas transcendentais do conhecimento, se salvou do empirismo sensualista e do ... materialismo. A meu ver, como já afirmei em reflexões metodológicas precedentes, a noção de «conceito empírico» é uma contradição em termos, pois qualquer conceito, que seja minimamente científico, minimamente objetivo, diz respeito a um aspecto determinado da realidade, singular e concreta, e implica um grau qualquer de abstração, já não pertencendo mais ao empírico propriamente dito. Todos os conceitos, quaisquer que sejam, possuem ao mesmo tempo as características que Althusser discrimina e atribui separadamente aos conceitos empíricos, de um lado, e teóricos, de outro. Para aceitar que somente os conceitos chamados empíricos se refiram à realidade concreta, seria preciso, na linha da filosofia kantiana, admitir a contrapartida dos conceitos teóricos, abstrato-formais, destituídos de conteúdo ontológico e que gozariam de um movimento independente da realidade concreta.

Tem razão, portanto, Giannotti quando, a propósito dessa separação entre a abstração do modo de produção e a reali-

7. Kant, *Crítica de la Razón Pura*, 2ª ed., Buenos Aires, Ed. Sopena, Argentina 1945, t. 1, p. 77-78; t. 2, p. 165-166.
8. Althusser, Louis, *ibid.*, p. 68.

dade da formação social, indaga se não estamos separando, de um lado, o real, de outro, a construção teórica, com isso abrindo um abismo que a categoria marxista tem por fim precisamente ultrapassar.[9] Em resposta à indagação, eu diria que tanto modo de produção como formação social são conceitos (ou categorias) e, por conseguinte, abstrações. Mas ambos os conceitos, e não apenas o de formação social, dizem respeito a objetos existentes, concretos, determinados, dotados de particularidades e de singularidades.

A esta altura, chegamos a uma segunda questão. É que Althusser entendeu constituir o modo de produção com as instâncias do econômico, do político e do ideológico.[10] Ora, num ensaio incluído no *Pour Marx,* acerca da *Contradição e Sobredeterminação,* seu autor, mantendo-se de acordo com os princípios fundamentais do materialismo histórico, ainda se referia à «*determinação em última instância do modo de produção* (*econômica*)».[11] Agora, porém, separou-se conceitualmente a instância econômica, que deixou de se identificar com o modo de produção, enquanto este passou a englobar também as instâncias política e ideológica. Em conseqüência, a determinação em última instância deixou de ser do modo de produção. Dado tal passo, foi possível elaborar uma especiosa diferenciação entre a instância *determinante* (sempre a econômica) e a instância *dominante* num modo de produção (nem sempre a econômica, pois também pode ser a político-jurídica ou a ideológica). O que se dá, no final de contas, é que o determinante vem a ser submergido pelo dominante. A subversão idealista do materialismo histórico, que a introdução do conceito de *sobredeterminação* deixava entrever, completou-se neste esquema, de tal maneira que a determinação em última instância pelo econômico acaba como determinação em nenhuma instância, ao menos em certos modos de produção. Por isso mesmo, Poulantzas, que faz uma exposição desenvolvida do esquema althusseriano, afirma ser ambíguo o esquema marxista de base e superestrutura, pouco valendo sua ressalva «se tomado ao pé da letra».[12] Marx

9. Cf. Giannotti, José Arthur, "Notas sobre a Categoria 'Modo de Produção' para Uso e Abuso dos Sociólogos", in *Estudos CEBRAP*, n. 17, São Paulo, Ed. Brasileira de Ciências, 1976, p. 167.
10. Althusser, Louis, *ibid.*, p. 62.
11. *Id., Pour Marx,* Paris, François Maspéro, 1967, p. 111.
12. Cf. Poulantzas, Nicos, *Poder Político e Classes Sociais,* São Paulo, Liv. Martins Fontes Ed., 1977, p. 16.

nunca deixou dúvida acerca da identificação do modo de produção como base econômica ou estrutura da formação social, claramente distinta da superestrutura (político-jurídica e ideológica). Por isso mesmo, nunca deu margem à especiosa diferenciação entre instância determinante e instância dominante, considerando sempre determinante (e dominante, em conseqüência) o modo de produção ou a base da sociedade.[13] O esquema marxista é rigorosamente materialista, enquanto o esquema althusseriano é inequivocamente eclético.

O esquema de base e superestrutura não é ambíguo, mas perfeitamente claro. Não há inconveniente em tomá-lo ao pé da letra e, neste caso, atribuir à formação social, e não ao modo de produção, o caráter de categoria abrangente de todas as instâncias sociais, desde a econômica ao conjunto das instâncias superestruturais. A formação social não é apenas uma combinação entre vários modos de produção (um

13. A fim de comprovar tal assertiva, começamos pelo célebre e tão citado Prefácio da *Contribuição à Crítica da Economia Política:* "O conjunto dessas relações de produção constitui a estrutura econômica da sociedade, a base concreta sobre a qual se eleva uma superestrutura jurídica e política e à qual correspondem determinadas formas sociais de consciência. O modo de produção da vida material condiciona o processo da vida social, política e espiritual em geral", Marx, Karl, *Contribution a la Critique de l'Économie Politique,* Paris, Éditions Sociales, 1957, p. 4. Em *O Capital,* a tese se repete: "Porque o conjunto destas relações, em que os agentes da produção se encontram no que se refere à natureza e entre eles próprios [*portanto, o modo de produção — J.G.*], este conjunto é precisamente a sociedade, do ponto de vista de sua estrutura econômica", Marx, Karl, *Das Kapital,* Berlim, Dietz Verlag, 1964, livro terceiro, p. 826-827 (Marx-Engels, *Werke,* v. 25). Agora, chegamos a uma citação de Marx freqüentemente exibida pelos adeptos da escola althusseriana (inclusive Poulantzas, cf. *op. cit.,* p. 27): "Segundo ele [*um jornal germano-americano — J.G.*], minha opinião de que o modo de produção determinado e as relações de produção que lhe correspondem, em uma palavra, de que a estrutura econômica da sociedade é a base real sobre a qual se eleva uma superestrutura jurídica e política e à qual correspondem determinadas formas sociais de consciência, de tal maneira que o modo de produção da vida material condiciona acima de tudo o processo da vida social, política e espiritual (*Contribuição à Crítica,* Prefácio), — segundo ele, esta opinião é justa para o mundo moderno, dominado pelos interesses materiais, mas não para a Idade Média, onde reinava o catolicismo, nem para Atenas e Roma, onde reinava a política. (...) O que é claro é que nem a Idade Média podia viver do catolicismo, nem a Antiguidade da política. O modo pelo qual se ganhava a vida explica por que, pelo contrário, aqui, a política, e ali, o catolicismo exerciam o papel principal. O mínimo conhecimento da história da República romana, por exemplo, faz ver que o segredo desta história é a história da propriedade fundiária. Por outro lado, já D. Quixote se penitenciou do erro de haver acreditado que a cavalaria andante era compatível com todas as formas econômicas da sociedade", Marx, Karl, *ibid.,* livro primeiro, p. 96, n. 33 (Marx-Engels, *Werke,* v. 23). Exceto pequena frase de significação puramente polêmica, reproduzi a citação na íntegra, o que não costuma ser feito pelos althusserianos. Estes se apegam à afirmação de que a política e o catolicismo desempenhavam o papel principal, respectivamente, na Antiguidade e na Idade Média. Seriam as instâncias *dominantes,* embora a economia continuasse *determinante* em última instância. Como é possível supor, não obstante, que Marx, com uma única frase em nota de pé de página, fosse subverter sua construção teórica penosamente levantada? Se considerarmos o que, no trecho acima, está dito acerca da República romana e de D. Quixote, deveremos concluir que o *papel principal* não se refere aí ao conjunto da formação social, porém somente à superestrutura. Ou seja, a política e o catolicismo eram, em cada época, os fatores principais da superestrutura, enquanto a economia — o modo de produção — continuava sendo o fator determinante e dominante da formação social em seu conjunto.

dos quais, o dominante), *mas também a articulação necessária entre esses modos de produção e uma superestrutura.* Se o estudo teórico deve abstrair o modo de produção das demais instâncias da formação social, essas instâncias permanecem sempre, não obstante, como pressuposto. O modo de produção não existe empiricamente como objeto puro, isolado da vida social em sua totalidade. As relações econômicas, na vida social concreta, se apresentam permeadas de relações jurídicas, políticas, religiosas e outras de natureza ideológica. Isto é particularmente evidente nos modos de produção escravistas (patriarcal e colonial) e no modo de produção feudal, nos quais a coação extra-econômica institucional é indispensável para permitir a extorsão do sobreproduto dos agentes do processo de trabalho. Mas também o modo de produção capitalista, que dispensa a coação extra-econômica sobre os operários, inexiste sem a coesão social garantida pelos aparelhos coercitivos do Estado burguês, inclusive em sua forma liberal mais pura. Só que, seja qual for o caso, o estatuto do extra-econômico é dado pelo econômico e não o contrário. A reprodução de um modo de produção é sempre a decorrência imediata da ação de suas leis econômicas específicas. Se assim não fosse, deveríamos admitir que a imposição político-ideológica seria capaz de criar por si só um modo de produção ou uma ordem econômica reprodutível e com semelhante admissão transitaríamos para alguma espécie de idealismo histórico de feição eclética, à maneira, por exemplo, de Max Weber.

De tudo isso se conclui que as várias ordens de relações sociais não devem ser confundidas categorialmente, uma vez que pretendamos que a determinação em última instância é econômica. Em segundo lugar, cabe afirmar taxativamente que modo de produção é um conceito concernente exclusivamente à produção de bens materiais, situando-se, de maneira primordial, no âmbito da ciência da economia política. Por isso, falar em «modo de produção teórico» ou «modo de produção de idéias», como faz Althusser [14], é estabelecer uma polissemia desnecessária do ponto de vista teórico e escancarar a porta à empresa de desintegração do materialismo histórico, desde o momento em que bens materiais e idéias são

14. Cf. Althusser, Louis, *Sobre o Trabalho Teórico*, *op. cit.*, p. 52, 69.

reunidos, do ponto de vista categorial, em seu processo de gênese.

O que ocorre — e precisamos reconhecer — é que a teoria da formação social foi muito menos elaborada pelo marxismo do que a do modo de produção. Já não podemos satisfazer-nos com as contribuições não-sistematizadas de Marx e Engels, por mais que tenham sido posteriormente desenvolvidas, sobretudo por Lênin e Gramsci. *A interação entre base e superestrutura, a determinação geral em última instância pelo econômico, as determinações particulares pelas várias instâncias superestruturais, as formas de luta de classes e sua inter-relação — estas são questões que carecem de enfoque sistemático.* Sob tal ponto de vista, os novos elementos trazidos por Gramsci — uma vez depurados do historicismo, do voluntarismo, da epistemologia idealista subjetiva sociologizada e de reminiscências crocianas — podem contribuir à elaboração de uma teoria geral sistemática da *formação social* capitalista, tão concretamente totalizada quanto a teoria geral do *modo de produção* capitalista exposta em *O Capital.* O fato é que podemos e devemos ter a teoria geral da formação social capitalista precisamente para focalizar com o devido acerto as formações sociais capitalistas singulares.

A teoria geral da formação social (capitalista ou outra) poderia partir da concepção abstratamente homogênea de um único modo de produção articulado com sua superestrutura correspondente e daí passar à concepção mais complexa (e mais conforme à realidade empírica) de uma combinação de modos de produção articulada com uma superestrutura correspondente. Neste último caso, um dos modos de produção exercerá o papel *dominante* na formação social.

Tal dominação se explicita, a meu ver, nos seguintes aspectos principais, que aparecem em conjunto ou em parte, com maior ou menor força, conforme cada caso e cada momento do processo histórico:

a) o modo de produção dominante controla a maior massa de fatores econômicos disponíveis na formação social (recursos naturais, instrumentos de produção e transporte, instalações, mão-de-obra, recursos creditícios);

b) extorque dos modos de produção subordinados uma parte ou mesmo a totalidade do seu sobreproduto;

c) delimita o espaço econômico dos modos de produção subordinados e deles extrai, quando lhe convém, fatores de produção e produtos acabados, de tal maneira que os modos de produção subordinados funcionam como território de reserva;

d) constitui a base principal da formação social e, por conseguinte, o determinante principal de sua superestrutura.

É sabido, por fim, que o modo de produção conjuga forças produtivas com um definido grau de desenvolvimento e relações de produção, que lhes devem ser adequadas nas fases progressivas do modo de produção. Da correspondência ou não-correspondência entre as relações de produção e o caráter das forças produtivas resulta a dinâmica própria do modo de produção e da formação social, numa etapa dada. São as variações nas forças produtivas (na medida em que progridem ou, mais raramente, na medida em que retrocedem) que estabelecem uma não-correspondência com as relações de produção existentes e conduzem, no final de contas, à sua substituição por outras relações de produção e ao surgimento de um novo modo de produção. Mas o surgimento de um novo modo de produção não resulta somente do desenvolvimento das forças produtivas. Sem que desapareçam as velhas relações de produção e se instaure o domínio de novas relações de produção, não há substituição do antigo por um novo modo de produção. Esta é, em síntese, uma das teses fundamentais do materialismo histórico. A questão do *primado,* se deve pertencer às forças produtivas, se às relações de produção, nunca foi aventada por Marx. Trata-se, na verdade, de uma falsa questão, uma vez que os homens, considerados como agentes sociais da produção, constituem um elemento que faz parte tanto do conjunto das forças produtivas (como força produtiva subjetiva dotada de intencionalidade), quanto do conjunto das relações de produção, uma vez que estas se estabelecem precisamente entre os homens. Assim, os conceitos de forças produtivas e de relações de produção não prescindem um do outro, ao mesmo tempo em que se distinguem categorialmente.

Ora, enquanto na II Internacional predominou a tendência a superestimar o desenvolvimento das forças produtivas em detrimento da atividade consciente da classe revolucionária, a escola althusseriana entendeu de proclamar o primado das relações de produção sobre as forças produtivas. A iniciativa partiu, está claro, do próprio Althusser, pois, já no *Lire Le Capital,* manifestava a inclinação a omitir o elemento humano nas forças produtivas, reservando-o somente às relações de produção, que bastariam para definir o econômico.[15] Até onde vai a tese do primado das relações de produção pode ser visto em autores como Barry Hindess, Paul Q. Hirst e Robert Henry Srour.[16] Hindess e Hirst, em especial, simplesmente eliminaram o conceito de modo de produção, argumentando que o conceito de relações de produção já implicava o de forças produtivas como condição de sua existência. Por conseguinte, se somente as relações de produção forem teoricamente legitimadas como categoria substantiva, o conceito de modo de produção se torna excessivo e pode ser substituído pelo de formação social, uma vez que nesta as relações de produção já aparecem juntamente com todas as suas condições de existência. Dado este passo, seguiu-se a *démarche* eliminatória da própria determinação em última instância pela base econômica, considerada inaceitável privilegiamento epistemológico racionalista. Lembremos que, anteriormente, os dois sociólogos ingleses haviam declarado ser a história um objeto ilusório para a pesquisa científica, enquanto Althusser, inspirador de ambos, sempre se propôs elaborar uma teoria estrutural da história, a partir da leitura sintomal de Marx. Da minha parte, parece-me inequívoco que a tese do primado das relações de produção contém, implícita ou explicitamente, um viés idealista, o qual, levado às últimas conseqüências, como o fizeram Hindess e Hirst, implica a desintegração do materialismo histórico.[17]

III

Ao buscar o estudo dos modos de produção, o caminho correto não consiste em proceder a construções puramente dedutivas ou em montar *combinatórias* estruturalistas. É in-

15. Cf. Althusser, Louis, *et al., Lire Le Capital,* Paris, François Maspéro, 1967, t. 2, p. 144-159.
16. Cf. Hindess, Barry e Hirst, Paul Q., *Modos de Produção Pré-Capitalistas,* Rio de Janeiro, Zahar Editores, 1976, p. 19 *et pas;* id., *Modo de Produção e Formação Social,* Rio de Janeiro, Zahar Editores, 1978; Srour, Robert Henry, *Modos de Produção: Elementos da Problemática,* Rio de Janeiro, Ed. Graal, 1978, p. 106-110.
17. Uma crítica mais desenvolvida das obras de Hindess e Hirst encontra-se no meu artigo "O Enfoque Neopositivista do Marxismo", in *Movimento,* São Paulo, n. 182, 13-12-1978.

dispensável fundar tal estudo no material empírico, na documentação fatual, submetendo-a a extensa e profunda investigação, com rigor historiográfico. Tratando-se de modos de produção já extintos, a fundamentação nas fontes documentais constitui obrigação incondicional da metodologia da pesquisa, não uma facultativa ilustração exemplificadora. O recurso o mais exaustivo e fiel possível às fontes documentais representa o critério epistemológico da prática para a historiografia.

Se procedermos doutra maneira, poderemos entrar pelo caminho das *combinatórias* estruturalistas e construir o elenco de dezesseis modos de produção, como fez R. H. Srour, sem incluir nesta lista o modo de produção escravista colonial, sob a alegação de que os modos de produção não mudam sua natureza em conseqüência da localização espacial em metrópoles ou colônias e, por conseguinte,

> "(...) uma forma de produção escravista mantém seu estatuto e mecanismos próprios sob quaisquer céus e em quaisquer circunstâncias (...)".[18]

Concordo com o autor no referente ao caráter arbitrário da suposição de «modos de produção periféricos», uma vez que um modo de produção não muda suas leis intrínsecas ao se transferir de uma metrópole para uma colônia ou um país dependente de qualquer gênero. Não disponho de elementos para afirmar que Ciro Cardoso, com o qual Srour polemiza, tem razão em propor a categoria de «modos de produção dependentes» ou «modos de produção coloniais», assim no plural, entendendo que foram vários os modos de produção na América colonial, nos quais a dependência constituiu um fator estrutural. O próprio Ciro Cardoso fez esta sua proposta em termos de hipótese de trabalho.[19] Mas entendo, da minha parte, que sua proposta definida de um *modo de produção escravista colonial* tem cabal comprovação historiográfica, com o rigor científico possível no caso.[20] Não careço de me estender sobre um tema que abordei em obra bastante extensa e, por isso, aqui me limito a alguns argumentos sucintos.

18. Srour, Robert Henry, *op. cit.*, p. 483.
19. Cf. Cardoso, Ciro Flamarión Santana, "Sobre los Modos de Producción Coloniales de América", *in* Assadourian *et al.*, *Modos de Producción en América Latina*, Córdoba, Argentina, Cuadernos de Pasado y Presente, 1973.
20. Id., "El Modo de Producción Esclavista Colonial en América", *in* Assadourian *et al.*, *op. cit.*

Embora os estruturalistas subestimem o estudo concreto das forças produtivas, é delas que devemos partir para estabelecer a diferença *estrutural* entre o escravismo patriarcal antigo e o escravismo colonial moderno. Se bem que grandes explorações agrícolas do tipo plantagem já despontassem isoladamente na Antiguidade mediterrânea, foi na América colonial que a plantagem adquiriu uma difusão e um desenvolvimento técnico muito superiores. Essa forma produtiva altamente especializada, com um nível de produtividade e de produção que tornava obrigatória sua vinculação a um mercado externo, adequava-se plenamente ao trabalho escravo e, por isso, plantagem e trabalho escravo se conjugaram com tanta coesão e de maneira tão duradoura nas regiões geograficamente favoráveis da América. Formou-se, pois, um modo de produção escravista voltado para a extração do sobreproduto sob a forma de renda monetária, sem a limitação da mera satisfação das necessidades imediatas, conforme sucedia com o escravismo patriarcal, voltado predominantemente para o autoconsumo e, portanto, para a produção de renda natural.

Esse novo modo de produção escravista só podia ser colonial, estruturalmente colonial, dado que a insuficiência insanável do seu mercado interno tornava-o necessariamente vinculado a um mercado externo em termos monopolistas. O que, por sua vez, na época do mercantilismo e mesmo depois da Revolução Industrial na Europa, só podia dar-se sob a forma de uma dependência colonial, na acepção *econômica* do termo (portanto, nem sempre na acepção *política*). Enquanto o escravismo antigo foi metropolitano, o escravismo moderno só poderia ser colonial. Neste caso, o colonial não é contingente, mas *consubstancial* à natureza do modo de produção. Somente colônias seriam escravistas para metrópoles que não o eram. Por isso mesmo, as relações de produção escravistas se apresentaram com uma essência diferenciada no escravismo colonial.

A especificidade do modo de produção escravista colonial se comprova, em definitivo, pelo estudo de suas leis específicas. A investigação e a formulação dessas leis específicas é que conduzem à revelação da estrutura do modo de produção na plenitude de sua identificação substantiva. Cabendo acentuar que se trata de leis tendenciais — como são todas as leis econômicas e sociológicas —, as quais não se resumem a constatações descritivas ou a tautologias, mas constituem a formulação de conexões necessárias, regulares e reiteradas, entre determinações essenciais do modo de produção.

Não obstante, o próprio estatuto teórico do conceito de modo de produção dependente (ou colonial) pode ser posto em questão. Se um modo de produção deve ser conceitualmente uma totalidade orgânica, será possível conceber como tal uma realidade cuja existência só é explicada pela sua dependência com relação a uma outra realidade, que lhe é extrínseca?

Penso que a questão é pertinente, porém seu esclarecimento deve se processar sob o enfoque dialético, se não quisermos pagar tributo à idéia metafísica das essências fechadas e completas em si mesmas. Lembremos, a propósito, que Rosa Luxemburg não conseguiu explicar a reprodução ampliada do capital senão pela realização necessária de uma parte da mais-valia num ambiente não-capitalista, erigindo, dessa maneira, o intercâmbio com modos de produção não-capitalistas em fator estrutural indispensável à própria existência do modo de produção capitalista.[21] A meu ver, o procedimento de Rosa Luxemburg não foi teoricamente ilegítimo, conquanto seja de opinião que a teoria marxista da reprodução ampliada do capital dispensa a vinculação necessária entre capitalismo e modos de produção não-capitalistas.

O contrário se dá com o escravismo colonial. Neste, tanto a reprodução ampliada como a reprodução simples não dispensam a realização da massa da produção mercantil no mercado *externo*, que deve ser um mercado não-escravista. Para o capitalismo, o mercado externo não constitui senão um prolongamento do mercado interno. Do ponto de vista teórico, o mercado externo não precisa ser conceituado e, por isso mesmo, não encerra significação teórica em *O Capital*, se bem que constasse dos planos de Marx o estudo especial das relações capitalistas no âmbito do mercado mundial. Já no concernente ao escravismo colonial, o mercado externo *não-escravista* constitui um pressuposto necessário do processo de produção. A circulação mercantil monopolista no mercado internacional preexistiu ao escravismo colonial e

21. Cf. Luxemburg, Rosa, *La Acumulación del Capital*, Barcelona, Ed. Grijalbo, 1978. Ver especialmente cap. XXVI.

continuou autônoma com relação a ele, porém foi por ele incorporada como pressuposto e, com este estatuto, constituiu um elemento de sua estrutura. Enquanto o modo de produção capitalista cria seu próprio tipo de circulação, que o integra internamente, o escravismo colonial se vincula a um tipo de circulação externa, que ele próprio não cria, mas se limita a adequar ao seu processo de produção. Com isto, o modo de produção escravista colonial não deixa de ser uma totalidade orgânica, conceitualmente definida como tal, sobretudo pela vigência de leis rigorosamente específicas.

IV

A conceituação de determinado modo de produção colonial ou dependente — o modo de produção escravista colonial — nada tem a ver com a chamada teoria da dependência, cuja qualificação como teoria foi posta em dúvida por um dos seus patronos mais ilustres. Sem entrar na discussão a respeito, quero reconhecer, em palavras resumidas, que a teoria da dependência representou importante avanço com relação ao dualismo mecanicista (com o seu corolário — a teoria da modernização) e ao desenvolvimentismo nacionalista. Porém, mais do que isto, veio abrir um caminho de investigação sócio-econômica no âmbito das relações entre o imperialismo e os países dependentes, terreno em que o marxismo oficial vulgarizado há muito tempo estagnara num impasse estéril. Ao delinearem formas variadas de subordinação das economias dependentes às potências imperialistas, apontando inclusive para a existência de uma forma recente em que a dependência não é impeditiva do desenvolvimento industrial capitalista, os teóricos da dependência proporcionaram uma visão mais flexível e matizada da questão.

Mais do que isso, contudo, a teoria da dependência não pôde dar. Tal como foi proposta no seu nível conceitual mais elevado [22], já aparecia como uma tipologia de «situações de dependência», cujo desenvolvimento interno se resolvia na explicação historicista, *acontecimental,* em regra apelando para a dinâmica original dos fatores externos. Por mais que se esforçassem em internalizar o que era externo (ou seja,

22. Cf. Cardoso, Fernando Henrique, e Faletto, Enzo, *Dependência e Desenvolvimento na América Latina (Ensaio de Interpretação Sociológica),* 3ª ed., Rio de Janeiro, Zahar Editores, 1975.

o imperialismo, suas empresas, sua política, vinculando-as às classes sociais e ao Estado nos países dependentes), o enfoque permaneceu integracionista, no sentido de subordinação fundamental da dinâmica do interno à dinâmica do externo. O próprio Fernando Henrique Cardoso, ao criticar autores que supõem ser possível extrair, por meio do emprego da categoria de dependência, uma teoria sobre as «leis do movimento do capitalismo dependente», não encontrou melhor argumento do que opor-lhes o que considerou uma dificuldade lógica:

> "(...) como estabelecer legalidade própria daquilo que por definição está referido a outra situação que o contém?" [23]

Partindo de um pressuposto teórico de tal ordem, é evidente que o pesquisador terá por estabelecido que a legalidade do dependente é a do dominante e se interessará por pesquisar tão-somente os reflexos dos movimentos do dominante sobre o dependente. A isto se resumirá a internalização do externo.

Dificilmente, semelhante integracionismo poderia ser melhor exposto do que por Samir Amin, quando escreveu:

> "Ora, se há um resultado decisivo que provém da teoria do sistema mundial, a unidade deste sistema (unidade que não supõe, de forma alguma, sua homogeneidade: ao contrário) é predominante; isto quer dizer que ela determina, em última análise, a natureza das partes que a compõem. Estamos certos de que se comete um erro fundamental cada vez que se estuda um fenômeno particular de alguma parte do Terceiro Mundo procurando sua 'causa' no próprio Terceiro Mundo, em vez de situá-la na dialética do sistema mundial". [24]

Este enfoque, primordialmente externo, do sistema para o que se considera exclusivamente como partes dele, não favorece o estudo dos modos de produção em sua identidade substantiva, na especificidade de suas leis intrínsecas e no movimento derivado de suas contradições internas. Felizmente, o próprio Amin não é tão fiel ao enfoque integracionista

23. Cardoso, Fernando Henrique, "O Consumo da Teoria da Dependência nos EUA", in *Ensaios de Opinião*, Rio de Janeiro, Ed. Inúbia, 1977, v. 4, p. 11. Do mesmo autor, ver também: *O Modelo Político Brasileiro e Outros Ensaios*, São Paulo, Difel, 1972; *Notas sobre Estado e Dependência*, Cadernos CEBRAP, n. 11, São Paulo 1975. E ainda: Figueiredo, Vilma, *Desenvolvimento Dependente Brasileiro — Industrialização, Classes Sociais e Estado*, Rio de Janeiro, Zahar Editores, 1978.
24. Amin, Samir, "O Capitalismo e a Renda Fundiária (A Dominação do Capitalismo sobre a Agricultura)", *in* Amin, Samir, e Vergopoulos, Kostas, *A Questão Agrária e o Capitalismo*, Rio de Janeiro, Ed. Paz e Terra, 1977, p. 33-34.

que não nos proporcione valiosas contribuições acerca dos países atrasados. Não deixou, no entanto, de pagar tributo portentoso ao integracionismo sob a forma de uma teoria mundial da dependência, não menos supra-histórica, embora mais sofisticada, do que a de Gunder Frank. [25]

A teoria da dependência se relaciona com um tipo de integracionismo que a precedeu e do qual recebeu reforço. Ou seja, o integracionismo que acomoda sob a categoria de capitalismo as mais diversas realidades sócio-históricas. Tal solução teórica se prende a um problema extremamente importante: o da aptidão insaciável do modo de produção capitalista para espoliar outros modos de produção, com os quais estabelece formas variadíssimas e complexas de vinculação. Foi este o problema enfrentado por Rosa Luxemburg e que, sob muitos aspectos, ela esclareceu, embora se servisse de um equivocado enfoque teórico. Mas a diferença essencial entre capitalismo e não-capitalismo, que Rosa Luxemburg não apagou, foi sumariamente eliminada pelos integracionistas.

A explicação tem sido a de que, uma vez integrados no circuito da reprodução do capital, os modos de produção pré-capitalistas, que o capitalismo encontra ou mesmo recria, perdem seu caráter específico e passam a fazer parte do processo capitalista propriamente dito. O que ocorre é que, sob tal ponto de vista, a realidade sócio-histórica é violentada e aplainada em benefício de um esquema teórico de fácil manejo, pois se esquiva de enfrentar as diferenciações e as especificidades. No que concerne à teoria em si mesma, o resultado inevitável é o de sua deterioração.

Concordo com Giannotti em que a categoria marxista de modo de produção não é um tipo ideal

> "(...) arbitrariamente construído, que pudesse nomear este ou aquele fenômeno social, salientado segundo o arbítrio do investigador". [26]

Como a epistemologia de Marx não era kantiana, não se poderia esperar dele a construção de tipos formais. Ao invés, o que nos deu foi a totalização concretizadora das múltiplas determinações da realidade empírica. É em obediência à própria epistemologia de Marx que a categoria de modo de pro-

25. Cf. Amin, Samir, *O Desenvolvimento Desigual — Ensaio sobre as Formações Sociais do Capitalismo Periférico,* Rio de Janeiro, Ed. Forense Universitária, 1976.
26. Giannotti, *op. cit.,* p. 163.

dução (escravista colonial, feudal, capitalista ou outro) deve merecer a máxima precisão possível e não admitir arranjos acomodatícios. Parece que assim não entendeu Giannotti, ao propor uma nova versão de integracionismo, prestigiada, é certo, por alto nível de sofisticação filosófica, como se vê pelo trecho a seguir:

> "Em suma, a circularidade do capital se perfaz configurando um círculo de círculos. Até quando estamos autorizados a chamar cada um desses círculos um modo de produção? A pergunta pela denominação perde importância quando se privilegia a lógica da constituição das circularidades. É somente para evitar que se coloque num mesmo nível de realidade o modo de produção capitalista e os modos de produção subsidiários, que se torna então conveniente reservar a categoria de modo de produção para designar o movimento objetivo de reposição que integra, num mesmo processo autônomo, a produção, a distribuição, a troca e o consumo, deixando outros nomes para as formas produtivas subsidiárias, que o modo de produção capitalista exige no processo de sua efetivação". [27]

Só se pode esperar que, no último período do trecho acima citado, o verbo *exigir* haja sido empregado com rigor semântico e filosófico. Sendo assim, seria preciso requerer as provas teoricamente fundamentadas de que o processo de efetivação do modo de produção capitalista *exige* formas produtivas subsidiárias, como Giannotti prefere designar os modos de produção ditos subsidiários. A meu ver, não há para isso nenhuma *necessidade* concebível sob o aspecto teórico, como necessidade imanente na essência do modo de produção capitalista. Os argumentos a respeito, de ordem categorial-sistemática, estão em *O Capital.* Na realidade histórica fatual, o modo de produção capitalista em nenhuma parte se estabeleceu no vazio e em estado puro, porém teve de se defrontar e coexistir com outros modos de produção. Alguns deles se lhe tornaram subsidiários ou foram mesmo por ele recriados, enquanto não conseguiu reorganizar suas forças produtivas à maneira capitalista. Este é um processo que, com suas peculiaridades, se acha em curso no Brasil, acelerado nos últimos anos, na medida em que se fortalece a acumulação do capital e se expandem as relações de produção capitalistas. Não obstante, desde o momento em que os círculos menores são identificados, enquanto modo de produção, pelo

27. *Id., ibid.*, p. 167.

círculo maior, pelo círculo dos círculos — temos uma forma de integracionismo em que desaparece a historicidade (pois tudo já é de antemão capitalismo) e se perde a coerência teórica. Uma forma de integracionismo tão obstaculizante como as outras para o estudo das diferenciações do processo histórico, em particular, para o estudo dos modos de produção específicos e de suas relações recíprocas no âmbito de uma mesma formação social.

V

Da concepção do modo de produção escravista colonial, como modo de produção que constituiu a base principal da formação social vigente no Brasil até o final do século XIX, seguem-se várias direções de pesquisa historiográfica, que não podem deixar de trazer a marca daquela concepção. Não pretendo aqui, de maneira alguma, invocar privilégios de originalidade, pois, sob diversos aspectos, essas direções de pesquisa já têm sido trabalhadas, com o resultado de valiosos esclarecimentos. Meu propósito é tão-somente o de oferecer uma visão sistematizada da pesquisa histórica logicamente decorrente da concepção por mim proposta acerca do escravismo colonial. Esta visão se sumaria num linha de pesquisa com as quatro direções a seguir expostas.

1) A formação do capitalismo no Brasil se deu diretamente a partir do escravismo colonial e não do feudalismo, conforme ocorreu na Europa.

O escravismo patriarcal romano, ao decair, não poderia abrir caminho para o capitalismo, apesar de, no âmbito urbano de Roma, se haverem formado uma classe de *proletários* despossuídos e uma classe de patrícios que monopolizava a riqueza monetária. É que, ao nível então atingido pelas forças produtivas, dominava amplamente a produção agrícola (a qual incluía o artesanato) e, nesta, por sua vez, dominava a economia natural. Assim, após os quatro séculos de convulsões subseqüentes à extinção do Império romano, não podia formar-se na Europa o capitalismo, mas o feudalismo.

Já o escravismo colonial, tal como existiu no Brasil, implicou um grau de comercialização muito superior ao do escravismo patriarcal antigo e superior mesmo ao do feudalismo, na sua forma de *segunda servidão*. Estudando o feudalismo na Polônia entre os séculos XVI e XVIII, W. Kula chegou à conclusão de que, na segunda metade do século XVIII, o coeficiente aproximado de comercialização da produção feudal polonesa seria de 35 a 40%.[28] O inverso, segundo meus cálculos também estimativos, se deu no Brasil sob o domínio do escravismo colonial: a produção escravista brasileira possuía um coeficiente de economia natural de 25 a 35%, com o que o seu coeficiente de comercialização era, portanto, de 65 a 75%, nas conjunturas medianas (com variações nas conjunturas de alta ou de baixa).[29] Compreende-se, em conseqüência, que havia no escravismo colonial um meio favorável ao surgimento *imediato* do capitalismo, desde o momento em que as relações de produção escravistas entrassem em processo de desintegração.

Advirta-se que isto não ocorreu em todas as regiões escravistas da América. Se se verificou no Brasil, foi porque aqui o escravismo colonial se prolongou mais do que em qualquer outra parte e porque principalmente legou um desenvolvimento de forças produtivas e uma acumulação originária de capital, que poderiam servir de ponto de partida para o processo propriamente capitalista.

O modo de produção capitalista já desponta no Brasil na segunda metade do século XIX, sobretudo a partir da oitava década, sob a forma de núcleos industriais que empregam operários assalariados. Esta indústria autenticamente capitalista se desenvolveu mais ainda, está claro, após a Abolição. Mas o que se estabeleceu, em seguida à extinção da escravidão, foi uma formação social em que o capitalismo seria ainda um modo de produção subordinado, enquanto prevaleceu uma forma de latifúndio pré-capitalista, a qual abrangia o latifúndio plantacionista e o latifúndio pecuário.

Nessas condições, o estudo do desenvolvimento do capitalismo no Brasil é o estudo dos processos de acumulação do capital e de expansão do mercado interno, que finalmente conduziram o capitalismo a se converter no modo de produção dominante na formação social. Tais processos, segundo me parece, se diferenciaram regionalmente em quatro tipos mais

28. Kula, Witold, *Teoria Económica del Sistema Feudal*, Buenos Aires, Siglo Veintiuno Ed., 1974, p. 108-109.
29. Cf. Gorender, Jacob, *O Escravismo Colonial*, 2ª ed., São Paulo, Ed. Ática, 1978, p. 253-254.

peculiares: os de São Paulo, do Rio de Janeiro, do Sul e do Nordeste. Em cada caso, foram também peculiares os processos de formação da moderna classe operária e de estabelecimento do patamar histórico do seu nível de vida, bem como variou sua importância enquanto consumidora para a constituição do mercado interno e do circuito de reprodução ampliada do capital.

2) De maneira geral, surgem e se expandem, no final do escravismo e após a Abolição, formas camponesas pré-capitalistas combinadas à estrutura da plantagem e do latifúndio pecuário. Concomitantemente, proliferaram formas pré-capitalistas de renda da terra, envolvendo, em certas regiões, aspectos de servidão.

Não se trata, contudo, de sobrevivências feudais, uma vez que não houve um sistema feudal antecedente. Nem tampouco havia a possibilidade, no Brasil pós-escravista, de evolução na direção de um sistema feudal, se se considera que a economia brasileira, sob o ponto de vista global, já era demasiado mercantilizada, continuando predominante o setor exportador agrícola e surgindo uma indústria fabril capitalista. As formas pré-capitalistas de renda da terra, que absorvem a totalidade do sobreproduto do camponês, não são obrigatoriamente feudais no seu conceito. Para que o sejam, é preciso um regime especial de *co-propriedade* da terra: o regime de servidão da gleba ou de enfiteuse. Este regime territorial confere ao senhorio somente o domínio eminente, garantindo-lhe a apropriação da renda, e fixa o camponês à terra, assegurando-lhe seu usufruto hereditário. No Brasil, um regime territorial desse tipo foi embrionário, localizado e raro.

Assim, o que se oferece à pesquisa é uma variedade de formas camponesas precedentes do modo de produção capitalista, as quais incluem o pequeno produtor mercantil independente, o colono de café, o *morador* do Nordeste, o meeiro e o parceiro, o vaqueiro que trabalhava pela quarta, etc.

Ao mesmo tempo, oferece-se à pesquisa a formação da classe dominante latifundiária pós-escravista, cuja base econômica residiu, em primeiro lugar, na renda da terra e, secundariamente, no lucro capitalista (ao contrário do que sucede na verdadeira agricultura capitalista). Tal pesquisa certamente deverá impor o desenvolvimento da própria teoria marxista da renda da terra, no sentido de desprendê-la de algumas peculiaridades puramente inglesas e de enriquecê-la com novas categorias.

3) A burguesia nacional, que se formou com o capitalismo no Brasil, não teve tarefas revolucionárias para resolver.

A Independência nos deu um Estado nacional, ainda sob o domínio do modo de produção escravista colonial. A Abolição desvinculou a mão-de-obra de coações jurídicas e possibilitou a imigração maciça de trabalhadores livres. A propriedade da terra, desde o início da colonização, sempre foi alodial e alienável, sem que o regime territorial precisasse ser revolucionado. O instituto da enfiteuse registrou difusão insignificante, manifestando-se mais no âmbito urbano e sofrendo adaptações jurídicas às condições modernas. No Brasil, não teve importância prática o problema da desamortização ou desvinculação dos bens fundiários da Igreja Católica, como aconteceu na Europa e até mesmo num país latino-americano como o México. Por fim, os sistemas monetário e tributário se unificaram nacionalmente sem dificuldade, pois inexistiam, desde a Independência, barreiras político-jurídicas ao livre trânsito de mercadorias através do País.

Por conseguinte, os problemas a pesquisar não se referem a uma burguesia com potencial revolucionário, porém a uma burguesia socialmente conservadora, suscetível, em certas circunstâncias, a tendências nacional-reformistas. Essa burguesia nacional teve contradições com os latifundiários no nível da economia e da política estatal. Como, no entanto, desde o seu surgimento, não encontrou obstáculo para adquirir a propriedade de terra e teve na especulação fundiária uma das fontes da acumulação originária do capital, a burguesia nacional não aprofundou sua contradição com os latifundiários. Pelo contrário, atuou no sentido de incorporar o latifúndio à estrutura do capitalismo no Brasil, onerando seu desenvolvimento, dessa maneira, com o peso exorbitante do preço e da renda da terra, em regime de concentração monopolista.

4) A evolução das formas de dependência nacional deve ser pesquisada, antes de tudo, sob o aspecto do desenvolvimento da formação social no Brasil. Em especial, esta pesquisa precisa assumir a ótica da constituição e do desenvolvimento do modo de produção capitalista em nosso País, partindo sempre do interno para o externo.

Assim, ao invés de estudar formas (ou situações) de dependência como tais ou de apelar a uma categoria teoricamente tão imprecisa como a do «capitalismo dependente» — o que é feito pelos adeptos da teoria da dependência —, defrontar-nos-emos com a dependência com relação ao imperialismo como um fator que surge com a própria acumulação originária de capital e que adquire formas diversas em decorrência da própria lógica interna do desenvolvimento do modo de produção capitalista no Brasil.

As relações entre a economia brasileira e o imperialismo são o resultado de uma interação cujo foco dinâmico não reside somente no imperialismo. Em certos momentos cruciais, o foco dinâmico esteve na economia brasileira — refletindo-se em atitudes das classes dominantes nacionais —, o que determinou reações nos centros imperialistas e mudanças nas formas da dependência.

Do mesmo modo, as relações entre a economia brasileira e o imperialismo não são relações unilaterais de acumulação ou de desacumulação, mas ambas as coisas, num entrelaçamento extremamente dúplice. O que se manifesta no plano das relações entre a burguesia nacional e o imperialismo, ao mesmo tempo associativas e contraditórias.

Com tal enfoque, não se perderão de vista a identidade substantiva do modo de produção capitalista no Brasil e seu dinamismo interno, nem se subestimará tampouco tudo o que decorre do seu entrosamento no sistema capitalista mundial.

A acumulação capitalista no Brasil implica o universal: a exploração da classe operária, a produção de mais-valia. E implica o particular: as relações entre o capital nacional e o capital estrangeiro monopolista, entre a burguesia nacional e o capitalismo de Estado e entre o capitalismo de Estado e o imperialismo. [30]

30. Evidencia-se, sem dificuldade, que esta linha de pesquisa, assim exposta em suas direções principais, é muitíssimo diversa daquela seguida por Florestan Fernandes em sua obra *A Revolução Burguesa no Brasil* (Rio de Janeiro, Zahar Editores, 1975).

A ECONOMIA POLÍTICA, O CAPITALISMO E A ESCRAVIDÃO

Antônio Barros de Castro

Introdução

De acordo com Engels, «A Economia Política, no sentido amplo, é a ciência das leis governando a produção e a troca dos meios materiais de subsistência da sociedade humana». Ela não deverá ser «a mesma para todos os países e épocas históricas»... «Quem quer que tente trazer para o estudo da economia política da Patagônia as mesmas leis que operam na Inglaterra da atualidade, obviamente irá produzir apenas os mais banais lugares comuns».

Esta conhecida passagem do *Anti-Dühring* parece conter duas proposições teóricas. Trata-se, desde logo, de negar a possibilidade de uma ciência social que não reconheça a existência de estágios ou épocas históricas. Além disto, sugere o autor que para cada sociedade ou época histórica seja construída uma «Economia Política», sendo que a ela caberia, enquanto «ciência das leis governando a produção e a troca», estabelecer «as leis especiais de cada estágio». [1]

1. F. Engels, *Anti-Dühring*, International Publishers, Nova Iorque 1976, p. 163 e 166. Para um esforço de reinterpretação do escravismo colonial que se propõe seguir, ao pé da letra, as propostas de Engels, veja-se Jacob Gorender, *O Escravismo*

A segunda proposição de Engels parece-me altamente questionável. Dado que ela surge no seu texto como um convite a que se faça, em relação às demais sociedades, o que Marx teria feito em relação ao capitalismo, nosso primeiro passo será recapitular certas propriedades que fazem do capitalismo um objeto de estudo particularmente adequado a uma ciência como a Economia Política. [2]

Sobre o capitalismo e a lógica do capital

Os trabalhadores estão presentes no capitalismo, num primeiro plano, como proprietários de uma determinada mercadoria, a força de trabalho, que devem necessariamente vender aos capitalistas. A venda se faz mediante contrato e nesta transição o trabalhador se apresenta como «um igual vis-à-vis o capitalista, como qualquer outra parte numa transação» — ao que Marx acrescenta, «pelo menos assim parece». [3] De fato, não subsiste na relação salarial qualquer evidência de exploração do trabalhador pelo capitalista. Muito pelo contrário, e nas palavras de Marx, «a forma salário apaga todo vestígio de divisão da jornada de trabalho em trabalho pago e não retribuído». [4] Em suma, neste primeiro plano, o trabalhador surge como proprietário de uma determinada mercadoria, interessado em vendê-la ao capitalista, numa transação semelhante a qualquer outra [5]; se alguma coerção aí existe, ela decorre da ação de mecanismos impessoais, imperceptíveis ao nível do relacionamento entre compradores e vendedores de força de trabalho.

O trabalhador voltará ainda a transacionar com os capitalistas, agora, porém, na qualidade de consumidor. Aqui, mais uma vez, «é o operário mesmo quem converte o dinheiro em valores de uso, compra com ele tais ou quais mer-

Colonial, São Paulo 1978. Agradeço ao autor a permissão de ler, ainda em manuscrito, a sua contribuição ao presente volume, onde ele procura esclarecer e realçar o sentido de seu trabalho anterior.

2. Quanto à relação entre a Economia Política e a sua "crítica" por Marx veja-se a famosa carta de Marx a Engels datada de 8 de janeiro de 1868 (*Selected Correspondence*, p. 186), ou, se se quiser, as numerosas passagens em que Marx compara a sua obra à Economia Política clássica (notadamente ao final do tomo III de *O Capital*, no capítulo intitulado "A Fórmula Trinitária").
3. *Grundrisse*, edição Martin Nicolaus, Vintage Books, 1973, p. 284. No mesmo sentido, vide *El Capital*, Fondo de Cultura, México, t. I, p. 128s.
4. *O Capital*, tomo I, p. 452. Marx chegaria mesmo a apontar, como um dos três grandes avanços realizados em *O Capital*, a demonstração de que o salário oculta a relação real existente entre trabalhadores e capitalistas. *Selected Correspondence*, p. 186.
5. *O Capital*, tomo I, p. 179-180.

cadorias e, como possuidor de dinheiro, como comprador de mercadorias, se encontra diante dos vendedores *na mesma relação que todos os demais*». [6]

Resumidamente, o capitalismo se apresenta, à primeira vista, como uma ordem social integrada por compradores e vendedores de mercadorias. Todos «contratam como homens livres e iguais perante a lei», o que faz do capitalismo — sempre numa primeira aproximação — «o paraíso dos direitos do homem». [7]

Sobre esta experiência da vida diária seria construído um saber, que aí busca encontrar «uma certa ordem inteligível». Marx a ele se refere sempre pejorativamente: economia vulgar, «religião da vida diária». [8] Esta última expressão, reminiscência dos primeiros escritos — e da influência de Feuerbach — revela claramente o que pensa Marx acerca do que ocorre neste primeiro plano: «assim como os cristãos são iguais no céu, ainda que desiguais na terra, assim também os indivíduos membros do povo são iguais no céu de seu mundo político, ainda que desiguais na sua substância terrena na sociedade». [9]

A ciência da sociedade moderna que se inicia com Quesnay traz consigo um esforço de interpretação profundamente diverso. Com ela o capitalismo surge, antes de mais nada, como um organismo econômico, e há que estudar as condições de sua «reprodução» material. O estudo da reprodução estabelece, como questão axial, o «processo social de produção considerado em seus vínculos constantes e no fluxo ininterrupto de sua renovação»... [10] As condições em que se verifica a *produção material* assumirão uma importância decisiva: a agricultura nos fisiocratas, a fábrica de alfinetes (epítome da divisão manufatureira de trabalho) em Adam Smith, a produção do trigo em Ricardo, a produção fabril em Marx.

Como se encontram trabalhadores e capitalistas, neste mundo substantivo, que começa apenas a ser estudado pelos

6. *O Capital*, tomo I, capítulo VI, inédito, Siglo XXI, 1972, p. 70, grifo A. B. Castro.
7. *O Capital*, tomo I, p. 128, *Grundrisse*, p. 240-243 e 246.
8. *O Capital*, tomo III, p. 768.
9. K. Marx, *Critique of Hegel's Philosophy of Right*, Ed. J. O'Malley, Cambridge University Press, 1977, p. 80.
10. *O Capital*, t. I, p. 476: "... o sistema fisiocrático é a primeira versão sistemática da produção capitalista" (*O Capital*, t. II, p. 321); os fisiocratas são os "verdadeiros pais da moderna economia política" (K. Marx, *Theories of Surplus Value*, Lawrence and Wishart, Londres 1969, vol. I, p. 44. No mesmo sentido, veja-se R. L. Meck, *La Fisiocracia*, Barcelona, especialmente capítulo 6.

grandes clássicos? De acordo com Marx, a resposta deverá ser buscada através do exame de como se apresentam e, em particular, como *evoluem* as condições materiais da produção, já que «os instrumentos de produção não são somente o barômetro indicador do desenvolvimento da força de trabalho do homem, mas também *o expoente das condições sociais em que se trabalha*».[11]

Existiriam dois momentos claramente distinguíveis na expansão — com — transformação do capitalismo. No primeiro, os capitalistas apenas reúnem os trabalhadores sob um mesmo teto. Os meios de produção não sofrem ainda transformações significantes[12], e os capitalistas vigiando e controlando diretamente os trabalhadores tratam de pressioná-los no sentido de estender e intensificar o seu esforço produtivo.[13]

Já nesta fase, vai se estabelecendo uma divisão de tarefas que, a um só tempo, aumenta a eficiência do trabalho e prepara o terreno para a introdução de máquinas. Enquanto estas não surgem, porém, o capital permanece na dependência da perícia manual dos operários, e «tem que lutar constantemente com a insubordinação dos assalariados».[14]

À medida que avança a mecanização, os trabalhadores, acionando novos e poderosos instrumentos de produção, darão andamento a um crescente volume de produção. Cada vez mais, a quantidade e a qualidade dos produtos dependerá das máquinas e demais recursos materiais utilizados. Alteram-se, profundamente, as condições de dominação do trabalho pelo capital. Despojado inicialmente dos meios de produção, o trabalhador é agora novamente despojado: não há mais espaço para suas habilidades, arte ou talento. O próprio ritmo de trabalho passa a ser ditado por máquinas, que, combinadas, atuam sobre a matéria de acordo com princípios que os trabalhadores, em sua imensa maioria, literalmente ignoram. Este processo de «objetivação» crescente da produção permitirá que o aumento da produtividade do trabalho — convertido em «alavanca mais poderosa da acumulação» — passe a depender, fundamentalmente, da introdução

11. K. Marx, tomo I, p. 132 (grifo nosso).
12. Nas palavras de Marx, a "maquinaria específica do período da manufatura é o próprio operário coletivo", *O Capital*, tomo I, p. 283.
13. Veja-se, a propósito, o brilhante artigo de E. P. Thompson, "Time, Work-discipline, and Industrial Capitalism", *Past and Present*, dezembro de 1967.
14. *O Capital*, tomo I, p. 300 e 297.

de novas máquinas, novos materiais e novas fontes de energia.[15]

Ao longo deste processo evolutivo transforma-se radicalmente o lugar e papel dos trabalhadores, progressivamente convertidos em «elos conscientes», que apenas «supervisionam e atentam contra a interrupção»[16] da atividade das máquinas. Os capitalistas, de sua parte, não mais terão por que manter-se pessoalmente à testa da produção, cujo comando poderá ser transferido, progressivamente, a administradores profissionais.[17] Tampouco necessitam eles de conhecer a fundo os novos meios e processos da produção, cujo reparo e manutenção estarão a cargo de uma camada diferenciada de trabalhadores, que, para facilitar, chamaremos de «técnicos». Este distanciamento dos capitalistas será, claro, imensamente facilitado pelo desenvolvimento das sociedades por ações.[18]

No esquema evolutivo que acabamos de evocar percebe-se, a cada passo, a existência de um íntimo relacionamento entre os meios de produção em uso, o processo de trabalho e o relacionamento dos trabalhadores com os capitalistas (ou seus representantes). Vemos, pois, aplicar-se, à evolução do capitalismo, a tese geral de Marx no sentido de que as condições de produção são um «barômetro» das forças produtivas, e um indicador das relações sociais. É fundamental realçar, além disso, que o trajeto acima esquematizado é concebido como algo inerente à lógica do capital: «O desenvolvimento dos meios de trabalho em maquinaria não é um momento acidental do capital, e sim uma reformulação dos tradicionais meios de produção herdados, numa forma adequada, ao capital.[19] Este longo percurso não se dá porém sem problemas. Existe uma tendência ao declínio da taxa de lucros — mas ela é, em princípio, compensada pela ação de determinados fatores.[20] Verificam-se crises intermitentes,

15. *Grundrisse*, p. 692-695 e 704-706.
16. *Grundrisse*, p. 692.
17. Neste como em outros pontos, Marx acompanhou de perto a penetrante análise, desenvolvida por Andrew Ure, acerca da evolução conjunta das técnicas e das relações sociais, na transição da manufatura para a fábrica capitalista. *O Capital*, tomo III, p. 369. Andrew Ure, *The Philosophy of Manufactures*, Nova Iorque 1967, especialmente capítulo I.
18. "As empresas por ações — que se desenvolvem com o sistema de crédito — tendem a separar, cada vez mais, este trabalho administrativo, como função, da possessão do capital..." desaparecendo "do processo de produção como um personagem supérfluo, o capitalista". *O Capital*, tomo III, p. 370-371.
19. *Grundrisse*, p. 694.
20. *O Capital*, tomo III, cap. XI.

mas as próprias crises são parte integrante do processo evolutivo, e elas mesmas se encarregam de «trazer o capital de volta para o ponto onde lhe é possível (prosseguir) empregando plenamente seus poderes produtivos sem cometer suicídio».[21]

Como se situam os capitalistas diante deste quadro evolutivo? A resposta de Marx é tão enfática quanto recorrente: o capitalista age como «capital personificado», ele deve ser visto e entendido como «funcionário do capital».[22]

Diante do que precede, devemos concluir que entender o capital[23] é, antes de mais nada, ultrapassar e negar a imagem de uma sociedade integrada por compradores e vendedores de mercadorias, que se relacionam como indivíduos iguais perante a lei — para o que a economia política clássica contribuiu decisivamente.[24] Mas é também, e além disto, entender a expansão-com-transformação que caracteriza o período histórico sob o domínio do capital, como um verdadeiro «processo histórico-natural».[25] Com relação a este processo, e os movimentos que ele engloba, o termo «natural», tantas vezes presente na obra de Marx, não constitui deslize de linguagem, ou reminiscência iluminista. No capitalismo e somente nele, «do próprio caráter da produção nasce uma fome insaciável de trabalho excedente»[26], que o mantém (através de crises) em inexorável movimento. Nele e somente nele verifica-se uma objetivação crescente das condições de produção e uma «materialização das determinações sociais»[27], que permite tratar «as pessoas como personificação de categorias econômicas».[28]

Realçados estes aspectos da expansão-com-transformação do capitalismo, advirta-se que determinadas características,

21. *Grundrisse*, p. 750.
22. *O Capital*, tomo I, p. 247; tomo III, p. 260; tomo III, p. 812-813.
23. No sentido amplo, que justifica o título dado por Marx à sua obra fundamental.
24. De acordo com Marx, Ricardo "torna conscientemente como eixo de suas investigações e contradição dos interesses de classe..." *O Capital*, tomo I, p. XVIII. A interpretação econômica da história e o realce dos conflitos sociais eram práticas teóricas incipientes, na transição para o século XIX, entre os membros da escola "sociológica" escocesa. Veja-se Ronald Meek, "Contribuição Escocesa à Sociologia Marxista", in *Economia e Ideologia*, Rio de Janeiro 1971, cap. 3.
25. *O Capital*, Prólogo, p. XV.
26. *O Capital*, tomo I, p. 181.
27. *O Capital*, tomo III, p. 813.
28. *O Capital*, Prólogo, p. XV. Ainda em *O Capital*, Marx se refere ao capitalismo como "um regime de sociedade em que o processo de produção é que manda no homem" (tomo I, p. 45). No mesmo sentido diria o autor no Capítulo Inédito que, no capitalismo, "o trabalho não reconhece limites na necessidade eventual de tais ou quais consumidores, senão unicamente na necessidade de exploração que tem o capital que o emprega" (p. 68). No tomo III de *O Capital*, voltará a ser o capitalismo diferenciado dos demais regimes sociais, pelo "império das condições de produção sobre o produtor" (p. 769).

contrariamente, são concebidas como fundamentalmente invariantes. Antes de mais nada, inútil buscar transformações significativas no primeiro plano anteriormente assinalado: os homens aí existem, como átomos sociais, como cidadãos de uma democracia que termina no portão das fábricas. No plano da produção e reprodução do sistema, por sua vez, os trabalhadores estão presentes unicamente como força de trabalho: dentro da legalidade burguesa o contrato de trabalho autoriza, e o sistema de máquinas executa, uma verdadeira lobotomia do trabalhador, o qual ingressa na produção como uma mercadoria de tipo especial.[29]

Sem transformações significativas destas características básicas, o capitalismo prosseguiria o seu avanço, cumprindo aquilo que mais de uma vez foi referido como a sua «missão histórica». A diminuição da jornada de trabalho, a elevação dos salários e o surgimento de novas formas de negociação salarial nada trariam de qualitativamente diferente. Assim sendo, esperar (e advogar) mudanças na «distribuição» das fatias de renda que tocam aos trabalhadores e às demais classes seria deixar-se levar por mitos do «socialismo vulgar». Menos ainda, caberia esperar que os trabalhadores pudessem adquirir certo grau de controle sobre os processos produtivos. O capitalismo, a caminho da automação, converteria o trabalhador em apêndice do processo produtivo, tornando-se, portanto, ainda mais opaco, o mecanismo da exploração. Esta radical descrença nas possibilidades de mudança das ordenadas sociais do sistema seria reafirmada, com mais ênfase que nunca, na Crítica ao Programa de Gotha (1875), que Lênin haveria de tomar como uma espécie de testamento político de Marx.[30]

29. Procuro aqui manter-me fiel à concepção de Marx do trabalhador metamorfoseado na esfera da produção em mercadoria consumida produtivamente pelo sistema. Os problemas inerentes a esta concepção — que estende e absolutiza o conceito de "subordinação real" — saltam aos olhos no diálogo imaginado por Marx entre o operário e o capitalista. O primeiro afirma: "Exijo, pois, a *jornada normal de trabalho*, e, ao fazê-lo, não faço mais que exigir o valor de minha mercadoria, como todo o vendedor". O próprio trabalhador aparece aqui como um "funcionário do capital". Insinua-se assim uma visão do capitalismo não apenas "centrada sobre o capital", mas em que tudo o que existe, existe *para* e *em* função do capital. Não caberia aqui (e a mim) tentar a crítica desta posição, que parece-me no entanto carregada de problemas. Veja-se José A. Giannotti, "Contra Althusser", in *Teoria e Prática*, São Paulo, n. 3, e E. P. Thompson, "The Poverty of Theory", in *The Poverty of Theory and Other Essays*, Londres 1978. Equívocos do mesmo gênero — mas com diferentes raízes teóricas — estão também presentes em diversos economistas de extração marxista, entre eles, notoriamente, Henry Braverman, em *Labour and Monopoly Capital*, Nova Iorque 1974.
30. "Critique of The Gotha Programme", *in* K. Marx and Frederic Engels, *Selected Works*, vol. II, Moscou 1962. V. I. Lenin, "El Estado y la Revolución", in *Obras Escogidas*, Moscou 1969, p. 335ss. V. I. Lenin, *Selected Works*, vol. I, p. 460.

Não obstante as invariâncias — e até mesmo em decorrência delas — a expansão-com-transformação se encarregará de criar as condições objetivas que irão permitir a negação e superação do capitalismo. Este novo quadro não será, contudo, deliberado e conscientemente construído. Como a toupeira de que fala Hegel, ele avança sob a superfície dos fatos, para vir à tona no ocaso do capitalismo. Só então — e mais uma vez — torna-se eficaz a ação da força na história. [31]

Escravidão x Capitalismo

Não cabe dúvida de que para Marx e Engels não apenas o capitalismo como também as sociedades pré-capitalistas deveriam ser estudadas a partir das condições materiais da vida. «É indubitável que nem a Idade Média pôde viver de catolicismo, nem o mundo antigo, de política. Longe disto, o que explica por que num é fundamental a política e no outro o catolicismo é precisamente o modo como num e noutro se ganhava a vida». [32]

É fácil perceber, no entanto, que a vida política tem uma inegável proeminência, por exemplo, no mundo romano. Esta importante e delicada questão (especialmente para o marxismo) está na própria origem da infindável polêmica sobre o significado e alcance da «determinação pelo econômico». Para alguns, as condições econômicas simplesmente determinariam tudo o mais, nas sociedades pré-capitalistas como no capitalismo. Esta posição, usualmente caracterizada como «reducionista», pode apontar numerosas passagens de Marx e de Engels — especialmente este último — em seu benefício. Para outros, as condições econômicas só seriam deter-

31. Esta tese, como se sabe, percorre como um fio condutor a obra de Marx e de Engels, tendo no entanto como pontos altos: *A Miséria da Filosofia, O Manifesto Comunista, A Introdução ao 18 Brumário,* e várias passagens do *Anti-Dühring.* No *Grundrisse* a tese merece apenas breves referênicas, e em *O Capital* ela reaparece numa curta e brilhante passagem do tomo I, ao término do capítulo sobre a Acumulação Primitiva. Veja-se também, a propósito, *The Role of Force in History,* edição revista e ampliada de textos originalmente publicados no *Anti-Dühring* (ob. cit.). Frederic Engels, *The Role of Force in History,* International Publishers, Nova Iorque 1972. Evidentemente não caberia aqui estender-se acerca das chamadas condições "subjetivas" da revolução...

32. *O Capital,* tomo I, p. 46. É também esta profunda convicção que justifica o entusiasmo com que Marx e Engels receberam a obra do etnólogo americano Lewis Morgan. Segundo Engels, "Morgan descobriu a concepção materialista e marxista da história dentro dos limites prescritos pelo seu tema, de forma independente..." Como conseqüência de seu trabalho, "Toda aquela 'charlatanice' de Tylor, Lubbock e Cia. sobre endogamia, exogamia, ou como quer que aquele lixo seja chamado, foi definitivamente esmagado". *Selected Correspondence,* p. 347.

minantes em «última instância», havendo na realidade uma relativa interdependência entre as diferentes «instâncias». Nos anos 60, Althusser e seus seguidores intervieram estrepitosamente no debate, afirmando ser necessário distinguir entre «determinação em última instância», sempre econômica, e «dominação», que pode caber à «instância político-legal ou à ideológica».[33]

Vistas a partir da análise anterior, estas posições parecem, no entanto, omitir uma questão a um só tempo preliminar e fundamental. O problema não consiste em estabelecer o peso relativo (o «índice de efetividade» na linguagem pedante de Althusser) do econômico, ou a natureza do seu relacionamento com outras «instâncias». A razão fundamental pela qual se pode pensar a época moderna através de uma obra como *O Capital* (dedicado ao estudo «das leis naturais da produção» no período capitalista)[34] provém de que *no capitalismo* a produção e a vida material em geral passam a ser regidas por mecanismos autodeterminados e determinantes. Diante deles, pessoas e classes são levadas a relacionar-se como a «personificação» ou «suporte» de categorias econômicas.

Mudemos de cenário, passando por um momento à escravidão romana. Segundo Marx, «o escravo romano se achava sujeito por grilhões à vontade do seu senhor, o operário assalariado está submetido à autoridade de seu proprietário por meio de fios invisíveis».[35]

À primeira vista o contraste acima estabelecido apenas reproduz e sublinha a distinção, tantas vezes feita, entre coação extra-econômica e coação (somente) econômica — que caracterizam, respectivamente, a escravidão (mas não apenas ela), e o capitalismo. A imagem empregada por Marx permite-nos, no entanto, levantar um outro contraste e através dele formular uma questão de fundamental importância para o desenvolvimento deste trabalho.

Admitamos de saída uma distinção entre: a maneira pela qual o trabalhador é levado a trabalhar (se por coação extra-econômica, ou não); e os fatores que determinam a necessidade social do seu trabalho. Isto posto, lembremos que o tra-

33. Louis Althusser, *Pour Marx*, François Maspéro, Paris 1965, p. 206 a 224, e *Lenin and Philosophy*, Montly Review Press, 1971, p. 134-135.
34. *O Capital*, tomo I, Prólogo, XIV.
35. *O Capital*, tomo I, p. 482.

balho que os capitalistas extraem de seus operários está determinado «pela necessidade de exploração que tem o capital que o emprega».[36] No escravismo, contudo, de acordo com a sentença anterior, o trabalho dos escravos seria determinado pela «vontade» dos senhores. O que estaria, porém, por trás desta vontade?

A questão que acabamos de formular foi mais de uma vez tocada, ainda que de passagem, por Marx. Numa delas, declara o autor, referindo-se à escravidão e à servidão: «aqui, o império das condições de produção sobre o produtor fica *oculto* por trás das relações de domínio e sujeição que aparecem e são visíveis como as molas imediatas do processo de produção».[37]

A se admitir este último juízo de Marx, «por trás» do chicote estaria, pois, também no escravismo, o «império das condições de produção». A diferença entre o capitalismo e os regimes pré-capitalistas residiria, então, na maneira pela qual se extrai o trabalho — a qual permitiria uma maior ou menor visibilidade das condições de produção e das determinações que daí provêm.

A primeira objeção a ser levantada a esta proposição é de que ela se choca com as numerosas passagens em que Marx busca justamente caracterizar o capitalismo pelo império — que com ele se instala — das condições de produção. Nestas passagens, fique bem claro, não se trata de afirmar que o império das condições de produção torna-se «visível» e, sim, que ele é *implantado com o capitalismo.*[38]

Retornemos, por um momento, à escravidão romana.

A produção extraída dos escravos (bem como dos camponeses livres), coberto o seu parco consumo, será absorvida, digamos, pelo consumo suntuário das camadas proprietárias, pelas campanhas militares e também pela plebe romana. Na medida em que garanta a sustentação destes traços fundamentais da formação social romana — o ócio das classes proprietárias, o expansionismo militar, bem como o pão e o circo do «populacho» — o trabalho extraído dos escravos é evidentemente *necessário* à preservação deste regime social. Não há porém como admitir que essa necessidade seja de natu-

36. *Inédito,* p. 68.
37. *O Capital,* tomo III, p. 769 (grifo A. B. Castro).
38. Veja-se este texto, às p. 69, 70, 72 e a nota 28.

reza «econômica» ou, mais precisamente, que ela derive das próprias condições de produção.

Convém agora atentar para a importante questão da maneira pela qual o trabalho é obtido.

O trabalhador livre, «como qualquer outro vendedor de mercadorias, é responsável pela mercadoria que subministra e que deve subministrar a certo nível de qualidade se não quer ceder o terreno a outros vendedores de mercadorias do mesmo gênero». O escravo, contrariamente, cuja sobrevivência «está garantida, ... só trabalha sob o acicate do terror exterior».[39]

Que conclusões sugere este confronto?

Na tradição da economia política, a resposta é clara e uníssona. O escravo, não tendo interesse no que faz, trabalha mal. O trabalho do escravo é de qualidade inferior ao trabalho livre, convicção que Cairnes resumiu em seu famoso juízo: o trabalho escravo «é feito relutantemente, é inábil, e carece de versatilidade».[40] Marx, como é bem sabido, endossou, em boa medida, a posição de Cairnes, no que seria seguido por uma legião de autores.

Não caberia aqui a crítica desta posição.[41] Acredito, no entanto, que ela se funda em mal-entendidos e equívocos vários, que se condensam, justamente, na idéia de que o trabalho escravo, feito com desinteresse, ou mesmo com relutância, é de má qualidade.

Convém advertir, antes de mais nada, que o trabalho realizado pelo moderno proletariado, nem é feito com interesse, nem é apreciado pela sua «qualidade». O que faz trabalhar o proletário, uma vez no interior da fábrica, é o ritmo das máquinas, é o avanço das correias de transmissão, é, em resumo, a compulsão técnica, à qual ele se encontra submetido.[42] O seu trabalho, simples e monótono, longe de ser

39. *Inédito,* capítulo VI, p. 68. A sobrevivência do trabalho assalariado, contrariamente, não é motivo de preocupação para o capitalista: "O capitalista pode deixar tranqüilamente o cumprimento desta condição ao instinto de perpetuação dos operários". *O Capital,* tomo I, p. 481-482.
40. John Cairnes", "The Economic Basis of Slavery", reproduzido em *Did Slavery Pay?* Coletânea editada por Hugh Aitken, Boston 1971, p. 28.
41. Antônio Barros de Castro, *Em torno à Questão das Técnicas no Escravismo,* mimeografado, Mestrado em Desenvolvimento Agrícola, Rio 1976. Uma versão revista e ampliada do rascunho apresentado à discussão em 1976 será brevemente publicada.
42. Sobre a importância da máquina (e do relógio) no controle do trabalho na fábrica capitalista, veja-se Andrew Ure, *The Philosophy of Manufactures,* Frank Cass and Company Limited, Londres 1967, p. 13-23.

apreciado qualitativamente, é medido pelo ponteiro do relógio. Vê-se pois o quanto se equivoca um autor como Fraginals, quando, ao admitir muito a contragosto o avanço da mecanização dos engenhos cubanos operados por escravos, declara que isto só foi possível, porque o escravo não teria de «realizar tarefas novas ou distintas, mas sim necessitava multiplicar ao infinito os mesmos trabalhos materiais de sempre, acoplando seus músculos aos pistões de vapor...»[43] Como se isto não fosse a própria essência da mutação trazida pela Revolução Industrial, para os trabalhadores livres da Inglaterra! Taylor, verdadeiro codificador dos princípios que regem o trabalho na indústria moderna, afirmaria: «Um dos primeiros requisitos para que um homem se adapte ao manejo do ferro gusa como ocupação regular é que ele seja tão estúpido e pachorrento que mais pareça em sua constituição mental uma vaca...».[44]

Indiscutivelmente, «interesse» no trabalho não têm, nem o moderno proletário, nem o escravo — e isto é o que os assemelha e não o que os diferencia. Enfocar a questão, a partir desta perspectiva, equivale, aliás, a render-se a um etnocentrismo burguês, que por toda parte enxerga indivíduos movidos por «interesses».[45] A questão é de outra natureza. Para entendê-la, é preciso admitir, desde logo, que enquanto o operário endossa, em princípio, a sua exploração, ao transacionar a (única) mercadoria de que dispõe (sob a ameaça de não conseguir vendê-la)[46], o escravo, que nada cede e nada obtém mediante transações, não tem por que admitir um regime social no qual ingressa e é mantido pela força. A partir deste contraste, descortina-se, no entanto, uma nova ordem de questões...

A escravidão é um sistema social composto de classes explicitamente antagônicas.[47] Conseqüentemente, o escravismo não

43. Manuel Moreno Fraginals, *El Ingenio*, UNESCO, La Havana, 1964, tomo I, p. 111.
44. Frederick W. Taylor, "The Principles of Scientific Management", Nova Iorque 1942, p. 59. Ver a propósito Keith Aufhauser em "Slavery and Scientific Management", in *The Journal of Economic History*, 1973, vol. 28, p. 814.
45. Adam Smith, referindo-se ao escravo, diria que o seu trabalho é de qualidade inferior, porque "a pessoa que não pode adquirir propriedade não terá outro interesse senão comer o mais que possa e trabalhar tão pouco quanto possível..." Adam Smith, *The Wealth of Nations*, Nova Iorque 1973, p. 365.
46. Constituído o capitalismo, o disciplinamento do operário fica, em princípio, a cargo de mecanismos sociais — como o "exército de reserva": "Ainda se emprega, de vez em quando, a violência direta, extra-econômica; mas só em casos excepcionais". *O Capital*, t. I, p. 627.
47. Utilizo aqui o conceito de classe no seu sentido amplo; veja-se, a propósito, "La Conciencia de Clase en la Historia", E. J. Hobsbawn, *in* Istvan Mészaros, *Aspectos de la Historia y la Conciencia de Clase*, México 1973.

necessita estar «maduro» para ser posto em questão. Existe nele, desde sempre e a qualquer momento, um inextinguível potencial de rebeldia e rebelião. Já na Antiguidade clássica, recomendava o autor de *Oeconomica*, que se evitasse a concentração de grandes levas de escravos da mesma nacionalidade.[48] A advertência, como é bem sabido, atravessaria os tempos ecoando inúmeras vezes nas terras do Novo Mundo. Antes mesmo do surgimento dos primeiros engenhos no Brasil, já haviam eclodido rebeliões e surgido os primeiros «quilombos», na colônia açucareira portuguesa de São Tomé...[49]

Em outras palavras, a escravidão insere, no próprio âmago do sistema social que sobre ela se ergue, uma situação conflitiva, e, com ela, uma energia política primária, que ameaça, indetermina e introduz variantes na sua evolução histórica. Isto não impede, sem dúvida, que o escravismo possa atravessar séculos gozando de relativa estabilidade; haverá no entanto que explicar como ele se mantém... Em suma, e como muitos haveriam de entender na passagem do século XVIII para o século XIX, existe um São Domingos inscrito como possibilidade em cada sociedade escravista; também existem, no entanto, diversas maneiras de abafar, contornar, ou desviar, o choque de vontades que se encontra em estado latente no âmago desta sociedade.

Pequena digressão acerca de um velho debate

São bem conhecidos os termos do famoso debate Sweezy-Dobb sobre a transição para o capitalismo.[50] Sweezy sustenta que o feudalismo teria sido progressivamente diluído sob a ação do capital mercantil, sediado nas cidades, e amplamente beneficiado pelo comércio a longa distância. Seus numerosos críticos vêm de há muito denunciando, não apenas o fato de que a ação do comércio sobre uma estrutura econômico-

48. *Oeconomica*, autor anônimo de fins do século II ou início do século III, citado em M. I. Finley, "Was Greek Civilization Based on Slave Labour?", in *The Slave Economics*, editado por E. Genovese, J. Willey and Sons, Nova Iorque 1973, p. 37.
49. As semelhanças entre o ocorrido em S. Tomé e no Brasil são realçadas (possivelmente com exagero) por Mariam Malowist em "Les Débuts du Système de Plantations dans la Période des Grandes Découvertes", in *African Bulletin*, n. 10, 1969.
50. *The Transition from Feudalism to Capitalism*, Paul Sweezy, Maurice Dobb, e outros, Londres 1976.

social não pode (e esta é uma questão de princípio) determinar a forma e a direção em que ela se transforma, como, também, a artificiosa separação entre feudalismo e centros urbano-comerciais.

Uma outra maneira, mais fecunda, creio, de criticar Sweezy, consiste em mostrar que ele supõe a priori — e equivocadamente — que se o feudalismo se move por razões que lhe são inerentes, isto terá de se dar de forma análoga ao capitalismo. A premissa, implícita em toda a argumentação de Sweezy, transparece claramente, quando, tentando ser tão «conciso quanto possível», o autor indaga: «Qual era o princípio motor (prime mover) por trás do desenvolvimento do feudalismo na Europa Ocidental?», ao que acrescenta, de imediato: «No caso do capitalismo podemos responder à questão positivamente e sem ambigüidades. ... Existe algo *análogo* no caso do feudalismo?» [51] Visivelmente, não ocorre a Sweezy a possibilidade de que uma estrutura social seja movida por algo que lhe seja inerente e, no entanto, essencialmente diverso daquilo que move o capitalismo.

A posição de Sweezy foi em certa medida facilitada pela argumentação de Dobb. De fato, também este último busca entender o «declínio do feudalismo», através de mudanças similares às que regem a evolução do capitalismo. Isto fica desde logo patente, quando o autor declara na introdução de seu livro que: «Nos capítulos que se seguem, a influência exercida pelo cambiante estado do mercado de trabalho, irá, acertada ou erradamente, ser um tema recorrente». [52]

É bem verdade que ao longo de seu livro Dobb iria introduzir a existência e o agravamento dos conflitos entre camponeses e «lords», abrindo com isto espaço para um tipo de argumento que tem a ver com a estrutura própria e a problemática específica do feudalismo. Ocorre, no entanto, que o próprio Dobb fecha esta avenida ao colocar de um lado o modo de produção (dito de pequenos produtores), e do

51. *Idem*, p. 103 (grifo A. B. C.).
52. M. Dobb, *Studies in the Development of Capitalism*, International Publishers, 1974, p. 23. Não caberia aqui desenvolver uma crítica a Dobb. Não posso contudo deixar de mencionar o quanto soa anacrônico falar em "mercado de trabalho" nos séculos XIV e XV. Além disto, é fácil ver que as situações de escassez ou abundância de trabalhadores a que se refere Dobb refletem fundamentalmente conjunturas *demográficas* distintas. Mas, se assim é, o cerne da questão retorna, em última análise, ao âmbito do (neo)malthusianismo, tendo a palavra autores como Postan e Ladurie! M. M. Postan, *Essays on Medieval Agriculture and General Problems of the Medieval Economy*, Cambridge 1973, e Le Roy Ladurie, "L'Histoire Immobile", Anuales E.S.C., 1974, p. 673-692.

outro, a «classe dominante» — uma camada social movida por «necessidades» que lhe são próprias. No tal modo de produção de pequenos produtores, já existe «o embrião das relações de produção burguesas», e, desde que os pequenos produtores consigam apropriar-se de algum «surplus», começa a haver «acumulação de capital» no seu interior.[53] Haveria, no entanto, que liberar a pequena produção da excrescente camada social que a explora, cabendo às lutas entre camponeses e senhores levar a efeito esta progressiva libertação. Ora, se assim é, o segredo da transição é que não existe propriamente transição, apenas «maturação» de um capitalismo já existente (como? desde quando?) em estado larvar.

Polarizado pelas posições de Dobb e Sweezy, a famosa controvérsia esvaiu-se em confrontações principistas e, uma vez feitas e refeitas todas as possíveis citações de Marx e Engels, foi perdendo interesse. . .[54]

Novas possibilidades vieram a se abrir recentemente, com um vigoroso ensaio de Robert Brenner, buscando mostrar que as várias mudanças que se sucedem e se combinam na superação do feudalismo são determinadas ou, pelo menos, profundamente marcadas pelos conflitos entre camponeses e senhores.[55] A posição de Brenner tem indiscutivelmente vários precedentes. Já Rodney Hilton havia demonstrado o quanto a transformação e, a rigor, a própria superação do feudalismo na Inglaterra se devia às lutas camponesas visando a redução das prestações de serviços aos senhores, a retenção dos frutos do seu trabalho, um maior acesso aos bosques, às pastagens, etc. Também alguns historiadores soviéticos haviam procurado demonstrar a importância dos conflitos de classe, na evolução e transformação do feudalismo.[56] O seu trabalho não foi, no entanto, devidamente apreciado, por várias razões, entre elas um certo simplismo

53. *The Transition from Feudalism to Capitalism*, M. Dobb e outros, Londres 1976, p. 167.
54. Curiosamente a posição de Sweezy, duramente criticada e repudiada por tantos, voltaria a florescer nos trabalhos de Gunder Frank e, sobretudo, de Immanuel Wallerstein, enquanto os adeptos de Dobb continuariam denunciando as inconsistências da posição contrária.
55. Robert Brenner, "Agrarian Class Structure and Economic Development, in Pre-Industrial Europe", in *Past and Present*, fev. 76.
56. Veja-se, por exemplo, E. Kosminsky, "The Evolution of Feudal Rent in England from the XI to the XV Centuries", *Past and Present*, abril, 1955, e, para um levantamento dos trabalhos realizados por historiadores do Leste, acerca da "taxa de exploração" (e sua variabilidade) sob o feudalismo, veja-se J. Rosdolsky, "The Distribution of the Agrarian Product in Feudalism", in *Journal of Economic History*, 1951, p. 247-265.

na argumentação: a confrontação de classes surge por vezes como mera ilustração do princípio universal de que «a luta de classes é o motor da história». Além disso Kosminsky, por exemplo, após realçar as confrontações e lutas, declara: «A grande luta histórica do campesinato medieval por terra e liberdade contra os seus opressores era objetivamente orientada para a libertação das forças produtivas dos grilhões feudais». Vale dizer, as lutas camponesas, como tal, nada introduziriam de novo na história. Importa, sim, o seu resultado: a libertação das forças produtivas. Os camponeses seriam, pois, seres programados, que dão cumprimento, através de suas lutas («objetivamente orientadas»), aos desígnios de uma deidade histórica, que tudo orienta no sentido da expansão das forças produtivas. Quanto aos senhores (quase uma encarnação do mal), apenas resistem, cruel e inutilmente ao inexorável desenrolar desta meta-história.

Contrastado com estes predecessores, Brenner apresenta uma vantagem fundamental. Se à luta de classes cabe efetivamente um importante papel na transformação do feudalismo, não existe uma lógica econômica regendo a sua evolução. Na Inglaterra, os camponeses venceram sucessivas batalhas, a servidão praticamente desaparece, e a pequena produção camponesa veio a florescer; na Polônia, contrariamente, uma sucessão de vitórias senhoriais levaria à total submissão dos camponeses e ao definhamento do próprio setor mercantil, mantendo-se praticamente intacto o feudalismo até fins do século XVIII. [57] A relevância destas lutas políticas — e de seus incertos resultados — parece ser uma das razões da indeterminação dos caminhos do feudalismo, que, salvo em certas regiões da Europa Ocidental (e, talvez, do Japão), não tendeu a evoluir em direção ao capitalismo. [58]

A razão fundamental pela qual a luta de classes possui uma importância decisiva na transformação do feudalismo deriva de que a relação de produção básica é, também, e, simultaneamente, uma relação de dominação. Assim, a luta contra

57. M. Malowist, "The Economic and Social Development of the Baltic Countries from the Fifteenth to the Seventeenth Centuries", in *The Economic History Review*, 1959, p. 177 e 189; Witold Kula, *Teoria Económica del Sistema Feudal*, Siglo XXI, 1974, p. 229.

58. E. Hobsbawn, "Introdução a Karl Marx", in *Pre-Capitalist Economie Formations*, International Publishers, 1965, p. 43. Veja-se, a propósito, a aceitação (algo reticente), por parte de Dobb, do questionamento, feito por Hobebawn, das tendências evolutivas do feudalismo, *The Transition...*, p. 165.

a intensificação dos serviços na segunda metade do século XIV, ali onde ela é vencida pelos camponeses, implica, a um só tempo, em alívio nas condições da sua vida material, e, possivelmente, ampliação do seu raio de manobra, do seu espaço social.

Retornemos por um momento ao capitalismo e, com ele, à Economia Política.

São inerentes ao processo de reprodução e ampliação do capitalismo tendências várias (como a renovação dos métodos e técnicas produtivas, o aumento da produtividade do trabalho, a concentração do capital, etc.) que dão margem, e até mesmo induzem, um gênero de conflito de classe peculiar ao capitalismo. Nele, os capitalistas estão presentes com a sua «máscara econômica» [59], e os trabalhadores discutem basicamente o valor de mercado de sua força de trabalho — não estando absolutamente em questão o balizamento político da sociedade.

Na tradição marxista, este gênero de conflito — um eufemismo da luta de classes — é usualmente referido como «lutas econômicas». Marx estudou o capitalismo na suposição, amplamente justificada, de que os choques entre capitalistas e proletários permanecem, em regra, dentro deste território. [60] Este tipo de suposição não poderia contudo ser feito, ali onde as relações sociais não se reificaram, e inexiste o território relativamente neutro que acabamos de mencionar. Bloch observou certa vez que no século XIV os levantes camponeses eram «tão inseparáveis do regime senhorial quanto as greves o são do capitalismo plenamente estabelecido». [61] Ocorre, no entanto, que o capitalismo possui uma capacidade aparentemente limitada de absorver este tipo de choques, enquanto as rebeliões camponesas punham à prova a cada passo aspectos e traços do regime feudal.

O que ficou dito anteriormente não implica obviamente em afirmar que a luta de classes esteja sempre presente

59. *O Capital*, tomo I, p. 476.
60. Em 1865, em meio a uma "real epidemia de greves e um clamor geral pela elevação dos salários", Marx lembraria aos trabalhadores que em "99 casos em 100 seus esforços de elevação dos salários eram apenas esforços para manter um dado valor" da força de trabalho. Estas lutas seriam apenas paliativos, incapazes de mudar a direção do movimento inerente ao capitalismo. Havia no entanto que lutar, pois se os trabalhadores "abandonassem covardemente o seu conflito diário com o capital, eles se desqualificariam para a iniciação de qualquer movimento maior" (destinado à supressão do sistema salarial), K. Marx, Wages, "Prices and Profit", in *Selected Works*, vol. II, p. 398 e 446.
61. Citado em John Merrington, "Town and country in the Transition to Capitalism", in *The Transition...*, p. 179.

e ativa no feudalismo, ou que dela apenas provenham as suas transformações; a confrontação de classes pode, pelo contrário, submergir por períodos mais ou menos longos, permitindo a cristalização de relações de sujeição — e de produção — sob o manto de uma legalidade feudal.[62]

O que se pretende frisar é que o feudalismo tem em sua base, uma «substância» histórica — união química entre o econômico e o político — inexistente no capitalismo. Num tal contexto, não tem, pois, cabimento discutir o peso relativo do «econômico», que simplesmente não existe como tal. Tampouco tem sentido pretender sequer estabelecer a «lei econômica que preside o movimento desta sociedade».[63] Em outras palavras, este regime social e sua evolução são rigorosamente intratáveis pela economia política, e não se pode fazer com ela o análogo do que Marx fez para o capitalismo.[64]

Sobre a Economia e a Escravidão no Novo Mundo

Como é bem sabido, a escravidão ressurge, se difunde e cresce no Novo Mundo, vinculada à produção de mercadorias

62. Veja-se, a propósito, o capítulo "Servidão e Liberdade", em Marc Bloch, *La Sociedad Feudal, la Formación de los Vínculos de Dependencia*, UTEHA, 1958, p. 294-317.
63. *O Capital*, Prólogo, p. XV.
64. Não seria difícil mostrar — mas isso nos levaria demasiado longe — que a concepção aqui defendida tem raízes na Crítica da Filosofia do Direito de Hegel, e no esforço aí feito por Marx no sentido de desenvolver as profundas implicações acarretadas pela moderna separação entre vida política e sociedade civil — separação que teria sido completada, segundo Marx, pela Revolução Francesa (p. 80). Por outro lado, também existem similitudes com as idéias desenvolvidas por certos antropólogos, acerca dos contrastes entre as chamadas sociedades primitivas e o capitalismo. A proximidade maior seria, no entanto, com algumas sugestões de Karl Polanyi, por ex., em *Aristote Discovers the Economy*. Os contrastes, no entanto, seriam não menos evidentes, já que não se cogita sequer, neste trabalho, de distinguir as sociedades de acordo com a importância e funções dos "mercados". Polanyi, contrariamente, caracteriza e diferencia o capitalismo (sobretudo o do século XIX) como uma economia de mercado "governada por leis próprias, as chamadas leis da oferta e da procura, e motivado pelo medo da fome e a esperança do ganho (p. 81). Veja-se o que pensa Marx a este respeito, em "A Fórmula Trinitária" (*O Capital*, tomo III, cap. XLVIII), e também em "Glosas Marginais ao 'Tratado de Economia Política' de Adolf Wagner". Acrescente-se, por fim, que, como a questão não reside, creio, na maior ou menor visibilidade do econômico em diferentes regimes sociais, e nem tampouco em descobrir que "instâncias" cumprem que "funções", os trabalhos de Godelier acerca desta temática (e inclusive parte de suas críticas a Polanyi) não me parecem, em absoluto, convincentes. Não seria possível ingressar aqui nesta polêmica — até mesmo porque as críticas teriam de ser dirigidas preliminarmente à tendência amplamente difundida, a converter problemas ontológicos em pseudoquestões de método. *Critique of Hegel's Philosophy of Right*, especialmente p. 80. Karl Polanyi, *Primitive Archaic and Modern Economies*, coleção de ensaios organizada por George Dalton, Boston 1971; Maurice Godelier, *Racionalidad y Irracionalidad en la Economía*, México 1967, p. 263-264, e "Une Antropologie Economique Est-elle possible?", in *Un Domaine Contesté: l'Antropologie Economique*, Paris 1974; Fernando Henrique Cardoso, Althusserianismo ou Marxismo? A propósito do conceito de classes em Poulantzas: Comentários. *Estudos CEBRAP*, n. 3.

destinadas ao mercado europeu. Aos interesses mercantis caberia não apenas assegurar o mercado externo, como financiar a implantação das unidades produtoras, e garantir o aprovisionamento de escravos. Sumariando as características daí provenientes, diria Caio Prado: «a colonização dos Trópicos toma o aspecto de uma vasta empresa comercial,... destinada a explorar os recursos naturais de um território virgem em proveito do comércio europeu». Ao que acrescenta enfático: «Se vamos à essência da nossa formação, veremos que na realidade nos constituímos para fornecer... o comércio europeu. Nada mais que isto. É com tal objetivo exterior, voltado para fora do país e sem atenção a considerações que não fossem o interesse daquele comércio, que se organizarão a sociedade e a economia brasileiras. Tudo se disporá naquele sentido: a estrutura bem como as atividades do país».[65]

Fernando Novais, que adota e radicaliza esta perspectiva, crê que as relações coloniais podem «ser apreendidas em dois níveis: primeiro, na extensa legislação ultramarina...; segundo, no movimento concreto de circulação»... O destaque atribuído às normas legais se justificaria, antes de mais nada, pelo fato de elas «cristalizarem os objetivos da empresa colonizadora»... «ignorar aquele projeto básico, que por vários séculos informou a política ultramarina das nações européias», seria «desconhecer os mecanismos profundos do processo e ficar na superfície dos eventos...» já que a «história da colonização moderna se processou segundo aquele desiderato fundamental».[66]

A meados do século XV encontrava-se já, plenamente estabelecida, em diversos pontos da bacia Mediterrânea, uma nova forma de organização produtiva, caracterizada pela produção em massa de artigos destinados ao mercado externo. A nova forma de organização produtiva encontrava-se então limitada basicamente ao açúcar, onde tanto a escala de produção, quanto as técnicas empregadas mostravam-se indiscutivelmente excepcionais. Assim, segundo um relato datado de 1449, «Não se pode descrever a abundância e a excelência

65. Caio Prado Jr., *Formação do Brasil Contemporâneo, Colônia*, Brasiliense, São Paulo, 1963, p. 25-26.
66. Fernando A. Novais, *Portugal e Brasil na Crise do Antigo Sistema Colonial (1777-1808)*, Hucitec, 1979, p. 58-60.

do açúcar de Chipre. O patrício Frederico Cornaro de Veneza tem uma grande propriedade, Episcopio perto de Limisso, onde se fabrica tanto açúcar, que julgo com ele se poderia abastecer o mundo: o açúcar melhor vai para Veneza onde as vendas aumentam cada ano. ...os indivíduos, quase quatrocentos, se distribuem em suas tarefas, uns aqui, outros ali; há tanta aparelhagem, que me julguei em outro mundo, e caldeiras tão grandes, que ninguém me tomaria a sério, se as descrevesse. Aos sábados faz-se o pagamento do pessoal». [67]

À época em que o viajante italiano fazia o seu relato, a produção do açúcar em ampla escala começava a espalharse pela orla do Atlântico. Nesta passagem, umas poucas mudanças técnicas seriam registradas. Além delas, no entanto, uma transformação de grande alcance iria verificar-se: a introdução em massa de trabalhadores cativos. [68] Admitamos, pois, desde logo (e isto foi diversas vezes salientado) que não foi o mesmo contexto histórico que produziu a grande manufatura açucareira e o moderno trabalho escravo: os cativos eram extraídos de formações sociais diversas e levados a um casamento forçado, com uma organização produtiva em tudo e por tudo alheia à sua história.

Concentremo-nos, por um momento, sobre alguns traços em tudo e por tudo alheia a sua história.

Descontados pequenos ensaios, sem maior relevância histórica, os engenhos que se multiplicam no Brasil na segunda metade do século produziam açúcar segundo as condições técnicas imperantes à época. [69] Sem entrar em detalhes, digamos apenas que eles deviam, de preferência, ser movidos a água, e que não era recomendável produzir menos de 3.000 arrobas de açúcar por engenho. Deviam dispor de amplas

67. Edmund Von Lippmann, *História do Açúcar*, Rio de Janeiro 1941, tomo I, p. 386.
68. Charles Verlinden, ao afirmar a continuidade das práticas coloniais do Mediterrâneo à Madeira e ao Novo Mundo, parece incorrer em grandes exageros. Há indícios de que a produção açucareira destinada aos mercados europeus foi desenvolvida, no fundamental (no Egito, na Sicília e no sul da Espanha), sem (ou praticamente sem) o uso de escravos — que seriam empregados em massa, pela primeira vez, na ilha de São Tomé, em fins do século XV. Dentre os trabalhos de Verlinden, os que despertam maior interesse para o estudo do regime colonial encontram-se em *The Beginnings of Modern Colonization*, Charles Verlinden, ITHACA, 1970. Veja-se Giovanni Rebora, "Un Impreza Zuccheriera del Cinquecento", in *Annali di Storia Economica e Sociale*, Nápoles 1968; José Pérez Vidal, *La Cultura de la Caña de Azúcar en el Levante Español*, Madri, Instituto Miguel Cervantes, 1973, e Guillermo Camacho y Pérez Galdós, "El Cultivo de la Caña de Azúcar e la Industria Azucarera en Gran Canaria (1510-1535)", in *Anuario de Estudios Atlánticos*, VII, 1961.
69. Tidas em conta, naturalmente, certas peculiaridades do meio ambiente aqui encontrado. Gabriel Soares, *Tratado Descritivo do Brasil*, São Paulo, p. 165-166.

instalações, mecanismos de prensagem, apetrechos para o tratamento da calda e clarificação do produto (para o que eram mandados vir «mestres» das ilhas atlânticas). Tudo isto, evidentemente, sofre desgaste, devendo ser reposto e reparado, a cada safra, e segundo determinadas normas técnicas. Os trabalhos do campo, por sua vez, exigiam a utilização de grandes turmas de escravos, aos quais caberia suprir o engenho de cana e lenha em quantidades ditadas (respeitadas as restrições impostas pelo calendário agrícola), pela capacidade das instalações e, claro, pelo ritmo em que se desenvolviam os trabalhos de processamento. [70]

Evidentemente, havia ainda a necessidade de adquirir escravos e de providenciar certos itens do seu consumo. Tudo isto requer, além de um complexo trabalho de administração, um determinado nível de receita, proveniente da venda do açúcar e complementado, em maior ou menor medida, por diferentes modalidades de crédito. Insinua-se aqui um quadro profundamente diverso daquele estudado por Witold Kula e referido às grandes fazendas polonesas exportadoras de cereais. Neste último caso, a grande unidade exportadora (como a pequena economia camponesa) não conhece «a possibilidade de «quebra» no sentido estritamente econômico do termo, ou seja, um estado de insolvência devido a um erro de cálculo econômico ou a mudanças em elementos deste último. Se alguma fazenda ou exploração camponesa chega a arruinar-se nesta época (que se estende até fins do século XVIII), a causa fundamental reside na esfera dos fenômenos não-econômicos». [71]

O anterior pretende deixar claro que o engenho não pode ser governado pela «vontade» (e os caprichos) do senhor. Os que assim o foram terão sucumbido sob o peso das obrigações não cumpridas — e a impressão que se tem é que, por estas e por outras razões, os engenhos trocavam de dono com relativa freqüência. [72] Numa palavra, uma vez constituído, o engenho se antropomorfiza e passa a determinar as ações do proprietário. Não é por outra razão que Antonil

70. Antônio Barros de Castro, *Os Trabalhos do Açúcar e a Política dos Senhores*, Tese de Doutoramento, versão revista, a ser publicada.
71. Witold Kula, *Teoria Econômica do Sistema Feudal*, México 1974, p. 227-228 (parêntesis introduzido por A.B.C.).
72. Rae Jean Dell Flory, *Bahia Society in the Mid-Colonial Period: The Sugar Planters, Tobacco Growers, Merchants and Artisans of Salvador an the Recôncavo*, Tese de Doutoramento, Universidade do Texas, 1978.

abre a sua obra clássica, relacionando tudo aquilo que um engenho quer: «Querem as fornalhas, que por sete ou oito meses ardem de dia e de noite, muita lenha...» «Querem os canaviais...» «Quer a fábrica de açúcar...» [73]

Diante do que precede, que dizer do «sentido da colonização», definido, seja por mercadores, seja pela política colonial? A serem válidas estas colocações, a vida material da colônia seria algo amorfo, uma matéria sem consistência própria, indefinidamente plasmada e replasmada em função de interesses externos. [74] Mas esta concepção parece ser fundamentalmente equivocada. A produção em massa de mercadorias cria raízes no Novo Mundo, objetivando-se sob a forma de um complexo aparato produtivo. O «objetivo» maior desta realidade — o seu «sentido» se se quiser — lhe é agora inerente: atender as suas múltiplas necessidades, garantir a sua *reprodução*. Em tais condições o comércio é estruturalmente recolocado e os interesses mercantis — bem como os da Coroa — terão necessariamente que ter em conta as determinações que se estabelecem ao nível da produção. Em outras palavras, a forma pela qual os interesses externos atuam sobre a colônia passa a depender «primeiramente da sua solidez e da sua estrutura interna». [75] O «projeto» colonial e/ou mercantilista subsiste, sem dúvida; o seu raio de incidência — especialmente em conjunturas adversas — fica no entanto severamente limitado pelo surgimento na colônia de uma estrutura sócio-econômica, com seus elementos de rigidez, suas regularidades, seus interesses e, por últi-

73. João Antônio Andreoni, *Cultura e Opulência do Brasil*, edição A. P. Canabrava, São Paulo 1966, p. 140.

74. Observe-se que, para efeitos da interpretação da estrutura econômico-social da colônia, o fato de que em Novais o "sentido último" é dado pela "aceleração da acumulação primitiva de capitais" (Novais, *ob. cit.*, p. 97), e não pelos interesses do comércio europeu (como em Caio Prado), em pouco ou nada os diferencia. A substituição do "objetivo" pelo "significado" apenas evita (ou melhor, oculta) a teleologia patente em Caio Prado. Jacob Gorender assinala, com razão, que "Formação Econômica do Brasil Colônia" de Caio Prado constitui um verdadeiro "salto qualitativo"... "no caminho do conhecimento do arcabouço econômico-social" da colônia; ao que acrescenta, "porém só na medida em que o permitia o mirante onde se colocava o pesquisador — a perspectiva do comércio exterior" (Jacob Gorender, *ob. cit.*, p. 17). O juízo de Gorender merece um reparo. No correr da própria obra em questão, Caio Prado ultrapassa, repetidas vezes, a "perspectiva do comércio exterior", sem o que, aliás, dificilmente poderia ter avançado o "conhecimento do arcabouço econômico-social" da colônia. A postura de Caio Prado parece sim criticável — no sentido apontado por Gorender — quando o autor trata de caracterizar o período colonial (ou estabelecer o seu "balanço"), através de juízos tão limitados quanto taxativos, especialmente no capítulo primeiro, e às p. 122-123.

75. *O Capital*, tomo III, p. 321.

mo, mas também importante, pelos conflitos que lhe são próprios... [76]

O que precede tem profundas implicações, que não serão aqui exploradas. Não seria demais, contudo, indicar, através de um episódio histórico ocorrido na segunda metade do século XVII, o quanto a coroa portuguesa conhecia e tinha em conta os problemas colocados pela preservação da estrutura produtiva escravista açucareira.

Diante das dificuldades trazidas pela relativa carestia do açúcar brasileiro — num contexto em que cresce a cada dia a oferta procedente do Caribe [77] — decide Sua Majestade limitar o preço do açúcar, no ano de 1688. «Fui Servido resolver com os do Meu Conselho do Estado do Brazil, tivessem os açúcares tal moderação no preço, que não sendo de prejuízo para os Senhores de Engenho, pudesse também ser útil para os compradores em ordem a poderem ter melhor saída e aumentar-se o comércio...» Para tanto o açúcar fino da Bahia deveria ter o preço de «até 950 réis...» Ao que se acrescenta: «E porque também desejo mostrar aos lavradores do Estado do Brasil que no mesmo tempo em que lhe mando limitar os preços aos seus açúcares, com especial cuidado e providência atendo aos seus interesses... Dou forma para que os gastos dos Engenhos não possam crescer, pondo-se preço certo os gêneros de que se fornecem...»

76. As proposições acima têm mais sentido e propriedade no caso do açúcar, mas não deixam de ter validade, admitidas certas qualificações, no caso de outras atividades coloniais. Contrariamente o capital mercantil português e a política colonial lusitana eram capazes de moldar, segundo os seus interesses e desígnios, o ocorrido em determinadas atividades. Este seria o caso, por exemplo, do comércio do sal. Veja-se, a respeito, Myriam Ellis, *O Monopólio do Sal no Estado do Brasil* (1631-1801), São Paulo 1955. Conviria a propósito relembrar, ainda que de passagem, o predomínio, a vários títulos, da economia açucareira no período colonial. De acordo com Maurício Goulart, "Seriam, na nossa estimativa, 65 ou 70% de escravaria importada destinando-se aos engenhos; e a restante, 150 ou 200 mil negros, aplicada em outros misteres..." O autor refere-se aqui unicamente ao século XVII. *A Escravidão Africana no Brasil, das Origens à Estrutura do Tráfico*, São Paulo, 1975, p. 123. Para uma apreciação mais ampla da questão, veja-se o capítulo V da *História Econômica*, de Roberto Simonsen. Veja-se, também, a crítica contundente de Gorender a toda uma gama de autores que parecem crer que "a finalidade deliberada do colonizador pudesse estabelecer o modelo estrutural e dinâmico"...; para os quais "A função é determinante, o sistema (ou modo) de produção é derivado". O comentário surge referido a um trabalho de Florestan Fernandes, mas o seu alcance é seguramente muito maior. Gorender, *ob. cit.*, p. 310. Veja-se, ainda, Antônio Barros de Castro, "As mãos e os pés do Senhor de Engenho. Dinâmica do Escravismo Colonial", Conferência sobre História e Ciências Sociais, UNICAMP, 1975, onde são sugeridas algumas das idéias acima.

77. João Peixoto Viegas, "Parecer e Tratado feito sobre os excessivos impostos que caíram sobre as lavouras do Brasil arruinando o comércio deste", in *Anais da Biblioteca Nacional do Rio de Janeiro*, vol. 20, p. 213 e 223.

Segue-se o tabelamento do preço do breu, do cobre, do ferro e do pano. [78]

Esta, como muitas outras tentativas de controle de preços no setor açucareiro, viria no entanto a falhar. Antes de passados dois anos da decisão anterior, determinaria Sua Majestade: «Hei por bem que a Lei não tenha efeito nem vigor na parte que respeita aos preços dos açúcares e dos quatro gêneros com que se lhe fornecem os Engenhos, porque assim uns como outros se venderão livremente a avença das partes». [79] Compreende-se: a economia do açúcar, prenhe de determinações econômicas — que arrancam, da esfera mesmo da produção — e sujeita a intensa competição internacional, não poderia ser governada por «legislação». [80]

78. Balthazar da Silva Lisboa, *Annaes do Rio de Janeiro*, tomo V, p. 37.

79. Balthazar da Silva Lisboa, *Annaes do Rio de Janeiro*, tomo V, p. 47-48. Avença: "Pacto, convenção, ajuste de algum preço", Antônio de Moraes Silva, Dicionário da Língua Portuguesa, Lisboa 1813.

80. Não nos deteremos, aqui, na importante questão dos preços do açúcar e seus determinantes. Caberia advertir, no entanto, que numerosos equívocos têm sido propalados a esse respeito. Dentre eles, alguns se encontram no já referido trabalho de Fernando Novais. De acordo com este autor, o fato de que o preço do açúcar de 1570 a 1610 tenha (supostamente) se mantido na Colônia a 800 réis a arroba, enquanto apresentava "notável elevação" em Lisboa, refletiria o enquadramento da economia açucareira, a partir de um decreto datado de 1571, "nas linhas de força do sistema colonial; os preços sobem pouco na colônia, a elevação é acentuada na metrópole, isto é, geram-se lucros excedentes — lucros monopolistas — que se acumulam entre os empresários metropolitanos" (*ob. cit.*, p. 79-80). O primeiro reparo a fazer aqui refere-se à pobre série de preços utilizada (constante de uma obra de Frederic Mauro), a qual absolutamente não fundamenta aquilo que Novais afirma. Basta observar que, de 1582 em diante, são ali fornecidas apenas duas cotações para o açúcar em Lisboa. Uma caminha no sentido apontado por Novais, a outra em direção *oposta*. Com efeito, tomando como referência a segunda cotação apresentada (referente ao ano de 1614), vê-se que os preços do açúcar se teriam *elevado* no Brasil, e *caído* em Lisboa. Haveria, por outro lado, que rever a caracterização feita do regime de comércio vigente no período. A "exclusividade dos navios portugueses" não foi — e nem poderia ser, como demonstrou Sluiter — imposta pelo decreto de 1571. Na realidade, o comércio holandês no Brasil florescia a fins do século XVI, e continuou crescendo nos primeiros anos do século XVII, para atingir o seu auge durante a "trégua dos doze anos", terminada em 1621. De acordo com Sluiter (e com a concordância de C. R. Boxer), no período da trégua, "da metade a dois terços do comércio de transporte do Brasil estiveram sub rosa, em mãos holandesas". Por fim, e esta é uma questão de crucial importância, Novais, que admite que os preços dos "produtos coloniais" seriam estabelecidos "tendencialmente ao nível dos custos de produção" (*ob. cit.*, p. 89), não se dá conta de que as restrições impostas ao comércio da colônia (durante o longo período da vigência do "exclusivo") não poderiam por si sós determinar o surgimento de "lucros excedentes", apropriados pelo comércio metropolitano. Este seria o caso, unicamente, se as restrições aqui impostas provocassem escassez no mercado europeu (de maneira similar, digamos, ao ocorrido com o cravo e a noz-moscada), ou se a produção brasileira se fizesse a custos marcadamente inferiores aos padrões internacionais. Tal não sendo (notoriamente) o caso, a categoria "lucro excedente" empregada pelo autor — e intimamente relacionada com a sua concepção do sistema colonial — carece de fundamento. F. Novais, *Portugal e Brasil...* e "O Brasil nos Quadros do Antigo Sistema Colonial", in *Brasil em Perspectiva*, coletânea organizada por Carlos Guilherme Mota, São Paulo 1971, p. 51-52. E. Sluiter, "Os Holandeses no Brasil antes de 1610", in *Revista do Museu do Açúcar*, 1968, n. 1, p. 76-81. Sobre o comércio de especiarias, o controle de preços, e os excepcionais lucros assim obtidos, ver, por exemplo, o ensaio de V. Magalhães Godinho, intitulado "Produtos-Chave na Formação da Economia Mercantilista: As Especiarias", in *Ensaios*, tomo I, p. 231s. A distinção entre o comércio de "especiarias", onde se lograva, em princípio, manter a oferta restringida, e o "novo modelo colonial" que caracteriza o açúcar,

Até este ponto foram ressaltadas unicamente as determinações que se manifestam (e devem ser atendidas), ao nível mesmo das unidades produtoras. Existe no entanto uma outra ordem de questões deixada de lado até o presente. Refiro-me às condições do mercado externo; ao aprovisionamento de mão-de-obra; a problemas fiscais, monetários, etc. Em todas estas frentes podem surgir dificuldades que venham a comprometer a situação econômico-financeira dos produtores, e que não podem, em princípio, ser contornadas por medidas tomadas no âmbito das unidades produtoras.

Na busca de soluções para estes problemas, as camadas proprietárias lançariam mão de todas as instituições ao seu alcance, chegando mesmo, em certos casos, a infiltrar-se nos centros de poder metropolitanos para, a partir deles, advogar seus interesses. Seus objetivos imediatos variavam, naturalmente, com as circunstâncias: garantia de reserva de mercado, suprimento de cativos, favores fiscais, etc.

Um dos exemplos mais notáveis de militância — indiscutivelmente bem sucedida — por parte dos proprietários de engenhos, veio a ser registrado no caso das colônias açucareiras britânicas. [81] Na grande colônia lusitana, porém, os interesses do açúcar não tiveram — e não poderiam mesmo ter tido — a influência e o poder alcançados pelos seus rivais britânicos: o mercado metropolitano português pouco significava para os produtores brasileiros, e os demais mercados encontravam-se absolutamente fora do seu alcance político (e, em determinados casos, sob a influência direta de outros produtores coloniais). Desta forma, o desequilíbrio que caracteriza as relações coloniais luso-brasileiras — onde a colônia cada vez mais se avantaja sobre a metrópole — limita, de saída, o raio de ação dos interesses aqui sediados. Pri-

consta de E. J. Hobsbawn, "The Seventeenth Century in the Development of Capitalism", reeditado por E. Genovese, em *The Slave Economies*, vol. L, 1973, p. 154-155. Finalmente, quanto aos mecanismos de determinação dos preços na Colônia existe, publicada, ampla documentação que espera a vez de ser analisada e interpretada. Refiro-me às numerosas referências ao tema que podem ser encontradas em diversos volumes da série *Documentos Históricos*, nos *Anais da Biblioteca Nacional*, nos *Documentos Históricos do Arquivo Municipal*, série *Atas da Câmara*, Salvador, Bahia, nos *Manuscritos do Arquivo da Casa de Cadaval Respeitantes ao Brasil*, etc. José Honório Rodrigues, em pequenos artigos publicados na *Revista Brasil Açucareiro*, dos anos de 1943 a 45, levantou várias pistas interessantes acerca do tema.

81. Veja-se Richard S. Dunn, *Sugar and Slaves, The Rise of the Planter Class in the English West Indies, 1624-1717*, North Carolina, 1972. Trabalho inspirado em passagens clássicas de Eric Williams, *Capitalism and Slavery*, North Carolina 1944.

vados da possibilidade, sequer, de reservar para si um grande mercado metropolitano, os produtores brasileiros estavam condenados a enfrentar situações particularmente difíceis, durante os períodos de saturação e/ou depressão do mercado internacional.[82] Este terá sido, com certeza, um dos fatores determinantes do elevado grau de diversificação da atividade econômica dos senhores, especialmente no longo e tormentoso período que se inaugura por volta de 1670. De acordo com Flory, «pelo menos três quartos dos senhores de engenho na mostra de oitenta, bem como numerosos proprietários de engenho não incluídos no grupo, investiram em algo mais além do plantio da cana e a produção de açúcar».[83]

Que nos dizem as características que acabamos de assinalar, acerca da natureza destas organizações produtivas?

O processo de trabalho num engenho escravista do século XVI é similar ao de uma grande lavoura (plantation) capitalista contemporânea. Além disto, mais se assemelha ao processo de trabalho numa grande fábrica inglesa do início do século XIX, que o (processo de trabalho) característico dos séculos XVI e XVII na Europa.[84] Conseqüentemente, é lícito afirmar que, inserido no processo de produção material, o escravo constitui uma antecipação do moderno proletário. Por outro lado, o senhor do engenho encontra-se absorvido numa engrenagem que determina o seu comportamento, em função de «necessidades» que nada têm a ver com as suas próprias vontades e necessidades pessoais.

Estas características indicam, em suma, que o moderno escravismo tem importantes traços em comum com o capitalismo e, mais, que estas características pertencem à sua

82. A militância dos senhores, patente ao nível das Câmaras — que deliberam não raro, abusivamente, acerca de cotações, impostos, emissões extraordinárias de numerário "batido" na colônia, etc. — terá certamente atingido outras instâncias da administração colonial. Um caso (indubitavelmente excepcional) de influência direta sobre o próprio Conselho Ultramarino é o de Salvador de Sá. C. R. Boxer, *Salvador de Sá e a Luta pelo Brasil e Angola*, 1602-1686, p. 229ss. Formas mais sutis de veiculação dos interesses dos proprietários rurais decorriam, por exemplo, do envolvimento, da magistratura residente na colônia, nos interesses dos grandes proprietários rurais. Stuart Schwartz, *Burocracia e Sociedade no Brasil Colonial*, São Paulo 1979, cap. 8. Sobre as Câmaras Municipais, sua importância e instrumentalidade para a defesa dos interesses das camadas proprietárias, veja-se João Francisco Lisboa, *Crônica do Brasil Colonial, Apontamentos para a História do Maranhão*, Petrópolis 1976; Affonso Ruy, *História da Câmara Municipal da Cidade do Salvador*, 1953; C. R. Boxer, *Portuguese Society in the Tropics*, 1965, especialmente cap. III, e *Atas da Câmara Municipal de Salvador*, ob. cit.

83. Flory, *ob. cit.*, p. 112. A pesquisa mencionada refere-se a Salvador e o Recôncavo, no período 1680-1725.

84. George Unwin, *Industrial Organization in the 16th and 17th Centuries*, Londres 1972, especialmente capítulos I e III.

conformação interior. Não é, pois, necessário recorrer às conexões «externas» — e muito menos a um simples «critério de mercado» — para deixar assinaladas as fortes similitudes existentes entre o moderno escravismo e o capitalismo [85] — proximidade esta que pode ainda ser realçada, ao lembrarmos que a organização produtiva aqui focalizada surge associada aos primórdios do capitalismo, cresce e se multiplica acoplada a ele. [86]

Dispomos agora de elementos para indicar o que nos parece ser a diferença específica do moderno escravismo. Nele, os senhores estão submetidos a uma engrenagem econômica — o que os diferencia, essencialmente, dos senhores de escravos do mundo antigo. [87] Mas esta engrenagem se *interrompe* nos senhores. No capitalismo, uma vez constituído o proletariado, a pressão surda das condições econômicas sela o poder de mando do capitalismo sobre o trabalhador. [88] Caracteristicamente, no entanto, no escravismo moderno — onde o escravo atua, «portas adentro», como um proletário — não há em princípio mecanismos sócio-econômicos a determinar o seu comportamento. No capitalismo, mais uma vez, «os agentes principais (do) deste sistema de produção, o capital *e o operário assalariado*, não são, como tais, mais que encarnações, personificações do capital e do trabalho assalariado, determinados caracteres sociais que o processo social de produção imprime nos indivíduos...» [89] fazendo com que a história do proletariado *tenda* a correr pelos trilhos da história do capital. No escravismo aqui estudado, no entanto, um pelo menos dos «agentes principais» não tem o seu caráter social efetivamente moldado pelo regime de produção e, conseqüentemente, não pode ser considerado como a encar-

85. J. Gorender parece crer que todo aquele que apontar traços de capitalismo, ali onde este não exista na sua plenitude (definida esta pelo império do trabalho assalariado), repete os equívocos do malfadado Mommsen, e merece os mesmos puxões de orelha que este recebeu de Marx (*O Capital*, vol. I, p. 121, e vol. III, p. 729). Discordo firmemente deste procedimento, acreditando que na sua raiz exista um abuso do conceito de "forma", o qual permite descartar, como analogia "apenas formal", qualquer traço em comum entre formações sociais que se distingam por sua relação de produção básica. O preço a pagar por este aparente rigor é, a meu ver, a simplificação brutal da realidade histórica, em benefício da taxonomia e em prejuízo da própria história. Gorender, *ob. cit.*, p. 305 e 406-407.

86. K. Marx, *Theories of Surplus Value*, Londres 1969, tomo II, p. 302-303.

87. Observe-se que os casos de "plantation" no mundo antigo, tão realçados por Weber, constituíram na realidade exceções localizadas e, ao que parece, relativamente diminutas. Keith Hopkins, "Slavery in Classical Antiguity", in *Caste and Race: Comparative Approachs*, Londres 1967; Perry Anderson, *Passages from Antiguity to Feudalism*, Londres 1974, parte I.

88. *O Capital*, tomo I, p. 627.

89. *O Capital*, tomo III, p. 812 (grifo A.B.C.).

nação de uma categoria econômico-social — o que necessariamente repercute sobre o papel e a natureza social dos senhores. Os escravos são fundamentalmente «cativos» e se ajustam (bem ou mal) ao aparelho de produção de que tratamos, por uma combinação mais ou menos eficaz de violência, agrados, persuasão, etc. Paradoxalmente, portanto, os escravos, que a tradição juridicista teima em chamar de «coisa», impossibilitam a reificação das relações sociais [90] — com o que fica definitivamente prejudicada qualquer tentativa no sentido de «descobrir a lei econômica que preside o movimento» deste regime social.

Sobre a Presença Histórica dos Escravos: Sugestões e Indagações

O objetivo primeiro dos senhores, no que diz respeito aos seus escravos, é a extração de trabalho, na quantidade, especificação, e intensidade, determinadas pelo aparelho produtivo de sua propriedade, respeitadas, naturalmente, certas normas referentes ao «desgaste» do escravo. Os escravos, de sua parte, antes subjugados que integrados ao regime de produção que os explora, a ele resistem das mais variadas maneiras. Este vago e elementar impulso no sentido de negar a situação que os oprime não aponta, porém, em direção predeterminada, e pode tanto exaurir-se em pequenos gestos, como eclodir sob a forma de rebelião.

Como se faz sentir, sobre a economia e a sociedade fundadas sobre o braço escravo, o fato de que a escravidão implica o uso da força, e contém no seu âmago o gérmen da rebelião?

Para a grande maioria dos autores, isto parece não ter relevância alguma — pelo menos ao nível de análise em que eles se situam. Este parece ser o caso de Caio Prado, para quem os escravos não deixariam de ser o «recurso de ocasião», o expediente histórico de que se valeram os primeiros colonos. [91] Uma posição semelhante é adotada por Fernando

90. Testemunho a um só tempo agudo e desconcertante desta realidade nos foi deixado pelo escravo Frederick Douglas: "Dê-lhe (ao escravo) um mau senhor, e ele aspira a um bom senhor; dê-lhe um bom senhor, e ele quer tornar-se seu próprio dono". F. Douglas, "My Bondage and my Freedom", citado em *The Peculiar Institution*, Kenneth Stampp Vintage Books, Nova Iorque 1965, p. 89.
91. Caio Prado, *ob. cit.*, p. 268.

Henrique Cardoso, para quem os escravos (e não apenas eles), seriam «testemunhos mudos de uma história para a qual não existem senão como uma espécie de instrumento passivo». Para este autor, os gestos pessoais de rebeldia, bem como as rebeliões, por não criarem «saídas estruturalmente viáveis», estão condenados a permanecer nos desvãos da história». [92]

Os autores que compartilham esta posição parecem crer que a rebeldia do escravo, manifestando-se ao nível individual, seria abafada, *in loco*, direta e pessoalmente, de tal maneira, que a chamada coerção extra-econômica, efetivamente, começa e termina com o chicote, sem deixar marcas no regime econômico-social. Quanto às rebeliões, quando, raramente, bem sucedidas (e isto, possivelmente, apenas por algum tempo), não criariam as bases de uma nova história, podendo assim ser deixadas de lado. [93] Os escravos existiriam, em suma, apenas como fonte de energia — «instrumentos vocais» — integrando-se ao regime de produção, como uma quantidade social nula. [94] A sua presença só se faria sentir

92. Fernando H. Cardoso, "Classes Sociais e História: Considerações Metodológicas", in *Autoritarismo e Democratização*, Rio 1975, p. 112. A negação da presença histórica do escravo chegaria talvez ao seu limite em Fernando Novais, para quem "o escravo, por isso mesmo que escravo, há que manter-se em níveis culturais infra-humanos, para que não se desperte a sua condição humana — isto é parte indispensável da dominação escravista", *ob. cit.*, p. 108. Como observou Ciro Cardoso (obra citada a seguir, p. 203), a mais fecunda sugestão de Eric Williams em *Capitalism and Slavery* foi, possivelmente, a menos explorada (por ele e por seus seguidores). Trata-se da importância atribuída ao escravo como força histórica. "Este aspecto do problema das Índias Ocidentais (Williams se refere aqui a uma certa conjuntura histórica) tem sido estudadamente ignorado, como se os escravos, ao se tornar instrumentos de produção..." deixassem de contar como homens (*ob. cit.*, p. 201-202). Não caberia no contexto deste artigo referir-se à literatura norte-americana acerca da condição do escravo, sua personalidade, família, etc. Esta imensa e variada obra, que culmina, talvez, com *Roll, Jordam, Roll*, de Eugene Genovese e "The Black Family in *Slavery and Freedom (1750-1925)*", de Herbert Gutman, veio ampliar enormemente o conhecimento acerca da situação do escravo. Tais trabalhos tendem, no entanto, a tratar o escravo "em si" (buscando recuperar uma história feita "em primeira pessoa"), e/ou no seu relacionamento (fundamentalmente enquanto seres humanos), com a camada senhorial. A questão primordial do escravo como base de um sistema produtivo — por ele, em princípio, rejeitado e, em maior ou menor medida, transformado — fica então submersa, ou mesmo, ostensivamente, posta de lado. Advirta-se, a este propósito, que considero *The Political Economy of Slavery*, de Genovese, tudo menos uma Economia Política da escravidão. Para um breve resumo das tendências da literatura americana a respeito da escravidão, veja-se: Ciro Cardoso, "El Modo de Producción Esclavista Colonial em América", in *Modos de Producción en América Latina*, Assadouriam, Cardoso e outros, Córdoba 1973, e Emília Viotti da Costa, "Da Escravidão ao Trabalho Livre", in *Da Monarquia à República: Momentos Decisivos*, São Paulo 1977.

93. Esta posição é involuntariamente ratificada por um gênero de relato histórico que faz a exaltação das rebeliões escravas, mas não consegue relacioná-las com a corrente principal da história — a qual (supostamente) seguiria o seu curso, guiada quer pelo "sentido" quer pela lógica evolutiva de um determinado modo de produção. Este parece ser o caso, por exemplo, de *Rebeliões da Senzala*, de Clóvis Moura, São Paulo 1959, onde, por um lado, se procura realçar a importância das rebeliões, por outro se acata um férreo determinismo econômico, no que se refere à evolução da sociedade (p. 27-28 e 52, quanto a este último ponto).

94. Maria Sílvia parece esposar esta posição, ao afirmar que "a partir dos séculos XV e XVI, quando a escravidão aparece suportando um estilo de produção vinculado ao sistema capitalista, o escravo surgiu redefinido como categoria

a meados do século XIX, mas já, então, como barreira ou «entrave» ao desenvolvimento capitalista.[95]

A posição anterior parece-nos profundamente questionável. Antes, porém, de expor os nossos argumentos, gostaríamos de chamar a atenção para um documento recentemente descoberto e divulgado por Stuart Schwartz.[96] Refiro-me ao Tratado de Paz, proposto pelos escravos rebelados do Engenho Santana de Ilhéus, possivelmente no ano de 1789. O documento, notável a muitos títulos, vem levantar uma ponta do véu de ignorância que encobre a atuação dos escravos como agentes históricos, capazes de traduzir os seus interesses em reivindicações, e exercer pressões no sentido da transformação do regime que os oprime.[97]

A proposta de paz enuncia, no fundamental, as condições estipuladas pelos rebeldes, para a cessação das hostilidades, e o seu retorno aos trabalhos do engenho. Entre estas condições, as mais importantes parecem ser:

— Os escravos teriam a sexta-feira e o sábado para trabalhar para si próprios, e isto deveria ser respeitado, mesmo na ocorrência de dia santo nos demais dias da semana. Para os cultivos de arroz, os escravos poderiam escolher qualquer brejo, sem para isto pedir licença. Quanto às ferramentas, ficariam permanentemente em posse dos escravos;

puramente econômica, assim integrando-se às sociedades coloniais". O sentido de sua obra aponta, no entanto, em outra direção, o que pode ser percebido desde as primeiras sentenças de seu principal trabalho. O escravo "existiu como 'presença-ausente', mas constante e pesada, no mundo de homens livres que procurarei reconstituir". Maria Sílvia de Carvalho Franco, *Homens Livres na Ordem Escravocrata*, 1969, 1 e 11.

95. Muito haveria que dizer sobre o escravismo concebido como barreira ao desenvolvimento do capitalismo. A questão parece-me, no mínimo, mal formulada. Sem ingressar neste terreno, gostaria contudo de lembrar que, em seus escritos sobre a Guerra Civil Norte-Americana, Marx jamais endossou a tese da destruição do escravismo em conseqüência de "necessidades" do capitalismo. Quanto à clássica interpretação dada por E. Williams à (suposta) crise econômica das Índias Ocidentais Britânicas a fins do século XVIII (que teria tido influência decisiva sobre o movimento abolicionista britânico), foi recentemente refutada detalhadamente por Drescher. Negada a tese imensamente influente de Williams, ficam abertas as portas para uma reinterpretação do abolicionismo, em que argumentos de natureza política — como se sugere adiante — terão necessariamente muito maior peso. A tentativa mais articulada de apresentação de escravismo como entrave ao desenvolvimento do capitalismo encontra-se, creio, em F. H. Cardoso, *Capitalismo e Escravidão*, São Paulo 1962, cap. VI. Argumentos semelhantes surgem, por vezes, em Octavio Ianni, *As Metamorfoses do Escravo*, São Paulo 1962, p. 94 e outras. Veja-se K. Marx e F. Engels, *La Guerra Civil en Los EEUU*, Buenos Aires 1973, diversos artigos e S. Drescher, "Le 'Déclin' du Système Esclavagiste Britanique et L'Abolition de la Traité", Annales, E.S.C., 1976.

96. Stuart Schwartz, "Resistance and Accomodation in Eighteenth-Century Brazil: The Slaves' View of Slavery", in *The Hispanic American Historical Review*, fev. de 1977.

97. Observe-se que as propostas de paz partidas dos escravos não devem ter sido raras como se presume. De acordo com um despacho datado de 1686 o Conselho Ultramarino é advertido de que "não convém que se admita a paz com estes negros, pois a experiência tem mostrado que esta prática é sempre um mero engano..." Texto reproduzido em Clóvis Moura, *ob. cit.*, p. 200.

— no barco que vai a Salvador, haveria um espaço reservado para os escravos remeterem as suas «cargas», sem pagamento de frete;

— a carga de trabalho diário seria reduzida, segundo propostas precisas e detalhadas, que discriminam atividade e sexo;

— os atuais feitores seriam substituídos por outros, escolhidos «com a nossa aprovação»;

— finalmente, os escravos poderiam «brincar, folgar e cantar em todos os tempos», sem que para isto fosse preciso licença.

Seria ocioso realçar o alcance e a amplitude destas reivindicações. Importante é perceber que se trata, a rigor, de uma tentativa de transformação do regime econômico-social escravista. Com efeito, aceitas as propostas apresentadas, a escravidão se descaracterizaria, profundamente. O que os escravos-rebeldes propõem, em suma, é a instauração de um novo regime social no qual eles cederiam a maior parte de seu tempo de trabalho, em troca dos meios de produção de que necessitam... e cuidariam da sua própria existência. Curiosamente, como observou Stuart Schwartz, os castigos corporais não são mencionados no documento. Ficava, talvez, subentendido que eles não teriam razão de ser, na ordem social proposta pelos escravos.

Não se sabe como e por que meios os escravos do engenho Santana vieram a ser derrotados, sendo o seu líder encarcerado e a proposta de tratado relegada à paz dos arquivos. Nos anos que se seguiram, ocorreram numerosos levantes de escravos, alguns deles de uma importância histórica incomparavelmente maior que o episódio ocorrido no engenho Santana. Nestas investidas, talvez sob a influência dos excitantes rumores e notícias vindos de outras terras, os rebeldes chegaram a defender abertamente a destruição da ordem social vigente, e mesmo, em certos casos, o extermínio da população branca. [98]

98. A questão das revoltas escravas vem sendo tratada em numerosas obras. Para efeito do que acima foi sugerido veja-se: Affonso Ruy, *A Primeira Revolução Social Brasileira*, Rio 1970; Clóvis Moura, *ob. cit.*; Roger Bastide, *Les Religions Africaines au Brésil*, Paris 1960, parte referente aos quilombos, p. 126-135; Carlos Guilherme Mota, *Atitudes de Inovação no Brasil, 1789-1801*, Lisboa 1969, cap. III; Kátia Queirós Mattoso, *Presença Francesa no Movimento Democrático Baiano de 1798*, Bahia 1969. Agradeço a João Reis a leitura de seu estimulante trabalho, ainda não publicado, *Slave Revolt in Bahia, 1790-1835*, Universidade de Minnesota, 1978.

Os sucessos que tiveram lugar no antigo engenho dos Jesuítas em Ilhéus, e o sangrento levante iniciado nas armações da cidade de Salvador, no ano de 1813, parecem estabelecer duas vertentes para a rebeldia escrava. Em ambos os casos os rebeldes fracassaram. Mas os resultados obtidos pelos escravos em suas lutas não devem ser julgados pelo êxito ou fracasso destes conflitos abertos, que, a rigor, mais *revelam* do que realizam. Os atos de rebeldia declarada e aberta são como o vapor que escapa ruidosamente da máquina; há que tomá-lo como um índice da pressão existente no seu interior.

Adaptando-se social, política, e militarmente à convivência com os «bárbaros» africanos (com esta «África transplantada para o Brasil») [99]; buscando meios e medidas para atenuar a combatividade, ou desviar a agressividade dos escravos, o regime social cedeu a eles — e transformou-se sob o impacto da sua presença.

Importantes aspectos da nossa formação econômico-social podem ser repensados, a partir da perspectiva que acaba de ser esboçada. Um pequeno esforço nesta direção será realizado, nas páginas restantes deste artigo.

A primeira questão a ser tratada refere-se a um traço marcante da organização interna dos engenhos e fazendas escravistas: os pequenos lotes de terra cedidos aos escravos, para o cultivo de seus alimentos.

A questão não tem, em regra, recebido grande atenção. É além disto generalizadamente aceito que as roças dos escravos constituem um recurso utilizado pelos proprietários, para baratear o sustento da escravaria. Recentemente, Gorender e Ciro Cardoso [100] voltariam a sublinhar o interesse dos senhores, no chamado «sistema do Brasil». Nas palavras de Ciro, «Do ponto de vista econômico, a atribuição de uma parcela, e de tempo para cultivá-la, cumpria uma função bem definida no quadro do sistema escravista colonial: a de minimizar o custo de manutenção e reprodução da força de trabalho». Este autor não se limita, porém, a encarar a

99. João Severiano Maciel da Costa, *Memória Sobre a Necessidade de Abolir a Introdução dos Escravos Africanos no Brasil,* Coimbra 1821, p. 23.
100. Gorender, *ob. cit.*, p. 258-267. Ciro Cardoso, "A Brecha Camponesa no Sistema Escravista", in *Agricultura, Escravidão e Capitalismo,* Vozes 1979.

questão «do ponto de vista econômico» — e nisto consiste, possivelmente, o mérito maior do seu trabalho. Assim sendo, acrescenta logo a seguir: «Para o escravo, a margem de autonomia representada pela possibilidade de dispor de uma economia própria era muito importante econômica e psicologicamente». A sugestão não é contudo desenvolvida. Pelo contrário, a perspectiva dos amos escravistas é imediatamente retomada, sendo a atribuição de parcelas referida como uma «concessão revogável, destinada a ligar o escravo à fazenda e evitar a fuga». Desta maneira, não obstante a menção feita aos interesses dos escravos, a prática da concessão de lotes volta a ser (ou, melhor, continua sendo) concebida como algo «funcional» à grande exploração.

Não se trata aqui de negar, quer as economias que possam advir do cultivo de parcelas pelos escravos, quer o fato, indiscutível, de que isto estabelece vínculos entre os escravos e os engenhos ou fazendas.[101] Caberia, sim, indagar se a prática em questão não surge do entrechoque de senhores e escravos: estes, procurando construir um espaço próprio, aqueles, divididos, resistindo em parte, cedendo em parte (inclusive por perceber os possíveis benefícios trazidos pelas pequenas roças de mantimentos). De acordo com depoimento do intendente de uma fazenda de São Domingos, a área ocupada pelos escravos parecia «uma pequena Guiné», um pedaço de África cercado por paliçada, onde ele não gostava de entrar, pois «aí os escravos estão em casa».[102] À luz destas observações, os escravos parecem ter reconstruído, nas Antilhas, um pequeno mundo seu, eivado, naturalmente, de reminiscências africanas. Além do que, o depoimento do tal intendente mais parece referido a um quilombo pacificado, que a um expediente destinado a «reduzir o custo de reprodução da mão-de-obra».[103]

Para os que concebem os lotes cedidos como uma espécie de ardil das classes dominantes, o significado desta prática

101. Miguel Calmon Du Pin e Almeida, *Ensaio Sobre o Fabrico do Açúcar*, Bahia 1834, p. 60-61; Francisco P. de Lacerda Werneck, *Memória sobre a Fundação e Custeio de uma Fazenda na Província do Rio de Janeiro*, 1878, p. 24-25.
102. Citado em Ciro Cardoso, *ob. cit.*, p. 136.
103. Quanto aos cuidados dos escravos com os seus lotes, vale recordar a observação de Maria Grahan, que (possivelmente com algum exagero) afirma em seu diário: "O pequeno terreno, que cada um é autorizado a cultivar para seu próprio uso em muitas fazendas, geralmente produz pelo menos o dobro em proporção do que a terra do senhor, apesar das poucas horas de trabalho que lhe são dedicadas". Maria Grahan, *Diário de Uma Viagem ao Brasil*, Rio de Janeiro, 1956, p. 255.

não teria por que mudar com o tempo.[104] Na perspectiva aqui sugerida, no entanto, o seu significado poderia variar e mesmo «evoluir» na dependência dos interesses e aspirações dos escravos e, claro, das oportunidades oferecidas pelo contexto histórico.

Em fases de turbulência política, aí podem os escravos rebeldes encontrar um apoio, uma retaguarda, ou até mesmo um santuário. Assim, informa-nos o *Jornal de Aracaju*, em artigos datados, respectivamente, de 20 de março e 3 de abril de 1872: «A amizade e proteção que quase todos os escravos dos engenhos votam aos quilombos são sérios obstáculos: dão não só o aviso como guarida no caso de qualquer emergência mesmo dentro das senzalas...»; «A experiência tem mostrado o grau de relação que entretêm os quilombos com os escravos dos engenhos: acham aqueles apoio e proteção; trocam estes farinha e agasalho pela partilha nos roubos dos primeiros e em caso de perigo invadem as senzalas».[105]

Por outro lado, à medida que cresçam as populações urbanas, se multiplique o pequeno comércio interiorano, e aumentem as facilidades de transporte, os escravos verão abrir-se diante de si certas oportunidades mercantis que, possivelmente, tratarão de explorar. Na medida em que se evolua nesta direção, sob a aparência monolítica do escravismo, estará germinando um submundo de relações sócio-econômicas, que não mais expressa, apenas, o esforço dos escravos no sentido de negar as condições que os oprimem — e não mais se guia por «reminiscências africanas». Quanto aos senhores, poderão combater estes desenvolvimentos, admiti-los, ou, mesmo, deles tirar proveito...[106] Seja como for, o importante

104. Assim, para Jacob Gorender, "A mola oculta do 'sistema do Brasil' já tinha sido desvendada, séculos antes, por Jean Léon l'Africain" (Gorender, *ob. cit.*, p. 264). O autor se refere, no caso, às parcelas cedidas aos escravos na ilha de São Tomé (segundo observações que o publicista John Pory adicionou à obra de Leo Africanus). É importante destacar, a esse respeito, que vários fatores (entre eles a topografia da ilha, seu clima africano, e a ausência de povos nativos hostis), facilitavam a fuga e a sobrevivência dos escravos rebeldes de S. Tomé. O fato de que neste preciso contexto, onde a relação de forças favorece, relativamente, os escravos, tenham eles contado, desde tão cedo, com a sua própria base de subsistência, sugere, a meu ver, a presença da iniciativa africana na criação daquilo que viria a ser chamado de "sistema do Brasil". *The History and Description of Africa*, Leo Africanus, Londres 1896, p. 94-95, baseado na tradução e edição realizadas por John Pory em 1600. Sobre os fatores que favorecem as rebeliões veja-se o interessantíssimo trabalho de Orlando Patterson, "Slavery and Slave Revolts: a Socio-historical Analysis of The First Maroon War, 1665-1740", in *Maroon Societies*, editado por Richard Price, Nova Iorque 1973, p. 246-292.

105. Apêndice-Documentos, em Clóvis Moura, *ob. cit.*, p. 208-211.

106. Às vésperas do término da escravidão, este mundo da sombra, habitado por escravos que não são apenas escravos, havia adquirido certa complexidade, em algumas áreas do Vale do Paraíba — como se pode ver, por exemplo, no precioso

é ter presente que nada disto poderá ser entendido, como mero reflexo dos interesses dos senhores, e nem tampouco poderá ser reduzido ao seu significado «econômico» para os escravos. As aspirações dos escravos, seja no que se refere ao trabalho dedicado às suas roças, seja em torno à liberdade nos batuques e festividades, colocam em cheio e, primordialmente, a questão do reconhecimento da sua existência e lugar na sociedade.

Tocaremos agora, ainda que de passagem, uma delicada questão, em torno da qual vem se desenvolvendo, de longa data, um grande debate.

Numerosas fontes dão testemunho de que as condições de operação dos engenhos e fazendas e o tratamento conferido aos escravos teriam se modificado, em diversas regiões, na passagem do século XVIII, para o século XIX. A interpretação dessa mudança histórica, por parte de Marx, é clara e precisa. Antes deste período, especialmente nos EUA e em Cuba, a produção escravista estaria basicamente circunscrita às necessidades locais, com o que o regime de trabalho conservava «certo suave caráter patriarcal». A seguir, e à medida que se desenvolve a produção voltada para o mercado externo, tudo passa a girar «em torno à produção da plus-valia pela plus-valia mesma», com o que as condições a que estão submetidos os escravos serão brutalmente enrijecidas, a carga de trabalho ampliada, e a própria vida dos cativos encurtada. [107]

Admitamos, com Marx, que o estreitamento e a intensificação das conexões com o mercado mundial têm importantes conseqüências sobre o regime escravista. Estas conseqüências não derivam, contudo, da «metamorfose» [108] implicada na passagem à «produção da plus-valia pela plus-valia». Elas serão determinadas antes e, talvez, mesmo, predominantemente, pela natureza abertamente conflitiva da relação senhor-escravo; vale dizer, pelo fato de a relação entre os ca-

relatório de Delden Laerne, *Brazil and Java, Report on Cofee-Culture*, Haia 1885, p. 301, 303, 333 e diversas outras passagens. Veja-se também Stanley Stein, *Grandeza e Decadência do Café*, São Paulo 1961, p. 202-219. Seria, creio, de grande interesse, comparar as condições em que vivem (em determinadas áreas) os escravos, nesta fase final do regime, com as aspirações formuladas no Tratado de Paz proposto pelos rebeldes do engenho Santana.

107. *O Capital*, tomo I, p. 181.

108. *O Capital*, tomo III, p. 804. As informações de que dispunha Marx, acerca do ocorrido no sul dos EUA e em Cuba, na transição do século XVIII para o XIX, parecem superestimar, consideravelmente, o grau de "fechamento" anterior (especialmente no caso norte-americano) destas regiões escravistas. Isto, porém, não tem maior relevância, para efeito das considerações que se seguem.

tivos-trabalhadores e os seus amos-patrões ser algo que se encontra *em princípio* em questão. Vejamos, sucintamente, o que isto significa.

A enorme expansão das exportações verificadas em fins do século XVIII exigia a importação de grandes levas de escravos. Formavam-se, com isto, grandes concentrações de «escravos-novos» (também chamados «boçais»). Constituída esta massa crítica, tendiam a ocorrer reações em cadeia, sob a forma de atos coletivos e recorrentes de rebeldia. Daí por diante, os problemas referentes à manutenção da ordem, à disciplina, à acomodação, e à aculturação desta massa de rebeldes *em potencial*, passavam, indiscutivelmente, ao primeiro plano. Desta maneira, a nova conjuntura trazia consigo problemas que ultrapassam, de muito, as conseqüências da extensão e intensificação da produção de mercadorias.

A proposição acima, válida em princípio sempre e quando se verifique um grande surto de produção escravista, se mostraria especialmente pertinente a fins do século XVIII, quando disparam o algodão no sul dos EUA, e o açúcar em Cuba. Em ambos os casos, mas especialmente na colônia espanhola (e sobretudo a partir de 1792), registra-se o ingresso de grandes levas de escravos [109]; tão ou mais importante é, no entanto, o fato de que os homens livres (senhores ou não), bem como os escravos, encontram-se, então, sob o impacto do terremoto político que acompanha o levante em massa dos escravos de São Domingos. [110]

O quadro que se delineia nesta conjuntura histórica encontra-se vivamente retratado no notável «Discurso sobre a Agricultura de Havana e os Meios de Fomentá-la» de Arango y Parreño. [111]

109. Philip Curtin, *The Atlantic Slave Trade*, Wisconsin, 1969, tabela 7, p. 34.
110. O texto de Marx, anteriormente referido, afirma que a condição dos escravos (melhor ou pior tratamento, etc.) é algo que deve ser entendido a partir da metamorfose atravessada pelas regiões escravistas, na passagem do século XVIII para o XIX. Posição similar pode ser encontrada em trabalhos de vários autores, entre eles, destacadamente (pelo realce atribuído aos mecanismos econômicos), J. Gorender (*ob. cit.*, p. 356-357). Trataremos de realçar, de nossa parte, a relevância das lutas detonadas pelo ingresso em massa de escravos, numa conjuntura política particularmente explosiva. O acento recai, aqui, sobre a problemática política inerente ao escravismo — que vem à tona, com inusitada força, em decorrência do vigoroso surto expansivo, e sob o efeito dos sucessos eletrizantes que se desenrolam em São Domingos. Veja-se, a propósito, Carlos Guilherme Mota, *Nordeste 1817*, São Paulo, 1972, p. 142s; e Kenneth Maxwell, *Conflicts and Conspiracies: Brazil and Portugal, 1750-1808*, especialmente o cap. 8.
111. Parece ser unânime a aceitação da obra de Arango e Parreño, como um verdadeiro marco no estudo das condições e problemas da produção escravista em Cuba, na virada do século. Inútil acrescentar, o autor se coloca na perspectiva dos senhores, grupo ao qual não apenas pertence como efetivamente lidera. Pichardo Viñas, Hortensia, *Documentos para la Historia de Cuba* (época colonial), Havana 1965.

Do ponto de vista dos senhores do açúcar — a famosa sacarocracia cubana — a ilha encontrava-se diante de uma situação excepcionalmente favorável: «Não há que duvidá-lo, a época da nossa felicidade chegou...» [112]

Não obstante seu indisfarçado entusiasmo, Arango y Parreño conclui o seu discurso expressando sérias e bem fundadas preocupações. A insurreição de São Domingos, diz ele, «ampliou os horizontes de minhas idéias. Ao ruído deste funesto acontecimento, despertei e vi que toda minha obra se sustentava no ar ... que o repouso de todos os meus compatriotas ... estava pendente de um fio: da subordinação e paciência de um enxame de homens bárbaros». Por enquanto, acrescenta o autor, pouco há a temer, dado que o número de negros é inferior ao de brancos: «Meus receios se referem ao que vem depois, ao tempo em que cresça a fortuna da ilha e tenha dentro de seu recinto quinhentos mil ou seiscentos mil africanos. Desde já falo para esta época, e quero que *nossas precauções comecem desde este momento*». [113]

Não caberia referir-se aqui às propostas feitas e às medidas tomadas, para acomodar a massa de escravos que desembarcavam em Cuba. [114] É lícito admitir, no entanto, que o processo de lutas e acomodações que se seguiria iria marcar, em profundidade, a história de Cuba. A própria permanência da ilha, por tão longo tempo, como uma fiel colônia espanhola, possivelmente se explica pelas vantagens, que colonos e senhores descobririam, em ter por trás de si o poder militar de uma metrópole européia... [115]

As preocupações de Arango y Parreño encontram seu paralelo (algo defasado) no Brasil, onde porta-vozes da camada senhorial advertem para os perigos acarretados pelo rápido aumento da população escrava, que acompanha o surto expansivo iniciado a fins do século XVIII. Cresce, assim, a consciência dos perigos criados por esta «África transplantada para o Brasil», e começa-se a discutir o futuro incerto de uma nação que não possui «verdadeiramente o que se

112. *Ob. cit.*, p. 197. A respeito da arrancada açucareira cubana, ver o brilhante capítulo de Fraginals (*ob. cit.*) intitulado: "El camino hacia la plantación".
113. Arango y Parreño, *ob. cit.*, p. 210, grifo A. B. Castro.
114. Sobre as condições de vida dos escravos cubanos, nas décadas que se seguem à "primeira dança dos milhões", veja-se o notável relato feito pelo ex-escravo Esteban Montejo, em Miguel Barret, *Biografía de un Cimarrón*, Barcelona 1968.
115. Franklin W. Knight, *Slave Society in Cuba During the Nineteenth Century*, Wisconsin, 1970, cap. 1.

chama povo».[116] Espíritos mais lúcidos chegam a perceber que a escravidão dificulta ou mesmo impede o enquadramento dos «vadios» e marginais que se multiplicam nas cidades (e, em certas áreas, no próprio campo), como força de trabalho «livre» e assalariada. Segundo muitos, isto se deveria a que a escravidão «degrada» o trabalho. Outros, porém, iriam mais longe: o problema maior é que não se pode travar grandes lutas sociais — e, muito menos, tratar a ferro e fogo a população livre e pobre — sobre o solo movediço da escravidão. Já, anteriormente, José Álvares Maciel havia declarado, nos Autos da Devassa da Inconfidência Mineira, que a presença de escravos constituía um sério entrave porque «toda e qualquer revolução que aqueles (escravos) pressentissem nestes seria certo motivo de eles mesmos se rebelarem; e por conseqüência ficaria frustrada toda e qualquer ação intentada»...[117] Mais tarde, por ocasião da fracassada «primeira revolução social» brasileira (1798), ficaria mesmo comprovado que escravos-rebeldes e «libertos» eram capazes de fazer causa comum — o que tornava a situação das camadas proprietárias muito mais delicada. A situação mostrava-se, aliás, particularmente grave na Bahia, de onde seria enviado ao rei, no ano de 1814, um manifesto advertindo: «Ninguém de bom senso ... poderá duvidar que a sorte desta Capitania venha a ser a mesma da ilha de S. Domingos, por dois princípios: primeiro pela demonstrada enorme desproporção de forças»... segundo pela «relaxação dos costumes e falta de polícia, que geralmente se observa nesta cidade pelas muitas larguezas que se lhes tem dado (aos escravos)...»[118] Por contraste, ali, como em Porto Rico,

116. João Severiano Maciel da Costa, *Memória sobre a Necessidade de Abolir a Introdução dos Escravos Africanos no Brasil,* Coimbra 1821, p. 23 e 21.

117. Citado em Clóvis Moura, *ob. cit.*, p. 50, parêntesis acrescentado por A. B. Castro. Veja-se também Carlos Guilherme Mota, *Atitudes de Inovação no Brasil 1789-1801,* Lisboa 1969, p. 66, e, do mesmo autor, *Nordeste 1817,* São Paulo 1972, p. 152-153.

118. Citado em Maria Beatriz Nizza da Silva, *A Primeira Gazeta da Bahia: Idade d'Ouro do Brasil,* São Paulo 1978, p. 101-102. José Honório Rodrigues, em trabalho amplamente documentado, parece sugerir que a ameaça de revolução negra seria um fantasma manipulado pelos interesses contrários à independência. Ainda que o partido português tivesse, efetivamente, chantageado os brasileiros com base no espectro dominicano, não pode haver dúvidas de que o sentimento de perigo era bastante difundido e, naquela conjuntura, possivelmente, bem fundado. José Honório Rodrigues, *Independência: Revolução e Contra-Revolução, Economia e Sociedade,* Rio 1975, p. 124-131. Afinal, como observou Bryan Edwards à mesma época (1807): "Em países onde a escravidão se encontra estabelecida, o princípio primeiro no qual o governo se baseia é o medo"... B. Edwards, "The History Civil and Commercial of the British Colonies in the West Indies", citado em E. Genovese, *The World the Slaveholders Made,* Vintage Books, 1971, p. 162. Veja-se, a esse propósito, o quase pânico de Hipólito da Costa, ao saber da publicação em português, num jornal "pseudocientífico", da

onde os escravos eram relativamente poucos (e sendo o ingresso de novos cativos praticamente impossível), seriam decretadas e postas em prática medidas brutais no sentido de promover a proletarização da população livre e pobre. [119]

Neste último caso, sim, a passagem à produção da plus-valia pela plus-valia teria temíveis conseqüências ... para as camadas pobres da população. Marx parece ter-se deixado levar por uma tentadora analogia entre as conseqüências da proletarização de uma população livre e pobre, e os efeitos da intensificação da produção de mercadorias por uma população escrava. Neste último caso, se parte de uma situação radicalmente diferente, desencadeiam-se conflitos próprios ao regime escravista, além do que, os proprietários têm interesse imediato na sobrevivência dos trabalhadores...

O que precede pretende deixar claro que as mudanças trazidas por um surto de produção escravista como o ocorrido na transição do século XVIII para o XIX dependerão, — não apenas para a condição do escravo, como para a sociedade em geral — da intensidade, direção e êxito da resistência, e/ou luta aberta dos escravos, bem como das respostas encontradas pelos proprietários e homens livres em geral, para assimilar, acomodar e abafar a presença hostil e o potencial de rebeldia da população escrava. A admissão desta realidade não implica, com certeza, em conceber a escravidão como eixo ou princípio unificador da história. Muito pelo contrário, a estrutura produtiva que a escravidão aciona, reproduz e transforma, é forjada na produção sistemática de mercadorias, e encontra-se submetida às determinações que daí provêm — inclusive aquelas que decorrem da evolução-com-transformação do capitalismo. [120] Esta estrutura produ-

"Constituição da República dos Negros em S. Domingos". Barbosa Lima Sobrinho, *Antologia do Correio Brasiliense,* Rio 1977, p. 104. O terror inspirado pelo ocorrido em S. Domingos era, aliás, generalizado, levando, por exemplo, vários Estados do sul dos EUA a proibir a entrada de quaisquer negros, mesmo livres, procedentes das Índias Ocidentais. Winthrop Jordan, *White over Black, American Atitudes Toward the Negro,* Baltimore 1971, p. 382. Anos mais tarde, passado o período de lutas pela independência, seria ouvida a voz de Miguel Calmon Du Pin e Almeida, alertando aqueles que "à imitação das crianças, folgam e repousam tranqüilos à borda de medonhos precipícios". *Memória sobre o Estabelecimento d'Uma Companhia de Colonização,* Bahia 1835, p. 4.

119. Nas palavras de um autor citado por Sidney Mintz, tratava-se apenas de "proibir a vagabundagem e a preguiça, mãe de todos os vícios, tornando o trabalho compulsório", *Caribbean Transformations,* Chicago 1974, p. 93. Veja-se, em particular, o cap. 3, "Slavery and Forced Labour in Puerto Rico".

120. Poucos parecem saber o quanto a produção escravista, em seus setores mais avançados, se mecaniza e se tecnifica, praticamente em simultaneidade com o avanço da Revolução Industrial. De acordo com Deer, a utilização da máquina

tiva irá mesmo sobreviver à escravidão, modificada, naturalmente, pela mudança de sua base social.

Não obstante o que acabamos de dizer, durante os séculos de predomínio escravista as organizações produtivas, e sobretudo as sociedades em formação no Novo Mundo, tiveram a sua evolução co-determinada pela presença — e a força viva — dos escravos. Esta presença se mostraria tanto mais forte e influente, quanto mais se tendesse a ultrapassar a produção em ampla escala de mercadorias. Assim, ela será menos marcante em Barbados — uma mera coleção de unidades produtivas — que no Brasil, onde já na segunda metade do século XVII ensaia-se o surgimento de uma nação.[121] Ela será também mais determinante nos centros urbanos, onde não se vive sob o império da produção sistemática de mercadorias: o escravo «de ganho», figura marcante das nossas cidades na entrada do século XIX, mais tem a ver com a escravidão, enquanto tal, que com as estruturas produtivas características do Novo Mundo.[122]

Estas são razões fundamentais que impossibilitam estudar o regime social imperante no nosso passado, através das condições e necessidades da produção de mercadorias. As determinações que daí provêm existem e têm o seu espaço. Limitar-se a elas — e/ou ao seu «sentido» — no entanto, é tomar os escravos como se apenas emprestassem um colorido especial à história, ou, pior, talvez, como se as características por eles introduzidas na economia e na sociedade fossem apenas outras tantas «irracionalidades».

No regime social que aqui se instala há dois teclados; os teclados são dois, mas a música é uma só. Há a produção

a vapor como fonte de energia a acionar um processo manufaturado foi, mesmo, pela primeira vez ensaiado na produção do açúcar, em Jamaica, em 1768 (até então a máquina a vapor era empregada apenas em minas e destinada ao bombeamento de água para a superfície). Noel Deer, *The History of Sugar*, Londres 1949, vol. II, p. 549. A tecnificação dos engenhos escravistas do Brasil foi estudada por Francisco Eduardo Pires de Souza, em *A Evolução das Técnicas Produtivas no Século XIX: o Engenho de Açúcar e a Fazenda de Café*, Campinas, Dissertação de Mestrado, 1978, p. 15-97.

121. C. R. Boxer, *Salvador de Sá e a Luta pelo Brasil e Angola 1602-1686*, São Paulo 1973, cap. VIII; Padre Antônio Vieira, "Por Brasil e Portugal, Sermões", comentados por Pedro Calmon, São Paulo 1938; Rae Jean Dell Flory, *ob. cit.*; e Stuart Schwartz, *Colonial Brazil, The Role of The State in a Slave Social Formation*, mimeografado, 1979.

122. O escravo de ganho ou "negro de ganho" trabalhava basicamente por conta própria, devendo usualmente levar, ao fim do dia, uma certa soma em dinheiro ao seu dono. No Brasil, eles são referidos, entre muitos outros autores, por Nina Rodrigues na sua obra clássica, *Os Africanos no Brasil*, São Paulo 1976, cap. IV. A mesma prática havia sido desenvolvida nas cidades gregas (M. I. Finley, *ob. cit.*, p. 39). Pyrard de Laval se refere a ela como característica da cidade de Goa, nos primeiros anos do século XVI. Viagem de Francisco Pyrard de Laval, Porto 1944, p. 52.

de mercadorias, com a sua partitura composta de determinações econômicas. E há a escravidão, um velho tema, que permite improvisos de muita força. A teoria desta realidade está por ser produzida. Mas não será negando características fundamentais do regime social, aqui surgido, que ela poderá vir a ser construída. Nesta empresa, como se procurou mostrar ao longo deste trabalho, há que resistir a duas tentações: tomar esta realidade como uma história sem determinações próprias, com o que se resvala, inexoravelmente, para a teleologia; ou concebê-la como um sistema sócio-econômico homólogo ao capitalismo, e, como tal, passível de ser apreendido através de uma Economia Política.

AS CONCEPÇÕES ACERCA DO «SISTEMA ECONÔMICO MUNDIAL» E DO «ANTIGO SISTEMA COLONIAL»: A PREOCUPAÇÃO OBSESSIVA COM A «EXTRAÇÃO DE EXCEDENTE»

Ciro Flamarion S. Cardoso

Não pretendemos neste trabalho, ao retomar o tema dos modos de produção da Colônia, expor outra vez as nossas próprias idéias a respeito. Por um lado, publicamos já certo número de artigos onde as nossas posições aparecem claramente apresentadas. [1] Além disso, em duas obras de recente publicação ampliamos e reformulamos tais posições. [2] O que pretendemos aqui é referir-nos a uma postura relativa ao tema deste debate, a qual tem considerável difusão hoje em dia e se opõe àquela que defendemos e praticamos.

As sociedades que se constituíram na América Latina e nas Antilhas em decorrência do surto comercial e colonizador da Europa moderna colocam o pesquisador interessado no seu estudo diante de um verdadeiro dilema. Tais sociedades só revelam o seu pleno sentido se forem consideradas como

1. Cf. Cardoso, Ciro F. S., três artigos incluídos em *Modos de producción en América Latina, Cuadernos de Pasado y Presente*, n. 40, México, Fondo de Cultura Económica, 1977 (5ª ed.); e "Los modos de producción coloniales: estado de la cuestión y perspectiva teórica", in *Historia y Sociedad* (México), n. 5, primavera de 1975, p. 90-106.
2. *Agricultura, Escravidão e Capitalismo*, Petrópolis, Editora Vozes, 1979; e, em colaboração com Héctor Pérez Brignoli, *Historia económica de América Latina*, vol. I, Barcelona, Crítica (Grupo Editorial Grijalbo), 1979, capítulo III.

integrantes de um sistema mais vasto, na medida em que surgiram como anexos complementares da economia européia, dependentes de áreas metropolitanas, elementos que devem ser levados em conta na análise que pretenda descobrir a racionalidade das estruturas econômico-sociais das colônias. Mas também é verdade que as atividades de conquista e colonização tiveram como resultado o aparecimento de sociedades cujas estruturas internas possuem uma lógica que não se reduz exclusivamente ao impacto da sua ligação com o mercado mundial em formação e com as metrópoles européias. Por isso, a sua concepção em termos de anexos complementares, de partes constitutivas de conjuntos mais amplos, mesmo sendo — como é — um momento central da pesquisa, é claramente insuficiente. Sem analisar as estruturas internas das colônias em si mesmas, na sua maneira de funcionar, o quadro fica incompleto, insatisfatório, por não poderem ser explicadas algumas das questões mais essenciais (como o porquê das *diferenças* profundas constatáveis, na época colonial como na atualidade, entre as estruturas econômico-sociais do México, da Costa Rica e do Brasil, por exemplo).

Falamos de um dilema porque é freqüente o recorte do universo de análise de modo a privilegiar um dos dois aspectos mencionados em prejuízo do outro. No primeiro caso, ver-se-ia o mundo latino-americano e antilhano apenas ou fundamentalmente como uma projeção ou resultado da expansão mercantil (para alguns, inclusive *capitalista*) da Europa dos Tempos Modernos. No segundo, analisar-se-ia a configuração estrutural interna das sociedades coloniais, sem atenção suficiente aos laços que mantinham estas com o que I. Wallerstein denomina «sistema econômico mundial europeu». Na nossa opinião, a primeira das opções citadas — que queremos, justamente, criticar — predomina há já bastante tempo no conjunto dos estudos sobre a América Latina. Entre as suas características principais está a insistência numa visão particular dos processos globais da acumulação originária (ou primitiva, ou prévia) de capital, passando para o segundo plano a análise intrínseca das estruturas presentes no interior das colônias.

Começaremos por referir-nos a três exemplos que consideramos significativos e são sucessivamente mais amplos quanto às dimensões do universo de análise: a interpretação da colonização do México apresentada por Angel Palerm, as idéias de Fernando Novais acerca do «antigo sistema colonial» e o «sistema econômico mundial europeu» de Wallerstein. Posteriormente, faremos considerações gerais sobre esta tendência no seu conjunto.

Numa série de três comunicações apresentadas a reuniões internacionais entre 1974 e 1976, Angel Palerm, depois de discutir questões teóricas globais relativas a como focalizar o estudo do mundo colonial, propôs um modelo explicativo para o processo de formação e funcionamento do que chama o «sistema colonial» no México.

A primeira comunicação afirma cinco pontos de vista fundamentais:

1) o rechaço de que a noção de modo de produção seja aplicável às colônias americanas, já que estas não eram uma totalidade nem poderiam ser manejadas analiticamente como entidades isoladas, por formarem parte de um sistema geral dominado e caracterizado por certo modo de produção (o qual, na terceira comunicação, aparece definido como «capitalismo mercantil»): conviria então falar de um «segmento colonial do modo capitalista» de produção; 2) a impossibilidade de aplicar a outro modo de produção que não o capitalista o modelo específico desenvolvido em *O Capital*, e mesmo de aplicá-lo à situação colonial do próprio capitalismo, assunto de que o livro de Marx não trata; 3) aceitação da opinião de Rosa Luxemburgo de que, estrutural tanto como historicamente, não é possível explicar o capitalismo sem levar em conta os segmentos coloniais internos ou externos; 4) aceitação da tèse da mesma autora acerca de que, na formação dos segmentos coloniais, os instrumentos políticos — baseados no poder do Estado — são fundamentais, mesmo quando os objetivos da sua ação forem econômicos; 5) afirmação de que ocorreu nos estudos realizados pelo marxismo uma «paralisia teórica» no período entre as duas guerras mundiais, quanto à explicação dos modos de produção não-capitalistas e da questão colonial: por isto, inexistem modelos teóricos marxistas já elaborados que sejam aplicáveis especificamente aos modos de produção não-capitalistas

e à situação colonial, embora exista um método geral de análise que pode ser usado nesse sentido.[3]

A segunda comunicação nos interessa menos aqui. Destina-se sobretudo a ilustrar e comprovar os pontos 3 e 4 acima, numa perspectiva informada pela teoria multilinear acerca da evolução social.[4]

Finalmente, no último dos três textos mencionados, Palerm trata de aplicar os princípios desenvolvidos na primeira comunicação ao estudo do México colonial. O ponto de partida teórico-metodológico é muito claro[5]:

«O enfoque proposto para a pesquisa supõe que se considere a formação colonial mexicana como o resultado de um processo de adaptações obrigadas pelo sistema mundial. Este processo não pode ser estudado utilizando-se exclusivamente os princípios econômicos clássicos, já que responde sobretudo à existência e aos interesses de um sistema de dominação política. A economia colonial mexicana, sua articulação com a metrópole e por meio desta com o sistema mundial, constitui um exemplo claro de economia administrada, regulada, e não de economia de mercado. (...)

«...a análise do sistema econômico colonial do México é inseparável da análise do sistema político colonial e de sua articulação com a dominação metropolitana. Em outras palavras, o sistema econômico e seu funcionamento total não foram o produto de uma atividade auto-ordenada regida pelas leis da economia formal, mas estiveram determinados e superordenados pelo sistema de poder político. O sistema de poder traduziu e exprimiu as exigências e a dinâmica do sistema econômico mundial, no qual se inseriram primariamente a metrópole e secundariamente a formação colonial».

De acordo com esta postura, o autor começa definindo a forma de vinculação do México colonial com o sistema mundial — através da produção e exportação de prata — para em seguida tratar de demonstrar que ela se exprimia, internamente, pela hegemonia da produção de prata nas articula-

3. Palerm, Angel, "Un modelo marxista para la formación socioeconómica colonial?", México, Centro de Investigaciones Superiores del Instituto Nacional de Antropología e Historia, sem data (1974), mimeografado.
4. Palerm, Angel, "El sistema metrópoli-colonia y la articulación y sucesión de los modos de producción", México, C.I.S.-I.N.A.H., sem data, mimeografado.
5. Palerm, Angel, "Sobre la formación del sistema colonial en México: apuntes para una discusión", México, C.I.S.-I.N.A.H., 1976, mimeografado, p. 6-7.

ções do sistema mexicano. Tal hegemonia não significa que o setor das minas de prata entrasse com a maior parcela na formação do produto interno bruto da Nova Espanha ou consumisse a maior parte da força de trabalho (ambas as coisas ocorriam de fato com o setor agrícola), e sim que tenha sido o princípio organizador e dominante da economia colonial. Como os grandes descobrimentos de jazidas de prata foram feitos fora da área geográfica onde se haviam desenvolvido as altas culturas meso-americanas, em regiões quase despovoadas e numa época em que a população indígena havia caído a níveis muito baixos, foi necessária a organização — estimulada e dirigida pelo Estado — de um rápido povoamento do Norte mexicano por espanhóis, escravos negros, mestiços e índios, da construção de caminhos, da resolução dos problemas de abastecimento de insumos e alimentos, etc., implicando inclusive uma política de preços administrados pelo governo[6]:

«Penso que se pode afirmar, com certa tranqüilidade, que a ação do Estado foi muito poderosa, de fato determinante, no florescimento da produção de prata, considerada e tratada como o ramo prioritário da economia mexicana. Tanto na colonização do Norte, sede da maioria dos centros de mineração, como nos deslocamentos de população, na construção das redes de caminhos, na organização e proteção do transporte, e no abastecimento das minas e instalações de beneficiamento de metais, aparece claramente a mão e a política do Estado, guiando e se combinando com as iniciativas individuais, e com certa freqüência impondo-se a estas».

O resultado desta política deliberada foi o surgimento de estruturas econômico-sociais dominadas pela articulação minas-fazendas-comunidades indígenas, sob a hegemonia das primeiras. Tudo isto, naturalmente, em função dos impulsos provenientes do sistema econômico mundial, que chegavam ao México através do influxo da política metropolitana. Como para Novais e Wallerstein, o sistema colonial é considerado por Palerm ao mesmo tempo como uma criação ou projeção do capitalismo (mercantil) e «como uma das principais forças criadoras do capitalismo (industrial)».[7]

6. *Idem*, p. 25.
7. *Idem*, p. 5.

No conjunto, o quadro traçado por Palerm dá à primeira vista a impressão de um sistema articulado, sólido e lógico. Impressão em parte justificada (mas em parte apenas). O aspecto tão unilateralmente acentuado pelo autor numa perspectiva «voluntarista» — em que a história do México colonial parece ser sobretudo uma conseqüência linear da política econômica do Estado espanhol, por sua vez determinada pelo sistema econômico «capitalista mercantil» — existe e é importante. Poderíamos aceitar, inclusive, que se falasse numa determinação em última instância para designar o mecanismo apresentado por Palerm. Porém reduzir a história da Nova Espanha às conseqüências do mencionado mecanismo organizador é uma super-simplificação totalmente inaceitável.

Em primeiro lugar, a lógica da sua posição conduz o autor a afirmar que as formas das relações de produção e da circulação do produzido — extremamente variadas — que o pesquisador encontra no período colonial mexicano dependiam da diversidade das formas de articulação internas (minas-fazendas, fazendas-comunidades, fazendas-mercado urbano ou de regiões de mineração, etc.) e com o sistema mundial. Mas a sua análise a respeito não é convincente, por repousar basicamente na afirmação da existência de «estratégias empresariais» ligadas às citadas articulações.[8] Não só não aparece comprovada esta hipótese no texto, como um conhecimento, mesmo superficial, da história da Nova Espanha conduz pelo contrário — e como é lógico — a perceber que as «estratégias empresariais» tinham de ser exercidas em função de uma realidade social da colônia que elas sem dúvida contribuíram a criar, mas que dependia de múltiplos fatores: padrões demográficos diferenciais no tempo e no espaço, subsistência parcial de relações de produção e formas de organização provenientes do passado pré-colombiano mesmo se muito transformadas e adaptadas (Palerm, como Gunder Frank, considera que a comunidade indígena colonial foi «estruturada pelo sistema dominante» para assegurar o controle da população e a satisfação do sistema de tributos e serviços: de novo uma visão «voluntarista» e unilateral), o resultado concreto e cambiante das lutas e acomodações entre as classes sociais da colônia e entre a classe dominante colonial e a metropolitana, etc.[9]

8. *Idem*, p. 26-43.

9. O "voluntarismo", ou "ilusão voluntarista", que consiste em acreditar que as estruturas coloniais resultaram simplesmente "das necessidades, desejos e objetivos

Em segundo lugar, num plano mais geral, as conclusões que podemos tirar da abundante bibliografia disponível sobre as diferentes fases da história da Nova Espanha (e em particular sobre a curta crise do século XVII, a expansão seguinte e o sentido das reformas dos Bourbons no caso mexicano) *não* confirmam a interpretação de um México «passivo», que toma forma como formação colonial a partir dos impulsos provenientes do sistema econômico mundial, transmitidos pela metrópole, funciona em função deles, para desaparecer finalmente como tal devido a novas adaptações forçadas pelo mesmo sistema econômico mundial em sua nova fase de fins de século XIX.[10] Longe disto! Eis aqui a síntese de Enrique Florescano e Isabel Gil a respeito dos séculos XVII e XVIII, apoiada na análise da mencionada bibliografia[11]:

«Assim, pois, ao cristalizar-se este (trata-se da concepção do cargo público como instrumento do lucro pessoal, ligada à venda de cargos feita pela Coroa — C.F.S.C.) e outros processos aqui esboçados, a elite colonial começou a autogovernar-se, a impor os interesses de grupos e corporações cada vez mais poderosos sobre os da maioria e mesmo a opor-se aos da metrópole. De fato, a Coroa havia favorecido este processo; mas quando mais tarde quis recuperar o seu poder e diminuir o de grupos e corporações, desencadeou uma

da potência imperial", já havia sido bem criticado: cf. Cortés Conde, Roberto, "Problemas y prioridades en el estudio de la historia económica latinoamericana", in *La historia económica en América Latina*, tomo II, México, Secretaría de Educación Pública, 1972, p. 117-133.

10. Palerm, Angel, "Sobre la formación...", p. 47: "A dissolução do velho sistema colonial do México pode, por conseguinte, ser explicada com o mesmo sistema de hipóteses utilizado para explicar a sua formação. Ou seja, como um processo de novas adaptações ao sistema econômico mundial, dominado agora pelo capitalismo industrial..." Numa formulação mais nuançada, Florestan Fernandes, embora afirmando a primazia das determinações do sistema colonial sobre as estruturas das colônias, levou em conta as contradições colônia-metrópole. Cf. Fernandes, Florestan, "Problemas de conceptualización de las clases sociales en América Latina", *in* Raúl Benítez Zenteno (compilador), *Las clases sociales en América Latina*, México, Siglo XXI, 1973, p. 204: "É verdade que as ambigüidades de um tipo de colônia de exploração que incluía alguns traços de colônia de povoamento e o constante incremento demográfico dos colonos..., traziam fortes pressões no sentido de eliminar barreiras sócio-econômicas e de forma de vida, pelo menos nos setores ricos e privilegiados da população colonial. Enquanto esteve em condições de sobreviver, o sistema colonial resistiu seletivamente a tais pressões, absorvendo algumas e eliminando outras, e preservou assim a sua estrutura e os seus dinamismos (o que significa, em outras palavras, que se transformou continuamente ao longo de três séculos, mas resguardando e fortalecendo as funções que davam primazia à superposição da colônia de exploração sobre o crescimento demográfico)".
11. Florescano, Enrique, e Isabel Gil Sánchez, "La época de las reformas borbónicas y el crecimiento económico, 1750-1808", *in* Alejandra Moreno Toscano et alii, *Historia general de México*, tomo 2, México, El Colegio de México, 1976, p. 199. A bibliografia de que falamos compreende principalmente os numerosos trabalhos de Israel, D. Brading, C. Morin, e do próprio Florescano.

crise política de tal magnitude que acabou com o seu império americano».

Na nossa opinião, muito mais convincentes do que o esquema de Palerm são as sínteses que partem da concepção do México colonial como uma formação econômico-social ordenada em torno de um modo de produção dominante. Uma delas é a de René Barbosa-Ramírez, que mostra a formação de uma «estrutura complexa», que «conhece não apenas as contradições nascidas do pacto colonial, já que logo se geram as contradições nascidas no seu interior, produto da forma de existência da estrutura, na qual as relações feudais básicas dominam outras formas de produção e relações de propriedade subordinadas ou em processo de aparecimento».[12] Outra é a de Enrique Semo, que apresenta a Nova Espanha como um sistema econômico «heterogêneo (pluriparticular)» no qual coexiste o «despotismo tributário» com o «feudalismo» e um «capitalismo embrionário». O que unifica tal sistema é que uma mesma classe dominante «se apropria do produto excedente de ambas as estruturas e o utiliza de acordo com as possibilidades e valores vigentes no império espanhol considerado como um todo». As duas estruturas mencionadas por Semo são a despótico-tributária («República dos índios») e a feudal-capitalista («República dos espanhóis»).[13] Embora tenhamos críticas a estas duas sínteses[14], achamos que o seu poder explicativo é muito superior — principalmente no caso do livro de Semo — à de Palerm, e que suportam melhor o confronto com a *totalidade* do que conhecemos sobre a evolução das estruturas econômico-sociais do México colonial, e inclusive das relações deste com o mercado mundial e com a metrópole.

As idéias de Fernando Novais são semelhantes, em algumas das suas premissas centrais, às que informam a explicação de Palerm para o caso mexicano, mas há diferenças consideráveis entre os dois escritos. Enquanto Palerm não se detém na definição ou descrição do sistema colonial, declarando somente a respeito que reconhece uma dívida me-

12. Barbosa-Ramírez, René, *La estructura económica de la Nueva España, 1519-1810*, México, Siglo XXI, 1971, p. 250 e *passim*.
13. Semo, Enrique, "Feudalismo y capitalismo en la Nueva España (1521-1765)", in *Comercio Exterior* (México), XXII, n. 5, maio de 1972, p. 449-454; do mesmo autor: *Historia del capitalismo en México. Los orígenes/1521-1763*, México, Editorial Era, 1973.
14. Cardoso, C. F. S., "Los modos de producción...", *cit.*

todológica para com os trabalhos de A. Gunder Frank, Samir Amin, P. Philippe Rey e I. Wallerstein (p. 4-5), no trabalho de Novais encontramos uma apresentação bastante extensa das características do «antigo sistema colonial». Por outro lado, Palerm insiste no papel do Estado com ênfase que não se constata no outro autor, que focaliza mais os aspectos econômicos e particularmente os mecanismos do pacto colonial.[15]

Novais define o «antigo sistema colonial» como o sistema colonial do mercantilismo, o conjunto das relações entre metrópoles e colônias na época do «capitalismo comercial», ou o conjunto de mecanismos integradores e articuladores das áreas coloniais com as economias européias, funcionando como «realidade subjacente e imanente no processo concreto da colonização», do qual foi o determinante estrutural. A sua finalidade ou sentido residiria em propiciar a dinamização da vida econômica das metrópoles através das atividades coloniais, ou, em outras palavras, em constituir-se num instrumento a serviço da acumulação primitiva de capital.

O mecanismo que possibilitava o cumprimento dessa função ou sentido era o pacto colonial, ou seja, o exclusivo ou monopólio comercial, gerador de superlucros. A burguesia comercial metropolitana podia apropriar-se do excedente (sobreproduto) gerado pelas economias coloniais — simples anexos complementares da Europa — devido a que o seu monopólio lhe permitia vender o mais caro possível as mercadorias européias na América e, pelo contrário, comprar pelos mínimos preços possíveis a produção colonial. Os limites estariam definidos no primeiro caso pelo fato de que, além de certo nível de preços, o consumo de produtos europeus sofreria uma interrupção, e no segundo, porque os preços pagos pela produção colonial não poderiam baixar até o ponto de ficar impedida a continuidade do próprio processo produtivo nas colônias.

O funcionamento do sistema exigia, para ser possível, formas tais de exploração do trabalho que permitissem a concentração da renda nas mãos da classe dominante colonial. Mesmo sendo a maior parte do excedente transferida para as zonas metropolitanas, a parte restante se concentrava,

15. Novais, Fernando, *Estrutura e dinâmica do Antigo Sistema Colonial (Séculos XVI-XVIII)*, Cadernos CEBRAP, n. 17, São Paulo, Editora Brasiliense-Centro Brasileiro de Análise e Planejamento, 1977 (3ª ed.).

garantindo assim a continuidade do processo produtivo e da importação de artigos europeus. Desta maneira, a adequação das economias coloniais ao seu centro dinâmico em última instância — o «capitalismo mercantil» europeu — impunha, na América, formas não livres de trabalho.[16]

A grande contradição presente nas economias coloniais consistia em que, por um lado, surgiram como setores produtivos altamente especializados, enquadrados no processo de ampliação da economia mercantil, vinculados às grandes rotas do comércio mundial; mas por outro lado, internamente, as próprias maneiras de produzir impostas pela lógica do sistema implicavam um mercado muito reduzido.[17] As áreas coloniais estavam na dependência de impulsos provenientes do centro econômico dominante, e não podiam auto-estimular-se.

Finalmente, ao funcionar em forma plena, o sistema colonial mercantilista ia criando, pela sua própria dinâmica, as condições da sua crise e superação. Funcional na era do «capitalismo comercial», contribuindo decisivamente para a criação dos pré-requisitos da revolução industrial, tornar-se-ia um anacronismo a ser superado sob o capitalismo industrial de fins do século XVIII.

Até aqui o resumo das principais idéias do texto de Novais. O trabalho apresenta um quadro claro, lógico e coerente do funcionamento do sistema colonial mercantilista, especialmente satisfatório, na nossa opinião, ao apresentar o «exclusivo» colonial (p. 13-23).

As críticas mais gerais que faríamos ao texto teriam a ver, em parte, com carências que o próprio autor assinala na

16. Cf. também Carmagnani, Marcello, *Formación y crisis de un sistema feudal. América Latina del siglo XVI a nuestros días*, trad. de Félix Blanco, México, Siglo XXI, 1976, p. 32-44. Carmagnani exprime de outra maneira uma idéia semelhante: as mercadorias coloniais tinham um alto valor em horas de trabalho, mas um baixo custo monetário (já que eram produzidas com mão-de-obra escrava ou servil e mediante a exploração de recursos naturais obtidos gratuitamente na maioria dos casos), inferior ao das mercadorias européias.

17. Este é um aspecto que tem sido muito exagerado. Em primeiro lugar, nas colônias escravistas as atividades autônomas de subsistência dos escravos geravam muitas vezes um excedente que alimentava circuitos mercantis consideráveis, inclusive em termos de importação-exportação: este aspecto, bem conhecido nas Antilhas (ver Mintz, Sidney, *Caribbean Transformations*, Chicago, Aldine, 1974, parte II), tem sido minimizado no Brasil (veja-se, porém, Schwartz, Stuart B., "Resistance and Accomodation in Eighteenth-Century Brazil: The Slaves' View of Slavery", in *Hispanic American Historical Review*, vol. 57, n. 1, 1977, p. 69-81). Em segundo lugar, em certas partes da América Espanhola — em especial nas regiões de mineração da prata — a existência de quantidades consideráveis de trabalhadores remunerados em dinheiro criou um mercado interno importante, o que levou, por exemplo, na região mexicana do Bajío, ao surgimento de numerosas manufaturas (*obrajes*), além de uma abundante importação de tecidos europeus (cf. Brading, David A., "Iberian Mercantilism and Economic Growth in Eighteenth Century Latin America", Paris, Congresso Internacional de Americanistas, 1976, comunicação mimeografada de próxima publicação em volume coletivo da editora Fondo de Cultura Económica, do México).

sua «Nota explicativa» (p. 3-4): falta de abordagem teórica da noção polêmica de «capitalismo comercial», necessidade de maior profundidade na caracterização das formas de produzir existentes nas colônias, insuficiência dos dados apresentados sobre todas as colonizações além da portuguesa (o que leva a certas generalizações duvidosas). Também apontaríamos deficiências bibliográficas de peso. Na época em que o trabalho foi publicado, o autor não teria ainda acesso, por exemplo, à crítica demolidora de Seymour Drescher contra uma parte das teses de Eric Williams, mas sim a críticas mais antigas e gerais a esse modelo explicativo e a outros de tipo análogo. Os textos utilizados por Novais são na sua maioria bastante antigos, e não aparecem livros e artigos altamente pertinentes aos temas discutidos: em especial, a abundante literatura da década dos sessenta sobre o escravismo, com os seus estudos de casos e análises comparativas, está mal representada; as formas não-escravistas de exploração do trabalho na América simplesmente não foram estudadas em bibliografia específica, o que talvez explique algumas afirmações inexatas. [18]

Porém o que mais nos interessa agora é o fato central de que, como o México de Palerm, a América colonial de Novais tem estruturas que parecem ser meras conseqüências ou projeções de um processo cuja lógica profunda lhe é exterior. Não se trata apenas de afirmar que os impulsos provenientes do «antigo sistema colonial» fornecem, em última análise, elementos predominantes na explicação, por exemplo, das formas das relações de produção nas colônias americanas: com isto estaríamos de acordo. Trata-se de generalizações imprecisas, que dão até a impressão de que seria um tanto indiferente estudar a fundo as mencionadas formas [19]:

«A *escravidão* foi o regime de trabalho preponderante na colonização do Novo Mundo; o *tráfico negreiro,* que a alimentou, um dos setores mais rentáveis do comércio colonial.

18. Por exemplo, ver: Drescher, Seymour, "Le 'déclin' du système esclavagiste britannique et l'abolition de la traité", trad. de C. Carlier, in *Annales. E.S.C.*, março-abril de 1976, p. 414-435; para uma boa bibliografia de conjunto sobre os trabalhos relativos à escravidão americana, ver Foner, Laura, e Eugene Genovese, *Slavery in the New World*, Englewood Cliffs, Nova Jersey 1969, p. 262-268; uma crítica de Williams e outros autores se encontra em Genovese, Eugene, *In Red and Black*, Nova Iorque, Pantheon Books, 1971; entre as sínteses recentes sobre as formas de trabalho indígena, ver Villamarin, Juan e Judith, *Indian Labor in Mainland Colonial Spanish America*, Newark (Delaware), Kenneth Ackerman, 1975, e Konetzke, Richard, *América Latina*, II. *La época colonial*, trad. de Pedro Scaron, Madri, Siglo XXI, 1971, cap. 5.

19. Novais, F. *op. cit.*, p. 27-28.

Se à escravidão africana acrescermos as várias formas de trabalho compulsório, servil e semi-servil, — 'encomienda', 'mita', 'indenture', etc., — resulta que estreitíssima era a faixa que restava, no conjunto do mundo colonial, ao trabalho livre. A colonização do Antigo Regime foi, pois, o universo paradisíaco do trabalho não-livre, o eldorado enriquecedor da Europa».

Mesmo se deixarmos de lado a séria inexatidão de considerar a escravidão como «o regime de trabalho preponderante na colonização no Novo Mundo», ainda restam grandes problemas. Que sentido pode ter, se o interesse central — como ocorre no nosso caso — estiver constituído pela história da América Latina ou das Antilhas, uma generalização baseada numa expressão como «trabalho forçado», a qual confunde formas de exploração da força de trabalho completamente diferentes no seu funcionamento e nas suas conseqüências econômico-sociais para as sociedades coloniais americanas? Como explicar as profundas *diferenças* atuais entre as estruturas internas de diversos países latino-americanos e antilhanos, partindo de um modelo genérico e de termos tão vagos quanto «trabalho forçado, servil e semi-servil», e não do estudo adequado dos contrastes existentes entre as estruturas e processos internos presentes em diferentes regiões da América colonial, cuja dinâmica, embora dependesse sem dúvida, em última instância, de impulsos e estímulos provenientes da área metropolitana, em nenhum caso se *reduzia* a tais impulsos e estímulos? A escravidão, a «mita», e quaisquer outras formas de exploração da força de trabalho, não se tornam compreensíveis a partir duma análise unilateral desse tipo. Por exemplo, a sua configuração dependeu muito das modalidades e da densidade do povoamento pré-colombiano por áreas, quando não do aproveitamento e adaptação pelos espanhóis de formas indígenas de exploração: «mita», «cuatéquitl», «yanaconazgo», etc. [20] Estou convencido de que Novais não ignora isto; mas a sua exposição certamente não concede a estes e outros elementos ligados à análise *interna* das sociedades americanas a importância que merecem. E uma afirmação tão surpreendente — e, segundo acreditamos, equivocada — quanto a de que, «pa-

20. Cf. Zavala, Sílvio, "Indigènes et colonisateurs dans l'histoire d'Amérique", trad. de Juliette Monbeig, in *Six études historiques (de la découverte à la veille de l'indépendance)*, Paris, Institut des hautes études de l'Amérique Latine, 1964, p. 7-25.

radoxalmente, é a partir do tráfico negreiro que se pode entender a escravidão africana colonial, e não o contrário» (p. 32), mereceria alguma tentativa de comprovação documental ou bibliográfica, o que, porém, não foi feito (de fato, duvidamos que seja possível fazê-lo convincentemente).

Por outro lado, o texto que examinamos exagera muito o peso do comércio colonial em geral, e do tráfico de escravos em particular, na história do capitalismo. Embora o autor afirme (p. 36) que o funcionamento do sistema colonial não foi o único instrumento da acumulação primitiva, já que existiram fatores internos do desenvolvimento capitalista na Europa, não deixa de opinar que aquele constituiu «a principal alavanca na gestação do capitalismo moderno» (p. 12). Esta posição, muito semelhante à de Eric Williams, não nos parece exata. [21]

A acumulação primitiva aparece em Marx [22] como uma vasta explicação histórica que distingue três mecanismos principais: 1) a pilhagem colonial e a acumulação de capital mercantil; 2) a política dos Estados mercantilistas (protecionismo, leis contra a vagabundagem, sistema de impostos, etc.) e a dívida pública; 3) a expropriação dos pequenos proprietários de meios de produção, camponeses e artesãos. O modelo explicativo especifica a necessária simultaneidade de tais mecanismos, já que tomados isoladamente apareceram em diferentes períodos históricos, e o fato de terem agido quando já se davam outras condições necessárias à eclosão do capitalismo, relativas às forças produtivas, ao surgimento da burguesia, à formação do Estado moderno, etc. [23] O fato de privilegiar o aspecto colonial da acumulação primitiva, freqüente em trabalhos atuais, é estranho a Marx: de fato, ele insiste muito mais nos outros elementos do seu modelo explicativo. As pesquisas atuais sobre a formação de capital na revolução industrial, criticando teses como as de Eric Williams, A. P. Wadsworth e H. Hamilton, baseadas em escassíssimos dados

21. Williams, Eric, *Capitalismo e Escravidão*, Rio de Janeiro, Companhia Editora Americana, 1975 (o original em inglês foi publicado em 1944).
22. A parte pertinente do tomo I d'*O Capital* foi publicada em português num volume separado: Marx, Karl, *A Origem do Capital. A Acumulação Primitiva*, São Paulo, Editora Fulgor, 1964.
23. Embora não nos interesse aqui entrar na discussão correspondente, não aceitamos a noção de capitalismo "comercial" ou "mercantil", e achamos que o capitalismo como modo de produção dominante não aparece antes da etapa final dos Tempos Modernos. Contra a noção de "capitalismo mercantil", ver sobretudo: Ciafardini, Horacio, "Capital, comercio y capitalismo: a propósito del llamado 'capitalismo comercial'", in *Cuadernos de Pasado y Presente*, n. 40, p. 111-134.

comprobatórios, mostram que o papel dos capitais acumulados na esfera colonial foi muito pequeno no financiamento da industrialização inglesa. Evidentemente, o peso do sistema colonial no advento do capitalismo não se limita a isto, como aponta François Crouzet ao falar dos «efeitos indiretos» do comércio colonial — e o próprio Novais, ao expor muito bem as formas de complementaridade metrópole/colônia —, mas convém refletir a respeito e tratar de determinar o peso específico de cada aspecto do processo de acumulação primitiva, bem como de perceber as vinculações entre tais aspectos. [24]

Por fim, mencionemos que uma das coisas que nos parecem inadequadas no esquema de Novais é uma forte dose de teleologia. [25] A história não aparece no seu texto como um processo «histórico-natural»: temos a impressão de que o «antigo sistema colonial» funciona ali como uma enteléquia, uma entidade que organiza, determina, decide, em função do capitalismo industrial que virá. Mas o «sentido» da história é sempre uma reconstrução *a posteriori*, feita a partir do conhecimento *post facto* de quais potencialidades e interesses de classe em disputa se impuseram — já que em cada momento da história há sempre diversas evoluções *possíveis;* mas em nenhum caso pode tratar-se de um princípio modelador *a priori* dos processos, explicando-os a partir de um resultado futuro. Dizer que o sentido do sistema colonial mercantilista foi preparar o advento do capitalismo industrial contemporâneo não explica a racionalidade daquele sistema para os homens que o viveram.

Falaremos agora do «sistema econômico mundial» de Immanuel Wallerstein. Segundo este autor, foi a fins do século XV e princípios do seguinte que se constituiu uma «economia mundial européia». Ele a define como uma novidade, um sistema social desconhecido na história anterior. Trata-se de um sistema «mundial» pelo fato de ser mais amplo do que qualquer unidade política (de fato abarcava várias delas), e «econômico» porque o que vincula as suas partes constitutivas são laços sobretudo de tipo econômico. Wallerstein afir-

24. Cf. Crouzet, François, "Capital Formation in Great Britain During the Industrial Revolution", *in* F. Crouzet (compilador), *Capital Formation in the Industrial Revolution*, Londres, Methuen, 1972, p. 175-177 (uma versão anterior do artigo de F. Crouzet apareceu em francês em 1965).
25. Coisa já notada por Gorender, Jacob, *O Escravismo Colonial*, São Paulo, Editora Ática, 1978, p. 121-122, 507-508.

ma que o mencionado sistema econômico mundial estava baseado no modo de produção capitalista, que ele vê como já dominante e até *único* dentro do sistema, pois os demais modos de produção (pré-capitalistas) só puderam sobreviver em função da sua adaptação à nova situação criada pelo capitalismo, ou melhor, na etapa inicial por diversos capitalismos europeus, cada um com os seus próprios circuitos e a sua área de influência. O segredo da solidariedade do sistema consistia no fenômeno do desenvolvimento desigual, implicado pela própria expansão capitalista: devido a isto, constituiu-se uma divisão do trabalho produtivo em escala mundial, gerando diversas formas capitalistas de produção, não todas baseadas no trabalho livre (de fato, só o era a do centro do sistema, situada na Europa ocidental), mas todas possuindo grupos dominantes cujas «motivações» eram igualmente capitalistas. O autor justifica assim a existência de relações de produção diferentes dentro do sistema econômico mundial[26]:

«Por que diferentes modos de organização do trabalho — escravidão, 'feudalismo', trabalho assalariado, trabalho por conta própria — no mesmo momento temporal dentro da economia mundial? Porque cada modo de controle do trabalho se adapta melhor a tipos particulares de produção. E por que estes modos se concentravam em diferentes zonas da economia mundial — escravidão e 'feudalismo' na periferia, o trabalho assalariado e o trabalho por conta própria no núcleo e, como veremos, a parceria na semiperiferia? Porque os modos de controle do trabalho afetam muito o sistema político (em particular a força do aparelho de Estado) e as possibilidades de engendramento de uma burguesia autóctone. A economia mundial estava baseada precisamente na constatação de que de fato existiam estas três zonas, as quais tinham de fato diferentes modos de controle do trabalho. Se não fosse assim não teria sido possível assegurar o tipo de fluxo do excedente que possibilitou o surgimento do sistema capitalista».

Wallerstein é consciente de que o feudalismo medieval persiste com forma de exploração no seu «núcleo» europeu no período que estuda: mas minimiza a sua incidência (tratar-

26. Wallerstein, Immanuel, *The Modern World-System. Capitalist Agriculture and the Origins of the European World-Economy in the Sixteenth Century*, Nova Iorque, Academic Press, 1974, p. 87.

se-ia do sistema de exploração empregado principalmente por pequenos proprietários de terras). Quanto ao «feudalismo» da Europa Oriental e da América Espanhola, ele aponta as diferenças seguintes que apresenta com o feudalismo medieval: 1) os senhores não produzem agora primariamente para a economia local, e sim para uma economia mundial capitalista; 2) tais senhores não derivam o seu poder da fraqueza da autoridade central, como na Idade Média, e sim da sua força, pelo menos da força que exerce sobre os trabalhadores rurais. Por conseguinte, recusa chamar «feudalismo» tais relações de produção modernas, preferindo inventar a expressão «trabalho forçado em cultivos comerciais» (*coerced cash-crop labor*). Quanto aos trabalhadores, a diferença consistiria em que, ao contrário do servo medieval, os escravos e «servos» dos Tempos Modernos deviam destinar, não uma parte, e sim uma maioria do excedente a um mercado que já é mundial. Também é diferente a maneira em que as classes dominantes gastavam os lucros: agora se nota uma tendência ao reinvestimento e à maximização dos lucros. Seja como for, só a totalidade pode servir como quadro para a definição das relações de produção [27]:

«A questão é que as 'relações de produção' que definem um sistema são as 'relações de produção' do sistema inteiro, e nessa época o sistema é a economia mundial européia. O trabalho livre é sem dúvida um elemento que serve para definir o capitalismo, mas não o trabalho livre na totalidade das empresas produtivas. O trabalho livre é a forma de controle do trabalho usada para as tarefas especializadas nos países nucleares, enquanto o trabalho forçado se usa para tarefas menos especializadas em áreas periféricas. A combinação resultante é a essência do capitalismo. Quando o trabalho for livre em todos os lugares, teremos o socialismo».

As conseqüências metodológicas de um tal esquema são claras e o autor as expõe nas suas conclusões (p. 347-357). Um sistema social se caracteriza pelo fato de que a dinâmica do seu desenvolvimento é basicamente interna. Assim, muitas entidades que se costuma apresentar como sistemas sociais (tribos, nações-Estados, etc.) *não o são:* os únicos sistemas

27. *Idem*, p. 127.

sociais *reais* são as comunidades autônomas de subsistência, por um lado, e os sistemas mundiais, caracterizados pela divisão do trabalho em seu interior e por conterem múltiplas culturas, por outro lado.

Estamos de acordo com alguns aspectos do esquema de Wallerstein. Existiu, de fato, algo que podemos chamar de «sistema econômico europeu», cujo centro dinâmico se localizava na Europa ocidental; tal sistema tendeu a tornar-se crescentemente «mundial»; e sem dúvida constituiu algo sem precedentes na história humana anterior.

Começamos a separar-nos da sua opinião quando ele caracteriza tal sistema econômico como capitalista, e o capitalismo como modo de produção dominante — senão único — desde fins do século XV e princípios do XVI. Wallerstein vê o que chama capitalismo principalmente a partir das motivações dos empresários e do mercado, não da esfera da produção. Quanto a esta última, as suas afirmações são muito esquemáticas, estáticas e às vezes falsas historicamente. Se entendemos o capitalismo como um modo de produção no sentido exato da palavra, ou seja, como uma articulação historicamente dada entre determinado nível e forma de desenvolvimento das forças produtivas, e as relações de produção correspondentes [28], não é possível pretender, por exemplo, que na Europa Ocidental predominassem relações de produção tipicamente capitalistas no século XVI. Uma coisa é a abolição da servidão jurídica, outra muito diferente o fato indubitável de que os camponeses dependentes obrigados a prestações diversas em favor dos proprietários eminentes do solo tenham permanecido como elemento dominante das relações de produção no Oeste europeu durante vários séculos depois do fim da Idade Média. O que realmente temos nos Tempos Modernos é o processo histórico que a longo prazo — e não antes do século XVIII — desembocou no modo de

28. Cf. Marx, Karl, *El Capital,* tomo III, trad. de Wenceslao Roces, México, Fondo de Cultura Económica, 1968, p. 744: "A análise científica do modo de produção capitalista demonstra que este modo é de natureza particular e responde a condições históricas específicas; da mesma maneira que qualquer outro modo de produção, pressupõe como condição histórica uma determinada fase das forças produtivas sociais e das suas formas de desenvolvimento: condição que, por sua vez, é resultado e produto histórico dum processo anterior do qual parte o novo modo de produção como de sua base dada; que as relações de produção que correspondem a este modo de produção específico, historicamente determinado — relações que os homens contraem no seu processo social de vida, na criação da sua vida social —, apresentam um caráter específico, histórico e transitório; e, finalmente, que as relações de distribuição são essencialmente idênticas a estas relações de produção, o reverso delas, pois ambas apresentam o mesmo caráter histórico transitório".

produção capitalista totalmente desenvolvido (ou seja, provido das suas forças produtivas específicas e das relações de produção correspondentes) e apto a tornar-se dominante.

Por outro lado, é falso que as transferências de «excedente» ao núcleo da periferia e da semiperiferia tenham sido o fator central no surgimento do capitalismo, tema ao qual voltaremos nas conclusões.

Não ficam suficientemente esclarecidos no texto de Wallerstein os mecanismos concretos através dos quais o sistema econômico mundial determina no seu interior as modalidades de exploração do trabalho nas diferentes áreas (núcleo, semiperiferia, periferia). Poderíamos, a este respeito, repetir as mesmas observações já feitas quanto a estes aspectos tal como aparecem no texto de Fernando Novais.

Mas o que mais nos preocupa são as conseqüências que o autor tira da sua análise no nível metodológico. Afirmar que os únicos sistemas sociais *reais* são aqueles que contêm no seu interior o essencial da dinâmica do seu desenvolvimento poderia ser entendido no sentido de que o *único* objeto de estudo, ou universo de análise legítimo, seria, nos Tempos Modernos, o «sistema econômico mundial europeu». Em nossa opinião, existe um equívoco central neste tipo de postura, por certo muito comum na América Latina, e cujo perigo consiste em servir de álibi ao «ensaísmo» globalizante não baseado em pesquisas de primeira mão — já que de fato é quase humanamente impossível realizar este tipo de pesquisas tomando como objeto totalidades tão vastas como o conjunto da economia ocidental... Alguns sistemas (totalidades estruturadas) são compostos por elementos parciais cujo estudo deixa de ter sentido se os separarmos da totalidade na qual se inserem. Mas a coisa muda quando um sistema é uma «estrutura de estruturas»: neste caso é perfeitamente legítimo e possível abordar a análise das estruturas parciais, com a condição de não perder de vista as determinações globais. Witold Kula mostrou que a superação do feudalismo polonês por ele estudado para os séculos XVI a XVIII dependeu fundamentalmente de fatores exógenos à Polônia e ligados à revolução industrial na Europa Ocidental. Isto demonstra que a consideração de um sistema econômico mundial pode ter grande utilidade. Mas demonstrará também que a Polônia moderna não é uma formação econômico-social bem definida, um universo de análise válido, ao qual seja aplicável um conceito como o de modo de produção, ou que não tenha sentido proceder à construção de um modelo do feudalismo polonês como o de Kula? Achamos que não, e que a mesma linha de raciocínio se aplica ao estudo das estruturas internas do mundo colonial americano.[29]

E agora tratemos de concluir.

Acreditamos que, nas suas múltiplas variantes, a tendência cuja análise abordamos neste pequeno trabalho através de três exemplos nasceu de certos movimentos de idéias de nosso século, relacionados entre si, e cujos elementos são incorporados em proporções diversas pelos diferentes autores. Note-se que a referência a tais movimentos pode ou não estar explícita, sem que isto mude muito as coisas, já que se trata de idéias que estão «no ar», por assim dizer, e podem ser assimiladas de segunda ou terceira mão, tendo perdido no caminho o vínculo com as fontes iniciais da sua formulação. Estas três correntes de idéias são:

1) as concepções de Rosa Luxemburgo acerca da necessidade da existência de setores coloniais — internos e/ou externos — para que o capitalismo possa desenvolver-se, e do caráter pré-capitalista de tais setores;

2) as teorias ligadas à transferência de «excedente» da periferia ao centro do mundo capitalista, devidas sobretudo às formulações de Paul Baran e Paul Sweezy, e vulgarizadas por A. Gunder Frank;

3) as explicações da relação centro/periferia a partir dos vínculos de dependência comercial e das tendências da economia internacional: no princípio o instrumento analítico principal foi a «deterioração dos termos do intercâmbio», freqüente nas análises da Comissão Econômica para a América Latina (CEPAL); posteriormente se desenvolveu uma tentativa de explicação marxista com base nas teorias do «intercâmbio desigual» e da «superexploração» da força de trabalho nas regiões periféricas, apresentadas por A. Emmanuel, Samir Amin, R. Mauro Marini e outros.

29. Kula, Witold, *Théorie économique du système féodal*, trad. do polonês, Paris-La Haye, Mouton, 1970. Para uma resenha favorável da obra de Wallerstein, que trata justamente de uma aplicação ao caso americano (às Antilhas) e contém nas notas várias críticas que fizemos em correspondência com o autor da mencionada resenha, ver: Mintz, Sidney W., "The So-Called World System: Local Initiative and Local Response", in *Dialectical Anthropology* (Amsterdam), 2, 1977, p. 253-270.

Estas três correntes surgiram primariamente como tentativas de explicação de realidades do século XX, e às vezes como contribuições à teoria marxista do imperialismo; mas o esquema resultante foi estendido também ao período da formação do capitalismo e ao sistema colonial mercantilista. Em certos casos — como o de Gunder Frank —, o quadro proposto assume a forma de um modelo a-histórico multissecular, com leis e características constantes desde o século XVI até a atualidade.

Rosa Luxemburgo propôs a hipótese de que a realização da mais-valia capitalista se faz por meio, seja de grupos sociais internos à sociedade capitalista (como os artesãos e os camponeses), seja de sociedades diferentes, que não produzem em forma capitalista [30]:

«O capitalismo vem ao mundo e se desenvolve historicamente num meio social não-capitalista. Nos países europeus ocidentais, rodeia-o em primeiro lugar o meio feudal de cujo seio surge... depois, desaparecido o feudalismo, um meio no qual predomina a agricultura camponesa e o artesanato, ou seja, a produção simples de mercadorias... Além disto, cerca o capitalismo europeu uma enorme zona de culturas não-européias, que oferece toda a gama dos graus de evolução, desde as hordas primitivas de caçadores nômades até a produção camponesa e artesanal de mercadorias. Em meio a este ambiente abre caminho... o processo de acumulação capitalista... O capitalismo necessita, para a sua existência e o seu desenvolvimento, estar rodeado de formas de produção não-capitalistas».

As idéias desta autora, bastante frágeis teoricamente, derivam a sua força do fato de constituírem uma tentativa no sentido de resolver problemas realmente presentes na teoria marxista, e do uso às vezes brilhante de argumentos tirados da análise histórica. [31]

A primeira edição em inglês de *A Economia Política do Desenvolvimento*, de P. Baran, é de 1956. Desde então, tiveram enorme influência o conceito de «excedente» que aí propõe e as suas análises relativas à extração de «excedente

30. Luxemburgo, Rosa, *La acumulación del capital*, México, Grijalbo, 1967 (ed. original: 1913), p. 283.
31. Cf. Valier, Jacques, "La teoría del imperialismo de Rosa Luxemburgo", in *Cuadernos de Pasado y Presente* (Buenos Aires, Siglo XXI), n. 10, maio de 1969, p. 65-89.

econômico» dos países dependentes pelo capital estrangeiro (através das empresas estrangeiras situadas nos países subdesenvolvidos, as quais além disso têm numerosos outros efeitos negativos). As formulações que elaborou com Paul Sweezy foram continuadas pela equipe reunida ao redor da *Monthly Review*, da qual sairia Gunder Frank.

Ocorre, porém, que este conceito de «excedente econômico» é bastante ambíguo e impreciso; nas suas três variantes (excedente econômico efetivo, potencial e planificado), carece de suficiente especificidade histórica. Aliás, é o próprio Baran quem declara o seguinte:

«A fim de facilitar o mais possível a discussão, falaremos, inicialmente, em termos de estática comparativa, isto é, ignoraremos os caminhos pelos quais se efetua a transição de uma situação econômica para outra e consideraremos estas situações *ex post*. Assim procedendo podemos distinguir três variantes do conceito de excedente econômico». [32]

A continuação do texto na verdade não corrige o bastante esta opção inicial, e as ambigüidades do conceito não ficaram resolvidas com a revisão de Charles Bettelheim. [33] Os problemas parecem ser principalmente dois:

1) apesar do esforço de Baran neste sentido, não é clara a relação entre a noção de excedente e a de mais-valia, sobretudo quando a análise se refere a sociedades com níveis de desenvolvimento social diversos, ou a períodos longos [34]; 2) toda a elaboração a respeito do excedente econômico se faz na esfera da circulação, da extração ou expropriação/apropriação do mencionado excedente, e não em função do processo de produção: pela mesma razão, a questão da exploração classista, da estrutura e das lutas de classes, é escamoteada. [35]

Num artigo publicado em 1949, Raul Prebisch propôs um modelo explicativo a respeito do papel desempenhado pelo

32. Baran, Paul, *A Economia Política do Desenvolvimento*, trad. de S. Ferreira da Cunha, Rio de Janeiro, Zahar Editores, 1964 (2ª ed.), p. 74.
33. Bettelheim, Charles, *Planification et croissance accélérée*, Paris, Maspéro, 1964, capítulo 5.
34. Dale Tomich mostra que este é justamente o problema apresentado pelo conceito de "excedente" tal como é usado por Wallerstein: Tomich, Dale W., "Some Further Reflections on Class and Class-Conflict in the World-Economy", State University of New York at Binghamton, 1976, mimeografado.
35. Cf. Ingrosso, Marco, *Modelos socioeconómicos de interpretación de la realidad latinoamericana*, trad. de J. Jordá, Barcelona, Editorial Anagrama, 1973, p. 69-77.

comércio internacional no desenvolvimento da América Latina, sublinhando o mecanismo da deterioração dos termos do intercâmbio em detrimento dos países produtores de matérias-primas, desde a época da transferência do centro hegemônico mundial do capitalismo para os Estados Unidos. Paralelamente, e também mais tarde, diversos economistas — Nurske, Myrdal, Lewis, etc. — coincidiram em perceber certas tendências do comércio internacional que prejudicavam os países atrasados. A partir da década dos sessenta, deu-se um esforço no sentido de conferir estatuto marxista a esta problemática, através das noções de «intercâmbio desigual» e de «superexploração» da mão-de-obra. As dificuldades, também neste caso, são do mesmo tipo das que se ligam à tendência que parte de Baran e Sweezy. [36]

Em suma, as dúvidas e problemas que desperta a tendência que analisamos aqui derivam-se centralmente da identificação do capitalismo com as relações mercantis, examinando nesta perspectiva as relações entre as áreas periféricas e o centro capitalista — ou entre as zonas coloniais e as metrópoles —, com o resultado de fazer abstração da estrutura e das lutas de classes — conseqüência lógica da maneira de recortar o universo de análise privilegiando a rede de relações e não as estruturas internas (no caso que nos interessa, as metropolitanas e sobretudo as coloniais).

Roger Bartra sintetiza bem o problema:

«O beco sem saída no qual penetra este tipo de explicações consiste em que analisa as relações entre países desenvolvidos e subdesenvolvidos como relações de circulação e mercado que determinam tanto a riqueza dos primeiros quanto a miséria dos segundos; assim, na Europa se desenvolve o capitalismo graças à sucção mercantil ao Terceiro Mundo...

«O grave erro consiste em estudar a circulação e o mercado como se não fossem expressão de relações de produção». [37]

Ora, o modelo que apresenta o desenvolvimento econômico como uma conseqüência do auge comercial baseado na divisão internacional do trabalho, na especialização, etc., é

36. Sobre estas questões ver principalmente: Pérez Brignoli, Héctor, "En torno a un reciente debate: el intercambio desigual", in *Estudios Sociales Centroamericanos* (São José, Costa Rica), n. 1, janeiro-abril de 1972, p. 117-154.
37. Bartra, Roger, "Sobre la articulación de modos de producción en América Latina", in *Historia y Sociedad*, n. 5, p. 10-11.

muito mais típico de Adam Smith do que de Marx. Isto foi apontado por Robert Brenner, que afirma:

«Nem o desenvolvimento no centro nem o subdesenvolvimento na periferia foram determinados pela transferência do excedente. O desenvolvimento econômico foi um processo qualitativo, que não implica unicamente uma acumulação de riqueza em geral, mas esteve concentrado no desenvolvimento da produtividade do trabalho dos produtores diretos dos meios de produção e de subsistência. Este desenvolvimento da produtividade do trabalho... dependeu do advento de um sistema social que tendeu não só a equipar os produtores diretos com capital e especialização no mais alto nível técnico existente, como também forneceu a capacidade para continuar a fazer isto numa escala crescente». [38]

Resumindo: é impossível reduzir as estruturas profundas das áreas coloniais da América a simples corolários ou resultados da ação de uma gigantesca máquina montada para chupar excedente. O sistema mundial ou colonial — que por sua vez deve ser entendido com referência primeiro à estrutura e à dinâmica das classes sociais na Europa Ocidental, e posteriormente a estas estrutura e dinâmica na Europa *e* na própria América, e às suas relações — é uma realidade importante, e suas determinações não podem ser esquecidas. Mas a América Latina e as Antilhas são também: os quilombos e as rebeliões indígenas; as rendas pré-capitalistas ainda mal definidas e mais tarde a renda da terra e a mais-valia; a luta dos mulatos livres e das «castas» hispano-americanas contra um sistema de estratificação e privilégios sociais que buscava justificação ideológica na cor (superestrutura codificada nas metrópoles, mas formada historicamente na América); o conflito do *criollo* mexicano ou peruano — com resultados variáveis — para obter acesso aos mais altos cargos civis e eclesiásticos; a formação, em certas áreas, de instrumentos de comunicação novos (os idiomas *créoles*) para permitir a comunicação entre escravos africanos de diferentes procedências; os sincretismos culturais variados... E tantos outros processos sociais, cuja compreen-

38. Brenner, Robert, "The Origins of Capitalist Development: A Critique of Neo-Smithian Marxism", in *New Left Review*, julho-agosto de 1977, p. 67-68; ver também Owen, Roger, e B. Sutcliffe (compiladores), *Studies in the Theory of Imperialism*, Londres, Longman, 1976 (3ª reimpressão).

são é necessária para entender o devir do continente e o seu estado atual, mas que permanecem incompreensíveis se além do esclarecimento (necessário) dos mecanismos coloniais não for aplicada uma análise em termos de: forças produtivas (em particular a divisão social do trabalho)/sistemas de propriedade e relações de produção/classes sociais. Ou seja, uma análise que parta dos conceitos de modo de produção e de formação econômico-social.

MODOS DE PRODUÇÃO NO BRASIL

Nelson Werneck Sodré

Compareço com a minha modesta contribuição a esta coleção de ensaios sobre o tema tão controverso na intenção de resumir teses que apresentei em meu livro *Formação Histórica do Brasil,* sem qualquer pretensão de discutir teses apresentadas por outros estudiosos, em livros ou publicações periódicas, em discordância com as que presumi derivarem do desenvolvimento da sociedade brasileira. Claro está, pois, e preliminarmente, que não considero, aqui, tais teses, cabendo aos que as professaram defendê-las ou expô-las. De minha parte, e depois de anos a fio de pesquisas, confesso que não encontrei ainda, sem nenhuma pretensão vai isto aqui dito, motivo que me fizesse rever aquelas teses, que cedo esposei. De outra parte, permaneço, neste breve esboço de teoria histórica, unicamente assistido pelo método, de que o meu livro antes citado foi fruto, do marxismo. Não há, pois, aqui, nenhum ecletismo, mas a homogeneidade rigorosa quanto aos apoios teóricos. As notas que acumulei nos muitos anos de pesquisa sobre o assunto, na verdade complexo, não me permitem ainda escrever o livro que venho preparando sobre os modos de produção e as formações sociais no Brasil.

Este esboço representa, pois, um momento daquela pesquisa, podendo sofrer alterações, na medida em que o andamento dela as imponha. Por fim, é justo confessar que é crença minha que as teses definitivas — tanto quanto existe tal etapa em ciência — derivarão do esforço de muitos estudiosos, estando o assunto em aberto, de tal sorte que só um pobre de espírito poderia afirmar ser detentor da verdade absoluta a seu respeito. Esta contribuição, conseqüentemente, representa o resultado de meu trabalho individual, estando de acordo com as formulações constantes da *Formação Histórica do Brasil,* não por simples teimosia mas porque não encontrei, até aqui, nada que me demonstrasse a necessidade de as alterar.

Deixando para tratar adiante das questões que se apresentam à discussão teórica de problema tão complexo como o dos modos de produção e formações sociais no Brasil, convém, para início e colocação das premissas básicas, distinguir alguns aspectos que informam a particularidade do caso brasileiro. O primeiro deles, evidentemente já colocado por alguns estudiosos mas, penso eu, demandando aprofundamento maior, consiste naquilo que diz respeito ao desenvolvimento desigual, isto é, ao fato de que o Brasil surge para a história, começa a sua existência histórica, com o chamado «descobrimento», quando, no ocidente europeu, o feudalismo declinava, com a Revolução Comercial e as grandes navegações oceânicas e definição do mercado mundial. Há, evidentemente, distância histórica enorme entre áreas dominadas pelo feudalismo e áreas dominadas pela comunidade primitiva, este sendo o nosso caso. Essa heterocronia precisa ser levada em consideração, a todo momento, na discussão dos problemas históricos. Ela permanece, ao longo dos tempos, sob formas diversas. Um dos aspectos que acarreta está no uso, para definir processos e fenômenos brasileiros, de linguagem conceitual surgida em outros tempos e em outros lugares. Ora, só extremo cuidado na passagem do universal ao particular, ou do geral ao particular, pode atenuar o uso dos mesmos conceitos para realidades diferentes. É indispensável verificar, desde logo, se as diferenças afetam a forma ou o conteúdo. De maneira alguma, porém, é possível utilizar paradigmas retirados de realidade diversa. Note-se: paradigmas e não métodos. É o uso do raciocínio paradigmático que induz ao erro ou à deformação.

O raciocínio dialético exclui o uso de paradigmas e se estabelece pela obediência ao método, respeitadas as relações dialéticas entre universal e particular.

O segundo aspecto que precisa ser cuidadosamente considerado no estudo em questão é aquele que se configura na existência e vigência, no Brasil, de etapas diferentes da História, no mesmo tempo. Melhor dito: a existência de áreas territoriais brasileiras que vivem etapas diferentes. Em linguagem um pouco pretensiosa já se disse, do fenômeno, que se trata da contemporaneidade do não-coetâneo, isto é, da existência, ao mesmo tempo, de realidades sociais diferentes, mas no mesmo país ou colônia. Alguém mencionou já o fato de que a viagem ao interior brasileiro corresponde não apenas a uma mudança de fusos horários, mas a uma mudança de etapas históricas. Muitos já observaram as diferenças, no mesmo tempo, na mesma época, entre o litoral exposto às influências externas, em contato com o mundo, e o interior, onde são conservados — e isso é tanto mais verdade quanto mais se recuar no tempo — costumes de outra época. O Brasil apresentou, e ainda apresenta — hoje, na verdade, com efeitos já bastante atenuados — etapas diversas de desenvolvimento, para aplicar um conceito generalizado e colhido na economia. A uniformidade é ainda, entre nós, uma tendência que se vem acentuando, sem dúvida, mas aquela heterocronia existe e funciona, condicionando comunidades e sociedades. Trata-se de outro aspecto — agora particular, porque brasileiro — do desenvolvimento desigual.

O terceiro aspecto a considerar é o da transplantação. Entende-se como tal o fato da transferência ao Brasil dos elementos que aqui lançaram as bases de uma sociedade em tudo diversa daquela encontrada pelos chamados descobridores. O que isto representou para a comunidade primitiva indígena, realmente, tem sido apreciado de forma insuficiente, no meu modo de ver. O caminho natural, no caso, teria sido — como aconteceu em outras áreas — a sua tendência para a criação de um excedente e, conseqüentemente, o surgimento do mercado, daí podendo — sem nenhum caráter impositivo, como solução única — evoluir para o escravismo. Nada disso aconteceu aqui. Muito ao contrário, o escravismo brasileiro foi estruturado à base da contribuição humana africana. A sociedade brasileira dos primeiros tempos da chamada colonização nasceu da transplantação dos elementos humanos africanos e europeus: os primeiros forneceram a massa da classe dominada, a que concorreu com o trabalho; os segundos forneceram a maioria absoluta dos que concorreram com a propriedade, a classe dominante. Nada disso existia antes e os indígenas tiveram, no processo, contribuição quase sempre inexpressiva. Quase sempre, se diz bem, porque funcionaram, sob determinadas circunstâncias, seja como servos seja como escravos. Comparada com a contribuição do negro africano escravizado, a dos indígenas foi insignificante. Não há, pois, continuidade de evolução entre a comunidade primitiva e o escravismo; aquela permanece até hoje — salvo quando o avanço das relações capitalistas, como nos nossos dias, ameaça completar a destruição dos *stocks* indígenas — e a sociedade escravista é formada, no mesmo território, por elementos provindos do exterior. Os alicerces da sociedade brasileira, pois, foram importados, transplantados. Nessa transplantação, vigorava, para os indivíduos, a condição de origem: a existência colonial deles não seria marcada, de início, senão pelas condições vigentes nas sociedades originárias. Isto considerando que o negro africano passava a ser escravo desde que embarcado nos navios negreiros, não importando, para efeitos sociais, a condição em que vivia em sua tribo ou «nação». Vinha como escravo; entrava no Brasil na condição de escravo. O processo do escravismo africano não era causa de serem escravos os que eram transferidos ao Brasil; a causa de serem escravos, muito ao contrário, era o apresamento pelos negreiros.

Trata-se, portanto, e fundamentalmente, de uma sociedade transplantada: uns chegam para serem escravos; outros, para serem senhores, ou encontram condições para tal. Para os que chegam para serem escravos, importa pouco a tradição, o passado africano. Se os indígenas, como tem sido referido com freqüência, sofreram destruição cultural, mesmo quando aldeados e «protegidos», essa destruição foi processo idílico, se comparado à destruição cultural sofrida pelo negro africano. O seu esforço para subsistir foi talvez menor do que o seu esforço para salvar elementos de sua cultura de origem. O grau que havia atingido a cultura dos dominados explica, inclusive, o caráter de suas lutas para se subtrair à servidão ou à escravização. Os indígenas refugiaram-se no interior, e a distância dos focos de colonização foi o seu meio de defesa. Quando lutaram, pretendiam apenas restabelecer, ali onde viviam, as condições vigentes na comunidade primitiva. Os negros africanos, ao se aquilombarem, pretendiam reconstruir as condições originárias, aquelas vigentes nas suas tribos ou «nações». As rebeliões da senzala jamais pretenderam destruir o regime vigente na colônia, substituindo-o. Nem tinham eles noção do que isso poderia representar. A liberdade, para eles, consistia em fugir ao cativeiro, buscando região afastada e aí se agrupando. A sociedade colonial começa, pois, com os traços que definiam a sociedade metropolitana, mais o escravismo, que era vigente ali apenas no sul e nas ilhas. Os que viviam em comunidade primitiva eram uns; os que viviam em escravismo eram outros, na maioria esmagadora dos casos; não existe a passagem de um modo a outro, de uma formação a outra. É nova particularidade do caso brasileiro. Não é aqui o lugar e a oportunidade para descrever e caracterizar a comunidade primitiva indígena; historicamente, na sociedade brasileira, fundada em africanos e europeus, ela é secundária. Não é o caso, também, de estudar as condições vigentes na África, porque tais condições não foram transferidas ao Brasil.

Claro está que, visto o problema na dimensão universal, apresenta-se de determinada maneira; visto na dimensão americana, apresenta-se de outra maneira. Assim, na dimensão universal, tratava-se de processo de acumulação primitiva, quando eram vigentes as formas pré-capitalistas do capital — no caso, o capital comercial. Mas, na dimensão continental americana — sul-americana, no caso — tratava-se de escravismo puro e simples. E, aqui, coloca-se a controvérsia relacionada com o que alguns denominam escravismo moderno, por oposição ao escravismo antigo, dito clássico. No que se refere ao problema brasileiro — aspecto parcial do fenômeno global — não é aqui o lugar para discutir aquela controvérsia. Realmente, tratava-se, na época, de modo de produção superado historicamente e de há muito, pelo menos no que respeitava o ocidente europeu, que marchava na vanguarda das transformações sociais e econômicas da humanidade. Ele reaparece, entretanto, e na própria Europa, e na área mais interessada na mudança, Portugal, que capitaneava as conquistas ultramarinas que gerariam o mercado de âmbito mundial. Para as áreas em que o escravismo reapareceu, não tinha a mínima importância saber se ele existira antes — e fora superado. Para tais áreas, e as americanas com absoluto destaque, o escravismo apresentava-se como tal, tão simplesmente. Essa diferença entre o universal e o particular, derivada do desenvolvimento desigual, da heterocronia histórica, é que vem confundindo a análise do problema. Mas não há como confundir, tanto mais que, na época da implantação do escravismo brasileiro — no século XVI — nem sequer o capital comercial, forma precursora do capitalismo, era dominante, em escala mundial.

Marx não fez muitas referências ao escravismo brasileiro; suas preocupações voltaram-se mais para o escravismo como se apresentou na América do Norte. As poucas referências que faz ao escravismo brasileiro, entretanto, são claras, quanto à sua maneira de conceituar. «A escravidão — diz ele (*A Ideologia Alemã,* Montevidéu 1958, p. 32) — «é a primeira forma de propriedade que, ademais, corresponde perfeitamente à definição dos modernos economistas, segundo a qual é o direito a dispor da mão-de-obra de outros». Para esclarecer: «Ademais, a divisão do trabalho e propriedade privada são termos idênticos: um deles diz, referindo-se à escravidão, o mesmo que o outro, referindo-se ao produto dela». Mais adiante — na mesma obra, p. 81 — refere-se aos países que «não têm mais premissas naturais que os indivíduos que ali se instalam como colonos», lembrando ainda o «caso de conquista, quando se transplanta diretamente ao país conquistado a forma de intercâmbio desenvolvida em outro solo». Trata-se, realmente, de escravismo. Batizá-lo de moderno apenas o diferencia, no tempo, do outro, aquele que surgiu da evolução da comunidade primitiva. Aqui, como já foi dito, isso não aconteceu: o escravismo não surge da comunidade primitiva indígena; surge por transplantação, com escravos trazidos da África, numa atividade comercial em que constituíam mercadoria de grande valor. O escravismo foi a forma pela qual a colonização, no caso brasileiro, venceu as dificuldades iniciais, quase insuperáveis: sem ele, certamente insuperáveis. Foi etapa necessária, historicamente. Sem ela, não haveria Brasil. Supor que isso teria sido escravismo colonial, para distingui-lo do escravismo clássico, é possível. Mas supô-lo modo de produção diverso, obedecendo a leis diversas, não passa de fantasia, sem a mais mínima base.

O escravismo brasileiro — que surgiu porque o escravismo já existia, enquanto moderno, em contraposição ao clássico, era vigente em outras áreas — presidiu à montagem do sistema produtor colonial, que nele encontrou uma de suas características básicas. Mas a outra, que não pode ser esquecida, esteve ligada ao fato de ser a produção destinada a mercados externos e distantes. A colonização, em seu início, assentou na particularidade de inexistência de mercado interno: a produção em larga escala era, finalisticamente, destinada à exportação. Ora, desde que enfrentamos o problema da sociedade de classes, isto é, a sociedade que ultrapassou a etapa da comunidade primitiva, onde se produz apenas para o consumo e se consome tudo o que se produz, trata-se de conhecer, antes de tudo, quem produz e quem se apropria do excedente da produção. Isto vai ajudar a caracterização das classes, a dominante e a dominada. Desde que se inicia uma sociedade de classes, há um excedente na produção; ela é definida na relação que estabelece os que produzem, com o trabalho, e os que usufruem dos resultados da produção, com o lucro. Em esquema, empobrecedor como todos os esquemas, mas útil ao entendimento do problema, trata-se de distinguir entre os que produzem o excedente — para o mercado — e os que se apropriam do excedente — sob todas as suas formas. Na sociedade brasileira, sob a vigência do escravismo, eram os escravos que produziam e eram os senhores — de terras e de escravos — que se apropriavam do excedente. Aqui, evidentemente, considerado o sistema apenas em sua estrutura interna. Como ele estava voltado para fora, para o exterior, porque a produção se destinava a consumo no exterior, havia, naturalmente, os que, no exterior, apropriavam-se do excedente. Mas não é isso o que nos importa, aqui.

Há que ir além, entretanto. Como é sabido, até nos cursos colegiais, o escravismo não se estabeleceu em todo o território brasileiro. Estabeleceu-se nas áreas em que se implantou um sistema produtor voltado para o exterior e fundado na grande produção, tudo de plano, isto é, desde o início, e sem outra saída. E no resto do território? Que regime teria vigorado na área pastoril sertaneja, na área vicentina, na área amazônica depois, na área sulina, quando ali se expandiu o pastoreio? Foi o escravismo? Certamente não foi. Salvo considerando as mudanças subseqüentes — o algodão que «enegrece o Maranhão», isto é, importa em escravismo; a atividade coletora amazônica dominada pelas «missões» religiosas, restabelecendo as especiarias; a produção ervateira das «reduções» jesuíticas missioneiras — a produção, ao contrário do que ocorria na área açucareira, era destinada ao mercado interno e, portanto, de reduzidas proporções. Ora, ainda no início da dominação colonial, existiram focos, ou áreas, que não comportaram o escravismo. A área vicentina, por exemplo. Ali, as tentativas de estabelecimento de produção açucareira não vingaram. E a produção ficou limitada ao consumo local ou de áreas próximas — o estuário platino, a zona guanabarina, de início. Quem produzia, isto é, quem proporcionava o excedente, aquilo que é produzido para ser colocado no mercado? Os índios aldeados, como se sabe. Eram escravos ou eram servos? Aqui instala-se a contenda. Os que produziam especiarias, na economia coletora amazônica, eram também índios. Os que produziam erva-mate e cereais, nas missões jesuíticas sulinas — que chegaram a constituir um aparelho produtor de dimensões gigantescas para a época — eram escravos ou servos? Aqui se prolonga a contenda. Nos dois casos, existiu a presença do mesmo elemento: a sujeição por via do elemento religioso, de ordens religiosas. Mas a produção era destinada ao exterior. Claro está que havia sempre uma produção de subsistência, fora do mercado, ou de mercado de dimensões insignificantes. O que importava era aquilo que se destinava a consumo distante. É possível admitir, nos dois casos, aliás particulares, formas mistas, aspectos que fogem a uma classificação rigorosa, nos moldes conhecidos e aceitos. O que, segundo me parece, já não admite dúvidas, entretanto, é o que se relaciona com a economia pastoril. Nesta, o escravismo era impossível.

Há mais: quando a mineração faz o seu aparecimento tormentoso, tudo se altera, na área em que ela se instala e em relação ao que vinha acontecendo nas outras áreas, particularmente na área escravista açucareira. Aqui, estamos diante de escravismo, sem a menor dúvida, qualquer que fosse a função que a mineração brasileira viesse a desempenhar em face do ocidente europeu, como fonte de acumulação capitalista. Cabe, no caso, novamente, sentir o universal e o particular e mostrar suas relações dialéticas. No particular brasileiro, trata-se de escravismo, pela forma de produzir e pela apropriação. Muda a função da terra, de início, porque ela não é trabalhada para produzir, mas proporciona mercadoria especial, o ouro. Ora, o quadro brasileiro apresenta, então, a singularidade aparente de desdobrar-se em modos de produção diversos: nas áreas principais, aquelas que fornecem o grosso da exportação, trata-se de escravismo, à base do africano importado; nas áreas secundárias e subsidiárias — algumas também vinculadas à exportação, embora em escala menor — já não se trata de escravismo: os missionários, na Amazônia e na zona platina jesuítica, não são proprietários do índio, usam o índio, recebem dele retribuições em espécie e em serviço, são senhores que usufruem do trabalho excedente. O mesmo acontece na área vicentina, desde os primeiros dias; nela, o escravismo, visando massas indígenas aldeadas pelos jesuítas, aparece depois e não para estabelecer modo de produção escravista, mas para fornecer força de trabalho a zonas escravistas privadas do africano. A atividade pomareira dos primeiros tempos vicentinos e piratininganos difere radicalmente da atividade do bandeirismo de apresamento e este não se destina à própria área mas a outras, já escravistas. Há quem se espante, ou simule espantar-se, com a simultaneidade de modos de produção diferentes na mesma colônia, o Brasil, como se isto fosse, na História, algo singular. Pelo contrário, ocorreu muitas vezes; não houve nisso nenhuma singularidade. Desde quando limites políticos, ou geográficos, interferiram no sentido de separar áreas de modos de produção diferentes?

Em condições normais, isto é, aquelas próximas do modelo teórico — que só tem validade conceitual, como sabe qualquer aprendiz de marxismo — o feudalismo representa avanço em relação ao escravismo, e por isso vem depois, no tempo. Claro que o desenvolvimento não é apenas desigual, ele foge, também, à linearidade, isto é, não obedece a processos constantes e ascensionais obrigatoriamente. Ora, acontece, no Brasil, e justamente na segunda metade do século XVIII, quando se aproxima a crise da autonomia, isto é, quando se acumulam os elementos que vão determinar aquela crise, que culminará no início do século XIX, acontece que a área escravista mineradora, que atravessara transitória etapa de esplendor, quanto à quantidade do ouro produzido, entra em progressivo declínio e esse declínio dá motivo e causa a mudanças que lhe alteram fundamentalmente a fisionomia econômica, social e política. Trata-se, do ponto de vista da riqueza produzida, de regressão e não de avanço. Ao mesmo tempo, as relações escravistas passam, sem intermediações atenuadoras — como aconteceu no modelo clássico — a relações de novo tipo, que denominamos feudais. Em nosso livro *Formação Histórica do Brasil*, levantamos a tese da «regressão feudal», isto é, a passagem de relações de produção escravistas a feudais, normalmente um avanço, coincide com o declínio econômico e todas as suas conseqüências. Claro está que isso discrepava frontalmente do modelo paradigmático. E só malevolência e ignorância poderiam acusar as teses levantadas naquele livro de esquemáticas. Esquematismo haveria em supor uma sucessividade ascensional dos regimes, como o modelo conceitual, só válido enquanto tal, admite. Aquelas teses poderiam ser tidas como falsas, mas não como esquemáticas, justamente porque se caracterizavam por desobediência ao citado modelo. Há quem prefira, entretanto, colocar uma tabuleta onde se deve apenas discutir e argumentar. A tabuleta, que vive de mera repetição, simplifica e classifica, dispensando qualquer esforço teórico.

Claro está que tudo é passível de discussão e de controvérsia. As teses a propósito dos modos de produção nas áreas de passado colonial, e o Brasil em particular, estão longe de gerar questões fechadas, atingindo nível de definição tão inquestionável que dispense toda e qualquer discussão. Muito ao contrário, constituem questões abertas, que só poderão ser assim encaradas e que exigem o debate e a crítica. O resultado mais próximo da verdade histórica será alcançado pelo somatório de contribuições; não será, certamente, resultado de intuição genial de um ou de pequeno grupo. Nada mais distante da verdadeira e fecunda ciência, aquela que faz avançar o conhecimento, do que a arrogância dos proprietários das chaves absolutas, que abrem todas as portas, mas ficam nas mãos de um ou de uns poucos, os satélites dos primeiros. Levantamos a tese do escravismo, em determinadas áreas brasileiras, na época colonial, a área açucareira nordestina, a área mineira; opinamos por definir como escravistas ainda as relações de produção que existiram em outras áreas, menos importantes, de lavoura de açúcar, como a campista, e aquelas de lavoura cafeeira, em sua fase fluminense e do vale do Paraíba paulista. Deixamos de lado a tese relativa às áreas de importância menor na produção colonial e mesmo posterior à autonomia, onde admitimos terem vigorado relações feudais. Fiquemos apenas, para limitar a controvérsia, no que diz respeito ao escravismo, aqui instalado desde o primeiro século. Há quem negue a referida tese; não seria escravismo, e as razões apresentadas são diversas. Muito bem, que teria sido, então? Capitalismo, responderam alguns. Não estou de modo algum de acordo com tal ponto de vista e creio que a maioria dos estudiosos não aceitará como capitalismo o modo de produção brasileiro, quando nem havia capitalismo dominante no próprio ocidente europeu. Teríamos sido capitalistas antes do capitalismo? Isso pode ser considerado simples ponto de vista, quando alguém, que defende tal tese, está descompromissado teoricamente; da parte de marxistas ou pessoas que afirmam aplicar o método marxista, é inadmissível. Está claro, e aqui entra a relação entre o universal e o particular, que, adiante, quando o capitalismo triunfa no ocidente europeu, põe a seu serviço uma variadíssima constelação de formas de produção não-capitalistas. Rosa Luxemburgo, em seu trabalho sobre a acumulação capitalista, mostra como o capitalismo se vale das áreas pré-capitalistas.

Se existe ainda uma controvérsia sobre o modo de produção vigente no Brasil colonial, para uns sendo escravismo, para outros, capitalismo, para terceiros, feudalismo, a controvérsia a propósito do feudalismo brasileiro, da época colonial ou da época moderna, tem consumido, de alguns anos a esta parte, muito papel. Porque, na verdade, o problema — ou falso problema — do feudalismo brasileiro importou sempre uma singular mistura entre ciência e ideologia. Para ser mais claro: na controvérsia a propósito da existência ou não do feudalismo brasileiro houve motivação mista, a motivação científica e a motivação política. É interessante lembrar que os documentos políticos do partido do proletariado brasileiro sempre se referiam, até algum tempo atrás, a relações feudais ou semifeudais cuja superação se fazia necessária. Porque divergiam da formulação, alguns elementos negavam a existência daquelas relações feudais ou semifeudais aqui. Era tolice, frisavam. Tratava-se, na verdade — afirmavam, categoricamente — de capitalismo em uma forma ostensiva, clara, insofismável. Chamar aquelas relações de pré-capitalistas não passava — afirmavam ainda — de sofisma semântico. E insistiam em que o capitalismo reinava aqui. Era uma posição política que se travestia de divergência científica. Aceitar a existência de relações feudais ou semifeudais, ou a existência de restos feudais, como a necessidade de praticar uma política que as eliminassem, como condição preliminar para passar a nova etapa, mas avançada, parecia errôneo, porque importava em admitir a necessidade histórica de realizar ou completar a revolução burguesa aqui, antes de colocar a reivindicação socialista. A tese, que foi bandeira de partido, importava, também, na aceitação da existência e da função de parcela da burguesia, dita nacional, que poderia desempenhar papel entre as forças interessadas no acabamento da revolução burguesa e, por isso mesmo, na superação dos restos feudais ou relações feudais ou relações semifeudais. A controvérsia — na qual tive posição ostensiva — tinha razão de ser. Não podia ser colocada no mesmo nível daquela outra, que girava em torno de se saber se, na fase colonial, existira aqui escravismo ou capitalismo. Tese, esta última, a meu ver, inteiramente despropositada. Aquela que girava em torno do feudalismo continua aberta.

Uma das características mais interessantes dos modos de produção anteriores ao capitalismo foi a que se expressou na confusão entre o econômico e o social. As relações econômicas eram expressas, em regra, por formas não-econômicas. Isso as disfarçava, como se sabe. É universalmente aceito que o capitalismo tornou as relações de classes ostensivas, deixou-as claras, despojou-as de seus disfarces. Ora, nenhum modo de produção importou em tantos disfarces quanto o feudalismo. De início, verifica-se, no estudo da História, que o feudalismo não importou na configuração de um modelo por assim dizer clássico. O escravismo importou: na antiguidade romana e grega, em períodos de tempo muito conhecidos, sobre os quais existe documentação suficiente, vigorou o escravismo. Criou o paradigma, o modelo. Conquanto o escravismo moderno tenha decorrido de condições históricas muito diferentes, aquele modelo serviu bastante para caracterizá-lo como tal. Mas o feudalismo não teve tal sorte: não houve modelo único ou clássico, não houve paradigma feudal. Houve formas diversas de feudalismo, com aparências externas diversas. Ora, nessa ausência de paradigma infiltrou-se uma forma muito comum de erro, aquele que consiste em confundir o conceito, que pertence ao geral ou ao universal, com a forma concreta, que pertence ao particular. Conquanto não tivesse havido paradigma e isso contribuísse para confusões, só poderiam estas confusões vigorar ali onde se tomasse o particular pelo universal, o concreto pelo conceitual.

Quanto àquelas formas feudais, segundo as nossas formulações na *Formação Histórica do Brasil*, que aparecem e vigoram aqui no primeiro e no segundo século — na área vicentina, na área pastoril sertaneja, na área amazônica, na área pastoril sulina, na área mineradora depois da derrocada da economia aurífera — haveria que considerar, para início de discussão, o fato de que o trabalhador, que fornecia o excedente, não era escravo, e os que se apropriavam do excedente não eram proprietários dos índios, ou dos negros vinculados às fazendas e lavouras e tropas e ofícios após a derrocada do escravismo aurífero: eram senhores destes. Os missionários das ordens que ocuparam a Amazônia e montaram a empresa produtora de especiarias, as *drogas,* como os jesuítas das reduções sulinas, como os donos das fazendas sertanejas, não eram proprietários de índios ou não índios que trabalhavam para eles. Eram senhores. Assim, haveria que considerar, para definir a relação feudal, não apenas a renda, mas o laço de dependência social: os dois traços a definiam precisamente. Marx dizia que, no medievalismo, não existia o indivíduo independente, e acrescentava, explicitando: «todos são dependentes: servos e senhores feudais, vassalos e suseranos, leigos e clérigos. A dependência pessoal caracteriza tanto as relações sociais da produção material quanto as outras esferas da vida baseadas nessa produção. Mas, justamente porque as relações de dependência pessoal constituem o fundamento social incontroverso, não se faz mister que os trabalhos e os produtos assumam feição fantasmagórica, diversa de sua realidade. Eles entram na engrenagem social, como serviços e pagamentos em produtos. A forma diretamente social do trabalho é, aqui, a forma concreta do trabalho, sua particularidade e não sua generalidade abstrata, como ocorre com a produção de mercadorias. A corvéia, como o trabalho que produz mercadorias, mede-se pelo tempo, mas cada servo sabe que quantidade de sua força pessoal de trabalho despende no serviço do senhor. O dízimo pago ao cura é mais palpável que sua bênção. No regime feudal, sejam quais forem os papéis que os homens desempenham, ao se confrontarem, as relações sociais entre as pessoas, na realização de seus trabalhos, revelam-se como suas próprias relações pessoais, não se dissimulando em relaçõe entre coisas, entre produtos do trabalho» (Marx, *Oeuvres*, Paris 1963, p. 611, I).

A existência de relações feudais, predominantes no campo até dias bem próximos dos atuais, senão agora, é um fato que se poderia dizer ostensivo, tão claras em suas manifestações e tão variadas, não foram as confusões conceituais que o empirismo dos fatos concretos não tem condições para desmentir. A dependência em que ficaram os escravos, assim que a Abolição derrogou os direitos dos senhores sobre eles, — apresentada, às vezes, em livros e depoimentos como denunciadora do caráter benigno do escravismo brasileiro, tornando os escravos afeiçoados aos senhores — foi uma das formas que assumiram as novas relações. As múltiplas formas de prestação de serviços e de renda que se apresentaram, na vastidão territorial brasileira, denunciaram sempre, ao longo do tempo, a presença daquelas relações. A servidão apresentou aspectos os mais diversos, quase sempre mistos, de sorte a confundir os observadores. Quem percorreu o interior brasileiro sabe, entretanto, como aqueles aspectos denunciavam uma forma de exploração que contrastava, no século XX, com as relações capitalistas estabelecidas e predominantes em extensas áreas do litoral e mesmo algumas do interior. Responsável pelas relações feudais, atenuadas em alguns casos e áreas e por isso mesmo denominadas semifeudais, o latifúndio configurou a moldura natural em que se desenvolveram. A disparidade entre a vastidão territorial e o monopólio da terra, cedo estabelecido, foi a base em que elas vicejaram. Fruto delas foram algumas das manifestações mais notórias da vida brasileira no interior: as lutas de famílias, o direito exercido pelos proprietários de terras sobre o destino dos seus moradores, as formas patológicas que proliferaram em disfarces como o do banditismo endêmico, da arregimentação das forças paramilitares nas grandes fazendas, dos currais eleitorais que constituíram o fundo de pano da chamada «política dos governadores, do fanatismo religioso e das manifestações de rebeldia a que deu lugar, como heréticas. Tudo denunciando um feudalismo não codificado, mas expresso na renda de forma clara, inclusive nas relações de trabalho que lhe davam expressão. A existência das oligarquias provinciais e estaduais, controladoras do poder político, alicerçava-se nessa forma particular de relação feudal que foi sempre presente: o monopólio da terra. Mesmo em manifestações artísticas — peças de teatro, romances, contos, crônicas — as relações feudais apareceram, de velhos tempos. Elementos comuns à temática medieval, conseqüentemente, aparecem na ficção brasileira: a mulher que se disfarça em homem para combater ou exercer vingança, os amores contrariados pela rivalidade familiar, as gestas de bandos armados varrendo os sertões. No fundo do amplíssimo painel das guerrilhas narradas em *Grande Sertão: Veredas* está o latifúndio feudal, em seu esplendor.

E aqui surge a questão: como se teria processado a passagem das relações escravistas às relações feudais? Teria acompanhado, aqui, aquelas normas advindas do modelo forjado na antiguidade? Como é sabido, o modo de produção feudal derivou, em Roma, da estagnação causada pelo escravismo; evoluiu através da forma transitória do colonato, quando os antigos escravos continuavam na terra mas começavam a ganhar certa liberdade de movimento. As formas feudais não surgiram, ali, entretanto, apenas de tais condições endógenas; houve também condições exógenas, configuradas na presença da comunidade gentílica dos povos ditos bárbaros. Não é necessário demorarmos na reconstituição daquele processo de mudança, de passagem de uma formação social a outra, com diversidades muito grandes, geradas pelas particularidades de cada caso e área. Não é preciso ir mais longe para verificar como, no Brasil, não poderia ocorrer identidade de processo, o que não significa que tenha havido ausência de processo. Os casos apresentaram, ainda aqui, diversidades, conforme a área e o tipo de produção. De modo muito amplo é possível distinguir as relações feudais originárias, isto é, datadas dos primeiros tempos da colonização, ainda que simples povoamento da área, e que permaneceram mais ou menos estáveis ao longo dos tempos, e aquelas que surgiram da decomposição do escravismo. As primeiras, estabelecidas por força da tradição lusa, que os primeiros povoadores trouxeram e impuseram, e condicionadas pelas imposições do meio social e até do meio geográfico, quando conciliava as suas características com as que derivavam da causação econômica, ainda que em moldes rudimentares. As segundas resultantes do desabamento do escravismo, antes e depois do ato oficial da Abolição, processando-se nas áreas em que aquele dominou, e variando com a marcha territorial da riqueza, que importava em deslocamento de força de trabalho de uma área para outra. Da zona mineradora para a zona cafeeira, por exemplo, e ruindo, ali pela decadência da exploração aurífera, e aqui pela marcha dos cafezais para outra zona e o aparecimento do colono.

Assim, não apenas os modos de produção se apresentam, aqui, como formas particulares, que os distinguem do modelo conceitual, como não podia deixar de ser, mas também do modelo empírico do ocidente europeu; também são diferentes as formas de passagem de um a outro modo de produção, de uma a outra formação social. Acoimar de esquemática uma visão que aponta aquelas diferenças, pois, é repetir um chavão e colocar a tabuleta conveniente, quase sempre ligada à luta ideológica. E, realmente, problemas ideológicos do presente interferem indevidamente na discussão científica, alguns examinando as posições de outros para dissentir destes por razões inteiramente distantes do terreno próprio e natural. A controvérsia a propósito da existência ou não-existência de feudalismo no desenvolvimento histórico brasileiro deriva, em boa parte, de divergências de orientação política contemporânea, mas este não é o único exemplo, no âmbito do tema que estamos abordando. Via de regra, os que negam a existência de feudalismo no Brasil preferem definir como capitalistas as relações aqui vigentes, desde o primeiro século — o que nos parece inteiramente falso e mesmo despropositado — enquanto outros tão simplesmente negam a existência de feudalismo mas não se preocupam em definir o que existia. O mesmo ocorre, ainda, em relação ao processo de passagem de um a outro modo de produção, do escravismo ao feudalismo, no caso. Não tendo aqui existido a comunidade gentílica de povos ditos bárbaros, nem tendo nós conhecido o colonato, claro está que a transição mencionada foi inteiramente diversa aqui. O fato de ter sido diversa não significa que não tenha existido; negar a existência de feudalismo, inclusive, é uma forma mais ou menos cômoda de tergiversar o problema da transição, anulando-o.

A controvérsia reacende-se quando se trata de apreciar as origens do capitalismo brasileiro e do processo que, normalmente, o envolve, o da chamada revolução burguesa. Para os que admitem ter existido, aqui, mesmo na época colonial, capitalismo, não há o que discutir. Pois se foi sempre capitalismo, não há como considerar as suas origens, nem a transição que levou ao capitalismo. Para os que admitem ter havido aqui escravismo, passamos deste ao capitalismo, sem intermediação. Claro está que não se nega, de plano, a possibilidade de passagem de um modo a outro de produção sem intermediação da seqüência clássica. É uma falsa acusação a Stalin atirar-lhe as culpas da negação desse caso. Numa exposição meramente didática, destinada a principiantes, o antigo chefe do governo soviético — cujo nome batiza, hoje, tudo o que se aprecia como erro ou heresia — apresentou os modos de produção na seqüência natural, isto é, aquela ocorrida, concretamente, no ocidente europeu, que foi, em suma, aquela que ficou estabelecida no nível conceitual. Stalin já é, realmente, responsável por muita coisa, e não há como fazê-lo também responsável pelo que não disse. Mas o fato é que, no Brasil, no nosso modo de ver, tanto houve escravismo, e passagem ao feudalismo, quanto feudalismo, e passagem ao capitalismo. Esta seqüência por assim dizer normal, porque acompanha o modelo conceitual e o esquema stalinista, decorre da análise do particular brasileiro, e não de simples adoção de uma fórmula, como se fora universal e obrigatória.

A revolução burguesa sanciona, normalmente, o primado político da burguesia e, portanto, da classe que define a existência de capitalismo, quando dominante; esse primado pode suceder ao primado econômico, isto é, a burguesia; no ocidente europeu, foi primeiro predominante na economia e só depois se tornou predominante na política. Essa mudança é que ficou conhecida como Revolução Burguesa. Seus exemplos mais conhecidos são o inglês, com duas etapas, e o francês, na etapa decisiva que culminou com os Estados Gerais e com as guerras napoleônicas, encerrando uma fase tormentosa com os movimentos da passagem da primeira à segunda metade do século XIX. A particularidade de terem sido tais casos, o inglês e o francês, marcados por episódios históricos destacados motivou o aparecimento de um estereótipo, o de que uma revolução se caracteriza por episódios destacados e importa em mudança mais ou menos rápida, com alterações institucionais radicais. Na verdade, os casos de revolução burguesa que a história assinala caracterizam-se pela sua extrema variedade. Entre os casos alinhados na referida variedade estão aqueles em que a burguesia passa à classe dominante política tão logo se torna classe dominante econômica. Como os modos de produção — salvo o último, como se sabe — nascem uns no ventre dos outros, surgindo os seus elementos pouco a pouco, o momento de ruptura oferece, por vezes, dificuldade, para ser assinalado. E a confusão a que nos referimos deriva, em grande parte, do fato de se procurar as analogias e as interpretações mais na área empírica, isto é, nos fatos, no concreto, no particular, do que no nível conceitual. Nem toda revolução burguesa, naturalmente, pode apresentar episódios como o da queda da Bastilha. Toda revolução burguesa, entretanto, qualquer que seja a diversidade que apresente em relação a modelos empíricos, acontece, independente de tempo e espaço, quando determinadas relações passam a dominantes. Ora, entre nós, a busca afanosa de analogia com modelo empírico consagrado e marcante, tem trazido mais confusão do que esclarecimento. E é viável colocar-se a questão: já passamos pela revolução burguesa, estamos passando por ela, estamos próximos dela? Como ocorreu o processo de mudança, como situar as origens dessa mudança, que consagra o capitalismo como modo de produção dominante? Em torno dessas perguntas giram as controvérsias.

Como o dinheiro, o salário é muito antigo. Marx dizia, a propósito de conceituações, que nem todo negro é escravo e nem todo dinheiro é capital. Os seus leitores sabem que o capital é uma relação e não uma coisa. Quando o salário se torna a forma normal de compra da força de trabalho, existe capitalismo. Sua lei fundamental — para lembrar uma expressão cara a Stalin — é a mais-valia. Quando isso aconteceu no Brasil, se já aconteceu? Marx, passando do lógico ao histórico, em *O Capital*, depois da apresentação do modelo conceitual, passou à apresentação do caso particular europeu. Para isso, reportou-se ao processo que batizou de acumulação primitiva, isto é, a acumulação inicial, que deu origem ao processo histórico de reprodução, no capitalismo, do capital. Tratava-se de saber a partir de quando determinado montante de dinheiro se fazia capital — era mais do que a coisa porque era a relação. Ele descreveu, com o rigor de mestre que ficou tão admirado, como surgiu, então, o capital. Mas a sua exposição referia-se, naturalmente, a um processo determinado, o processo que ocorrera no ocidente europeu. Claro está que, a partir daí, para o estudo da revolução burguesa, para o estudo da origem do modo de produção capitalista, tratava-se sempre de um caso novo, com as suas particularidades. Assim, os pesquisadores italianos, alemães, búlgaros, russos, norte-americanos tiveram de apreciar as condições em que o fenômeno ocorrera em seus países, quando procuraram desvendá-las e chegar ao descobrimento das origens do referido modo de produção. Note-se: a acumulação primitiva é acrescida, no caso dos países de passado colonial, como o Brasil, das dificuldades já mencionadas, ligadas ao desenvolvimento desigual. E, aqui, a particularidade é acrescida de um traço singularíssimo: enquanto, normalmente, trata-se de verificar o crescimento quantitativo que acaba por se transmudar em qualitativo, numa acumulação que se processa apenas dentro do país em estudo, aqui, muito diversamente, como a acumulação era comprometida pelo fato de existir um fluxo constante de renda para o exterior, não podia ser pesquisada com esquecimento de tal característica. A acumulação primitiva, nos casos de economia colonial como nos casos de economia dependente — sempre pela existência daquele fluxo desacumulador — não pode ser estudada e compreendida quando não vista como particular de um processo que Marx, em sua obra fundamental, apreciou no nível universal. Daí o fato de poder o processo ser apreciado de dois planos diferentes: quando tomado isoladamente e quando inserido no quadro geral da época. Neste, praticamente tudo que acontece nas áreas coloniais e dependentes pode ser entendido como acumulação primitiva. No Brasil, essa etapa, de há muito ultrapassada no ocidente europeu, onde se forjaram os modelos empíricos, a acumulação primitiva, está ocorrendo ainda hoje.

Como acontece, aqui, realmente, a expropriação que deixa na arena o trabalhador inteiramente despojado, nas condições de, para subsistir, ter de vender unicamente força de trabalho? Acontece de formas as mais variadas, inclusive aquelas que abrangem os imigrantes. Estes, como já foi observado, ingressam no mercado brasileiro já despossuídos; foram expropriados antes de aqui chegar. Mas, no Brasil, antes e hoje, as formas se apresentam travestidas e são, via de regra, mistas. Assim, cabe aqui a categoria de semi-proletariado, diga-se de passagem. Mas funciona, evidentemente, um processo em que antigos servos ou elementos mantidos em semi-servidão, como pequenos proprietários de terras e de instrumentos de produção, são despojados do que possuem, para integrar-se num proletariado recente. O processo não acontece em todo o Brasil. Muito ao contrário, — e aqui temos aquela outra desigualdade de desenvolvimento já mencionada — antecipa-se em algumas áreas e se retarda em outras; em terceiras, não começou ainda. O nosso país é um mosaico e não se distingue nele, senão por força de fantasia, processos puros e uniformes, generalizados. Claro está que, ao longo da história, todas essas desigualdades, todas essas particularidades, acabaram por apresentar aspectos confusos e complexos. Há vários Brasis e não dois apenas, como na tese do estudioso estrangeiro tão citado. De qualquer forma, aquela confusão e aquela complexidade não significam a ausência do processo. Se a persistência de um fluxo de renda para o exterior é fator importante na pesquisa do capitalismo brasileiro, a persistência de formas mistas de remuneração do trabalho é fator importante na pesquisa não só do nosso capitalismo como da formação do proletariado. Como se sabe, não temos, a rigor, proletários de terceira geração; são poucos os de segunda geração; há, permanentemente, o fluxo de trabalhadores expropriados no sentido das áreas capitalistas, onde comparecem para se tornarem proletários. Esse fenômeno ocorre todos os dias, diante dos nossos olhos. E ganha aquela dimensão trágica configurada no excesso de oferta, na existência do gigantesco exército de reserva, um dos maiores do mundo, que tanto concorre para aviltar o salário e para possibilitar aos proprietários condições favoráveis de manutenção de remuneração baixa, aviltando o nível da força de trabalho. No passado, a vizinhança do trabalho escravo e do trabalho servil, isto é, dos servos, daqueles que viviam em condições feudais, concorreu poderosa e longamente para tornar difícil a existência do assalariado brasileiro. Isso está ancorado em velhos tempos e os colonos trazidos por Vergueiro para Ibicaba — exemplo conhecido e escandaloso — não foram os primeiros nem os únicos a sofrer de tal vizinhança; no caso deles a vizinhança com o trabalho escravo, além do peso de sua tradição nas formas de comportamento dos senhores e até na exigüidade do pagamento.

Quando, pois, num quadro geral de tamanha complexidade e variedade, admitimos como existindo capitalismo no Brasil? Claro que tudo leva a considerar o país como aquele arquipélago a que se referia um economista, exigindo exame de áreas diferentes para chegar a conclusões diferentes. Mas o próprio Brasil gera os seus modelos e os seus paradigmas. O mais fácil, porque o mais conhecido, foi aquele, no caso, surgido no antigo centro-sul, hoje região sudeste, isto é, a área compreendida pelos Estados do Rio de Janeiro e de São Paulo, com uma região apendicular, o sul mineiro. O fato de ter havido, nessa área, uma certa continuidade no desenvolvimento material contribuiu para que nela surgissem as primeiras condições para a mudança qualitativa que definiu, a certa altura, o aparecimento do capitalismo. A mineração, depois o avanço cafeeiro, finalmente a indústria, assinalam etapas que causaram, nessa área, pela continuidade no crescimento da riqueza, desprezadas as crises naturais, o aparecimento das condições prévias que permitiram e impuseram aquela mudança. A passagem da economia colonial à economia dependente, por outro lado, — em que tal área teve papel preponderante — permitiu que a acumulação, parca na etapa colonial, lenta na etapa dependente, configurasse o germe do capitalismo e que este se desenvolvesse. A rigor, como antecedentes históricos, Vergueiro foi um burguês pioneiro; Mauá foi um burguês típico. Um e outro, este principalmente, vencidos pela resistência do meio predominantemente feudal e escravista. As reformas do fim do século

XIX, particularmente a do regime de trabalho e do regime político, com as suas implicações no sistema financeiro, de que o *encilhamento* foi episódio característico, como o *funding* negociado por Campos Sales o foi, de outra forma, as reformas assinalam os primeiros vagidos de um capitalismo nascido de parto dificílimo. Ao longo da fase republicana, o panorama político esconde, na verdade, atrás de acontecimentos às vezes apenas pitorescos, a luta do capitalismo brasileiro, na sua infância, para subsistir em face dos obstáculos com que se defrontava. A controvérsia sobre o protecionismo assinala aspecto interessante dessa luta. A acumulação interna encontra, entretanto, em dois momentos, oportunidade para um salto à frente: o primeiro foi a Guerra Mundial que durou de 1914 a 1918; o segundo foi a crise iniciada no mundo em 1929. Existindo as condições, as oportunidades foram aproveitadas e as relações capitalistas alastraram-se. Dois outros episódios, adiante, mas já sob condições diferentes, assinalavam o avanço dessas relações: o movimento de 1930, com a derrocada política das velhas oligarquias que traduziam a dominação feudal e semifeudal, e a Guerra Mundial de 1939-1945. O Estado Novo, a rigor, foi um episódio da revolução burguesa no Brasil, na seqüência do movimento de 1930 e das reformas que uma nova ordem política impunha.

Ora, aqui não há fato relevante a marcar um momento em que as relações passam a capitalistas. Não há nenhum Cromwell, não impôs o povo brasileiro nenhuma Magna Carta; não há nenhuma queda da Bastilha, e não temos nem Marat nem Napoleão. O processo brasileiro difere inteiramente do modelo do ocidente europeu, que é o modelo clássico. O capitalismo brasileiro avança devagar, aproveita as brechas para avanços mais rápidos, transige sempre com as relações políticas mais atrasadas e as econômicas que as asseguram, manobra, recua, compõe-se. Gera uma burguesia tímida, que prefere transigir a lutar, débil e por isso tímida, que não ousa apoiar-se nas forças populares senão episodicamente, que sente a pressão do imperialismo mas receia enfrentá-lo, pois receia mais a pressão proletária. Os episódios de avanço são como patamares, duramente alcançados às vezes. Não há os episódios históricos de destaque, aqueles que vão para os compêndios e são ensinados nas escolas e objeto de celebração cívica. Isto não significa que o processo não funcione, não avance — embora o avanço não seja uniforme e linear — não seja marcado por conquistas. Tal processo se assemelha mais aos movimentos de uma roda quadrada, que vai se tornando redonda na medida em que rola, primeiro aos tombos, abalando as estruturas, depois mais suavemente. Nossa revolução burguesa não tornou ainda redonda essa roda gigantesca. Estamos dentro dela, fazemos parte dela, somos testemunhas, protagonistas. Mas a heterogeneidade persiste: o Brasil arcaico nos cerca de todos os lados; o latifúndio persiste, resiste, abalado mas sobrevivendo a tudo. As alterações agrárias processam-se pela duríssima via prussiana: todos os dias estamos assistindo a episódios, choques e escândalos dessa via tortuosa, que inflige sofrimento e miséria às massas camponesas, mantidas em secular atraso, ainda nos primeiros esforços de organização e nas primeiras luzes da tomada de consciência. É uma revolução burguesa peculiar à nação de passado colonial recente e de economia dependente. Revolução burguesa difícil, pois o imperialismo, que preside a dependência, coloca todos os obstáculos à união entre burguesia e proletariado e campesinato para o avanço efetivo. Na época da revolução burguesa clássica, a do ocidente europeu, a burguesia podia aliar-se ao proletariado incipiente para derrotar os senhores feudais e derrubar seus direitos e privilégios; era senhora do seu destino e suficientemente forte para, passada a luta, reservar-se as vantagens da vitória. Hoje, isso não acontece. As burguesias de países de economia dependente temem a aliança com as classes dominadas, quando estas estão suficientemente fortes para reivindicar a participação nas vantagens da vitória. Vamos, então, pelos trancos e barrancos de uma revolução burguesa que avança por patamares, sacudida de crises e vigiada pelo imperialismo, que intervém no processo a cada passo.

Essa revolução burguesa desprovida de lances espetaculares, singular em suas manifestações, teve sempre figuras destacadas, no plano empresarial — os sucessores de Vergueiro e de Mauá — e no plano político. Não é preciso demorar demasiado na análise histórica para apontar, entre os primeiros, a Roberto Simonsen; entre os segundos, a Getúlio Vargas. Os recuos às formas ditatoriais e aos regimes fascistas são os recursos de que se vale a burguesia, pressionada pelo imperialismo, para assegurar a via prussiana e a exploração cômoda e pacífica da força de trabalho: o Estado Novo como a «redentora» são exemplos dessa acomodação com o atraso. Isso não representa fatalidade, porém, mas resulta da correlação de forças. Na medida em que o proletariado brasileiro consegue tomar consciência e organizar-se e ajuda as massas camponesas a avançar, a burguesia sente necessidade de compor a sua força com aqueles, para enfrentar o imperialismo e introduzir na estrutura do país as reformas indispensáveis ao progresso harmonioso, não esse crescimento numérico de índices que sonegam a realidade cruel mas aquele que se define pelas vantagens que são extensivas às mais amplas camadas da sociedade brasileira. De qualquer forma, completar as tarefas peculiares à revolução burguesa e no Brasil ainda não alcançadas pelas próprias características de que esta se tem revestido, é indispensável. A burguesia brasileira tem perspectivas para decidir de seu destino e completar a sua revolução. Que terá, de qualquer forma, no Brasil, características completamente diversas, mesmo quando acabada, não se assemelhando senão conceitualmente — isto é, por ser uma revolução burguesa — aos modelos empíricos clássicos. Porque é de outra fase histórica, tão simplesmente.

ASPECTOS DA FORMAÇÃO SOCIAL ESCRAVISTA *

Octavio Ianni

O funcionamento e a expansão do capital mercantil criam, mantêm e desenvolvem o paradoxo representado pela coexistência e interdependência do trabalho escravo e trabalho livre, no âmbito do mercantilismo. Falando com precisão, o escravo estava ajudando a formar-se o operário. Isto é, a escravatura, nas Américas e Antilhas, estava dinamicamente relacionada com o processo de gestação do capitalismo na Europa, e principalmente na Inglaterra. Esse «paradoxo» começa a tornar-se cada vez mais explícito à medida que o mercantilismo passa a ser suplantado pelo capitalismo.

Esse paradoxo, ou melhor, essa contradição, não seria sustentável se se apoiasse apenas na acumulação primitiva, no comércio de mercadorias, ou no monopólio colonial. Por mais decisivas que tenham sido as relações comerciais externas, no âmbito do mercantilismo, a referida contradição somente pôde manter-se porque haviam-se constituído, nas colônias, formações sociais amplamente articuladas internamente. Isto é, as formações sociais escravistas tornaram-se organizações

* Capítulo de *Escravidão e Racismo*, Editora Hucitec, São Paulo 1978, p. 12-19.

político-econômicas altamente articuladas, com os seus centros de poder, princípios e procedimentos de mando e execução, técnicas de controle e repressão. Independentemente dos graus e maneiras de vinculação e dependência das colônias, em face da metrópole, é inegável que em cada colônia organizou-se e desenvolveu-se um sistema internamente articulado e movimentado de poder político-econômico. Nesse sentido é que em cada colônia constituiu-se uma formação social mais ou menos delineada, homogênea ou diversificada. Uma formação social escravista era uma sociedade organizada com base no trabalho escravo (do negro, índio, mestiço, etc.) na qual o escravo e o senhor pertenciam a duas castas distintas; sociedade essa cujas estruturas de dominação política e apropriação econômica estavam determinadas pelas exigências da produção de mais-valia absoluta. Nessas formações sociais, as unidades produtivas — como os engenhos de açúcar no Nordeste do Brasil e as *plantations* do Sul dos Estados Unidos, por exemplo — estavam organizadas de maneira a produzir e reproduzir, ou criar e recriar, o escravo e o senhor, a mais-valia absoluta, a cultura do senhor (da casa-grande), a cultura do escravo (da senzala), as técnicas de controle, repressão e tortura, as doutrinas jurídicas, religiosas ou de cunho «darwinista» sobre as desigualdades raciais e outros elementos. A alienação do trabalhador (escravo) característica dessas formações sociais implicava em que ele era física e moralmente subordinado ao senhor (branco), em sua atividade produtiva, no produto do seu trabalho e em suas atividades religiosas, lúdicas e outras. Nessas condições, as estruturas de dominação eram, ao mesmo tempo e necessariamente, altamente repressivas e universais, estando presentes em todas as esferas práticas e ideológicas da vida do escravo (negro, mulato, índio e mestiço). Assim, a formação social escravista era uma sociedade bastante articulada internamente, motivo por que ela pôde resistir algum tempo às contradições «externas»; ou às contradições internas pouco desenvolvidas.

Desde fins do século XVIII começou a desenvolver-se algum tipo de antagonismo, entre as exigências do capitalismo e as da formação social escravista. Para compreender a duração desse antagonismo, é indispensável compreender a fisionomia da formação social escravista como uma estrutura político-econômica singular: nos primeiros tempos, não era apenas um apêndice do sistema mercantilista, e depois, a partir do século XVIII, não se manteve apenas um apêndice do capitalismo em expansão.

> Nos tempos modernos, a *plantation* em geral surgiu sob os auspícios burgueses, para suprir a indústria com matérias-primas baratas; mas as conseqüências não foram sempre harmônicas com a sociedade burguesa. [1]
>
> A sociedade da *plantation*, que havia começado como apêndice do capitalismo inglês, terminou por ser uma poderosa civilização, amplamente autônoma, com ambições e possibilidades aristocráticas, embora permanecendo vinculada ao mundo capitalista pelos laços da produção mercantil. O elemento essencial desta singular civilização era o domínio do senhor de escravos, possibilitado pelo controle do trabalho. A escravatura foi a base do tipo de vida econômica e social do Sul, dos seus problemas e tensões especiais, das suas peculiares leis de desenvolvimento. [2]

A verdade é que toda pesquisa sobre a escravatura no Novo Mundo enfrenta-se, de alguma maneira, com as implicações históricas e teóricas da problemática expressa nas categorias *modo de produção* e *formação social*. Os ensaios, as monografias e os estudos comparativos de David Brion Davis, Eugene D. Genovese, Herbert Aptheker, E. Franklin Frazier, Gunnar Myrdal, Robert W. Fogel, Stanley L. Engerman, Everett C. Hughes, Herbert Blumer, Carl N. Degler, Magnus Morner, C. R. Boxer, Herbert S. Klein, Sérgio Bagú, Demétrio Ramos Pérez, Enrique Semo, Verena Martínez Alier, Juan Martínez Alier, Ciro F. S. Cardoso, Caio Prado Júnior, Florestan Fernandes, Celso Furtado, André Gunder Frank, Eric Williams, Emília Viotti da Costa, Fernando H. Cardoso, Stanley J. Stein, Fernando A. Novais e outros orientam-se no sentido de compreender a escravatura em suas articulares e contradições com o sistema econômico mundial. Mesmo quando alguns desses autores não trabalham explicitamente com as noções de modo de produção e formação social, é inegável que as suas análises, sugestões e hipóteses representam contribuições de maior ou menor valor para a discussão

1. Eugene D. Genovese, *The Political Economy of Slavery* (Studies in the Economy and Society of the Slave South), Pantheon Books, Nova Iorque 1966, p. 15.
2. *Ibidem*, p. 15-16. A propósito dos movimentos e perfis de diferentes formações sociais escravistas: Eugene D. Genovese (organizador), *The Slave Economies*, 2 vols., John Wiley & Sons, Nova Iorque, 1973; Florestan Fernandes, *Circuito Fechado*, Hucitec, São Paulo 1976, cap. 1, intitulado "A Sociedade Escravista no Brasil".

e a pesquisa das articulações entre a escravatura do Novo Mundo e o sistema econômico mundial. Inicialmente, ao longo dos séculos XVI e XVII, tratava-se do relacionamento entre o mercantilismo e as distintas formas de trabalho compulsório; depois, ao longo dos séculos XVIII e XIX, tratava-se do encadeamento e antagonismo entre escravidão e capitalismo. Em todos os casos, no entanto, é importante assinalar que os autores mencionados apresentam subsídios históricos e teóricos para a interpretação dos encadeamentos entre as formações sociais prevalecentes nas diversas colônias americanas e antilhanas e o modo de produção prevalecente em âmbito mundial, com núcleo dinâmico na Europa.

O que parece não haver ainda, entre esses e outros cientistas sociais, é um consenso suficientemente consistente sobre essas e outras categorias envolvidas na história político-econômica das sociedades do Novo Mundo. Ciro F. S. Cardoso, Juan Martínez Alier e Verena Martínez Alier, por exemplo, utilizam o conceito de «modo de produção escravista». Fernando A. Novais sugere a noção de «modo de produção colonial». Celso Furtado emprega os conceitos de «semifeudal» e «feudalismo». Sérgio Bagú também considera aplicáveis as noções de «formas feudais» e «feudalismo». André G. Frank rejeita essas e outras noções, preferindo considerar o Novo Mundo sempre nos termos do conceito de «capitalismo». Enrique Semo afirma que não se pode falar em modo de produção escravista nas colônias da Espanha, e sugere as noções de «semifeudal» e «feudalismo», como Bagú, Furtado e outros. Vejamos, a título de exemplo, os termos de algumas formulações de Semo. Sob vários aspectos, elas contêm os principais elementos da controvérsia sobre as características e os movimentos das formações sociais baseadas no trabalho compulsório.

> Apesar da extensão da escravatura de um ou outro tipo (manifesta e latente), a sociedade novo-hispânica nunca passou por um *modo de produção escravista.* Não se deve esquecer que a escravidão generalizada do índio serviu para inundar de prata barata a uma Europa em plena revolução sócio-econômica, e lançar as bases de unidades econômicas semifeudais no México.
>
> A escravidão generalizada não fez da sociedade novo-hispânica um sistema escravista, assim como o capital comercial e usurário da antiga Roma não converteu esta

num empório capitalista. A escravidão negra nos Estados Unidos lançou as bases do desenvolvimento do capitalismo pré-industrial; a escravidão indígena serviu, na Nova Espanha, para impulsionar o surgimento de um sistema no qual o feudalismo aparece estreitamente entrelaçado com o capitalismo embrionário e dependente. [3]

Assim como as *plantations* escravistas dos Estados Unidos não foram a base de um modo de produção escravista, mas sim do desenvolvimento do capitalismo, a *encomienda* — apesar da sua forma tributária de exploração — serviu para a gestação de uma estrutura baseada na propriedade privada, na qual feudalismo e capitalismo embrionários se entrelaçam. [4]

Devido a uma série de fatores já apontados, a economia da Nova Espanha contava, desde o princípio, com um desenvolvimento importante da produção mercantil. Isto tem induzido a erro a mais de um historiador, que, confundindo produção mercantil com capitalismo, fala-nos em *encomienda* "capitalista", *hacienda* "capitalista" e *obrajes* "capitalistas", em pleno século XVI, porque estas unidades achavam-se ligadas a um mercado e produziam em parte para ele. [5]

Não me parece oportuno fazer, neste ensaio, uma discussão crítica dessas e outras interpretações e hipóteses, relativamente aos encadeamentos entre formação social e modo de produção; ou sobre o caráter colonial, escravista, semifeudal, feudal, etc. das relações de produção na época colonial e no século XIX, após as crises e lutas de independência. Essa é matéria para ser examinada, de maneira sistemática e especial, em outra ocasião. Ela implica na própria compreensão das categorias: capitalismo, feudalismo, mercantilismo, escravismo, modo de produção, formação social, relações de produção, forças produtivas e algumas outras. Parece-me oportuno, no entanto, fazer algumas sugestões, na medida em que envolvem diretamente a compreensão da história político-econômica da escravidão.

3. Enrique Semo, *Historia del Capitalismo en México* (*Los Orígenes: 1521-1763*), Ediciones Era, México 1973, p. 209-210.
4. *Ibidem*, p. 219.
5. *Ibidem*, p. 240. Consultar também: Sérgio Bagú, *op. cit.*, p. 101-113; C. S. Assadourian, C. F. S. Cardoso, H. Ciafardini, J. C. Garavaglia e E. Laclau, *Modos de Producción en América Latina*, Ediciones Pasado y Presente, Córdoba 1973; Juan y Verena Martínez Alier, *Cuba: Economía y Sociedad*, Ruedo Ibérico, Paris 1972, p. 13; André G. Frank, *Capitalism and Underdevelopment in Latin America*, Monthly Review Press, Nova Iorque 1967, p. 221-242; Celso Furtado, *Formação Econômica da América Latina*, Lia Editor, Rio de Janeiro 1969, p. 35-39; Fernando A. Novais, *Estrutura e Dinâmica do Antigo Sistema Colonial* (Séculos XVI-XVIII), Cadernos CEBRAP, São Paulo 1974, p. 27 e 33.

Convém repetir aqui: as formações sociais baseadas no trabalho compulsório, criadas no Novo Mundo, nascem e desenvolvem-se no interior do mercantilismo; ou seja, na época e sob a influência do capital mercantil, então predominante e ascendente na Europa. Ao mesmo tempo que se organizam e expandem as formações sociais baseadas na *plantation*, engenho, fazenda, *encomienda*, *hacienda*, etc., o Novo Mundo entra ativa e intensamente no processo de acumulação primitiva, que se realiza de maneira particularmente acentuada na Inglaterra. Em seguida, com a progressiva subordinação do capital mercantil ao capital produtivo, isto é, industrial, as formações sociais baseadas no trabalho compulsório rearticulam-se interna e externamente. Sofrem o impacto do tipo de comercialização (dos produtos coloniais, produzidos pela mão-de-obra escrava) comandada pelas exigências da reprodução do capital industrial. Contemporaneamente, em especial desde o começo do século XIX, as relações escravistas de produção e as próprias formações sociais escravocratas (coloniais) entram em crise e declínio. Tanto assim que a independência política das colônias do Novo Mundo e a emancipação dos escravos são processos mais ou menos contemporâneos e conjugados. De qualquer maneira, desde o princípio as sociedades do Novo Mundo estão atadas à economia mundial: primeiro à mercantilista e depois à capitalista. Nesse sentido é que as sociedades das Américas e Antilhas são formadas em estado de dependência, enquanto colônias e países. São como que geradas nos quadros do mercantilismo, da acumulação primitiva e do nascente capitalismo europeu. Por isso, no primeiro instante as formações sociais escravistas do Novo Mundo são essencialmente determinadas pela reprodução do capital mercantil. E, no segundo momento, a partir do século XVIII, as formações sociais escravistas passam a ser decisivamente determinadas pelas exigências do capital industrial, em expansão na Europa e, principalmente, na Inglaterra. Ou seja, desde o século XVI ao XIX os movimentos, as articulações e as rearticulações, internos e externos, das formações sociais escravistas nas Américas e Antilhas são influenciados e mesmo determinados (em graus variáveis, é certo) pelas exigências da reprodução do capital europeu; primeiramente mercantil e em seguida industrial.

Essa determinação «externa» aparece em várias interpretações. Ela é importante para compreendermos as características e os movimentos das formações sociais baseadas no trabalho compulsório. Ao referir-se a essa questão, Caio Prado Júnior aponta o que lhe parece ser o próprio sentido básico e geral da colonização no Novo Mundo. Ciro F. S. Cardoso chama a atenção para as inestabilidades inerentes a essa dependência histórico-estrutural. Aliás, em meados do século XIX Marx já havia assinalado o caráter «anômalo» e «formalmente burguês» da formação social escravista nas Américas e Antilhas.

> *Prado Jr.:* Se vamos à essência da nossa formação, veremos que na realidade nos constituímos para fornecer açúcar, tabaco, alguns outros gêneros; mais tarde ouro e diamantes; depois, algodão, e em seguida café, para o comércio europeu. [6]
>
> *Cardoso:* A dependência e a deformação fazem que as estruturas coloniais sofram pesadamente as conseqüências das mudanças de conjuntura e das imposições do mercado internacional, sem ter a flexibilidade e a autonomia que permitam uma adaptação rápida e eficaz a condições novas. [7]
>
> *Marx:* A *escravidão dos negros* — uma escravidão puramente industrial — que desaparece de um momento para o outro e é incompatível com o desenvolvimento da sociedade burguesa, *pressupõe* a existência de tal sociedade: se junto a essa escravidão não existissem outros estados livres, com trabalho assalariado, todas as condições sociais nos estados escravistas assumiriam formas pré-civilizadas. [8]
>
> O fato de que os donos das *plantations* na América não somente os chamemos agora capitalistas, mas que o *sejam*, funda-se no fato de que eles existem como uma anomalia dentro de um mercado mundial baseado no trabalho livre. [9]
>
> Na segunda classe de colônias — as *plantations*, que são, desde o próprio momento de sua criação, especulações comerciais, centros de produção para o mercado mundial — existe um regime de produção capitalista, ainda que somente de um modo formal, posto que a escravidão dos negros exclui o trabalho livre assalariado, que é a base sobre a qual descansa a produção capitalista. Não obstante,

6. Caio Prado Júnior, *Formação do Brasil Contemporâneo* (Colônia), p. 26. Também: Enrique Semo, *op. cit.*, p. 251-252.
7. Ciro Flamarión Santana Cardoso, "El Modo de Producción Esclavista Colonial en América", publicado por C. S. Assadourian e outros, *Modos de Producción en América Latina*, p. 193-230; citada p. 214. Também E. Semo, *op. cit.*, p. 249.
8. Karl Marx, *Elementos Fundamentales para la Crítica de la Economía Política*, 2 vols. trad. de José Arico, Miguel Murmis e Pedro Scarón, Siglo Veintiuno Editores, México 1971, vol. 1, p. 159.
9. *Ibidem*, p. 476.

são capitalistas os que manejam o negócio do tráfico de negros. O sistema de produção introduzido por eles não provém da escravatura, mas sim enxerta-se nela. Neste caso, o capitalista e o dono da *plantation* são uma só pessoa.[10]

Nessas condições, quando o capitalismo alcança certo grau de desenvolvimento, em âmbito mundial, ele torna difícil a continuidade das relações escravistas de produção. Depois de alcançar certo dinamismo, em escala mundial, o capital industrial começa a influenciar, matizar, alterar ou mesmo destruir as formas de organização social e técnica das relações de produção que não se adequam, de alguma maneira, ao seu ritmo e sentido.

Assim, o paradoxo representado pela articulação do trabalho livre, na Europa, com o trabalho escravo, nas Américas e Antilhas, revela-se uma contradição estrutural significativa quando ocorre a independência das colônias do Novo Mundo. Com a independência dos Estados Unidos, por exemplo, a burguesia ascendente é obrigada a reconhecer a existência de fato da escravatura, lado a lado com o trabalho livre. Ao mesmo tempo que a constituição estabelece o princípio da cidadania, para o branco, confirma o princípio da escravatura, para o negro. A mesma incongruência ideológica tornou-se mais ou menos explícita para os outros novos Estados nacionais surgidos com a crise dos sistemas coloniais do mercantilismo europeu. Essa ambigüidade foi registrada por José Bonifácio, um dos líderes da independência política do Brasil. Precisamente na época da formação do Estado nacional, nesse país, tornou-se evidente a incongruência entre os compromissos liberais, inerentes à forma pela qual desenrolou-se a luta pela independência, e as exigências da continuidade do trabalho escravo. Também Frederick Engels registrou essa ambigüidade, quanto aos Estados Unidos.

> *Bonifácio:* Mas como poderá haver uma Constituição liberal e duradoura em um país continuamente habitado por uma multidão imensa de escravos brutais e inimigos?[11]

10. Karl Marx, *Historia Crítica de la Teoría de la Plusvalia,* 3 vols., trad. de Wenceslau Roces, Fondo de Cultura Económica, México 1944-45; citação do vol. II, p. 332-333.
11. José Bonifácio, "Representação à Assembléia Geral Constituinte e Legislativa do Império do Brasil sobre a Escravatura", publicado por Octavio Tarquínio de Sousa, *José Bonifácio,* Livraria Martins Editora, São Paulo 1944, p. 39-66; citação da p. 41.

> *Engels:* E é indicativo do caráter especificamente burguês desses direitos humanos que a Constituição americana, a primeira a reconhecer os direitos do homem, da mesma forma confirma a escravatura das raças de cor existentes na América; privilégios de classe são proscritos, privilégios de raça são sancionados.[12]

O paradoxo aparente dos primeiros tempos, surgido no âmbito da acumulação primitiva e do mercantilismo, tornara-se um paradoxo real, econômica e politicamente, quando o capitalismo industrial ganha preeminência no sistema econômico mundial. A criação dos Estados nacionais nas Américas tornava interna, presente, explícita e aguda a contradição entre o trabalho escravo e o trabalho livre. Essa foi a ocasião em que — conforme as condições peculiares de cada país — a nascente formação social capitalista se impôs e venceu a escravista.

12. Frederick Engels, *Anti-Dühring*, Foreign Languages Publishing House, Moscou 1962, p. 146.

A MENTALIDADE DOS FAZENDEIROS NO CONGRESSO AGRÍCOLA DE 1878

Peter L. Eisenberg

Existem várias correntes de interpretação na historiografia brasileira, no sentido de avaliar a existência e a importância de diferenças de mentalidade entre os fazendeiros do Vale do Paraíba e os do Oeste Paulista na segunda metade do século XIX. O propósito deste artigo é, aproveitando uma revisão inical dessa literatura por Jacob Gorender, primeiro analisar as interpretações disponíveis e, segundo, verificar através de uma análise dos depoimentos de fazendeiros no Congresso Agrícola do Rio de Janeiro em 1878, se alguma interpretação pode ser melhor confirmada.[1]

Antes de abordar a historiografia da questão, é preciso sugerir melhor o que se entende por «mentalidade». A definição do dicionário de Aurélio Buarque de Holanda Ferreira merece menção, pelo menos pela sua simplicidade: «o conjunto dos hábitos intelectuais e psíquicos de um indivíduo, ou de um grupo».[2] Evidentemente, Karl Marx deu muito mais ênfa-

* O autor agradece o apoio da Fundação Ford e da Social Science Research Council, que em grande parte possibilitou esta pesquisa, os comentários do Grupo de Estudos Agrários, cujo seminário na UNICAMP ajudou-o a esclarecer certos pontos deste trabalho, e a revisão da gramática e ortografia por Eni Orlandi.

1. Jacob Gorender, *O Escravismo Colonial*, São Paulo, Ática, 1978, p. 555-558.
2. Aurélio Buarque de Holanda Ferreira, *Novo Dicionário da Língua Portuguesa*, Rio de Janeiro, Nova Fronteira, s/d, p. 918.

se às origens e papéis políticos de idéias, quando introduziu o conceito mais dinâmico de «ideologia», ou seja, a «emanação direta do comportamento material dos homens», especificamente os homens da classe social dominante.[3] Mas este estudo das idéias dos fazendeiros pretende avaliar não tanto as raízes ou as conseqüências delas, senão o que elas sugerem ter sido a forma de pensamento ou a atitude mental do grupo que as manifestou. Assim, o ponto de coincidência com Marx seria a sua afirmação de que «a mesma base econômica — a mesma no tocante a suas condições fundamentais — (pode) mostrar em seu modo de manifestar-se infinitas variações e gradações, devidas a distintas e inumeráveis circunstâncias empíricas, condições naturais, fatores étnicos, influências históricas que atuam do exterior etc.»[4] O que se pretende, usando esta terminologia marxista, é descobrir se tal base econômica, ou seja, as relações entre os fazendeiros e os produtores diretos do café, produziu manifestações regionais diferentes.

Max Weber também usou conceitos que significam coisa semelhante àquilo que entendo por mentalidade. Num ensaio famoso, Weber descreveu o «espírito» do capitalismo, que ele também caracterizou como o «gênio social da cultura capitalista», e que era «aquela atitude que procura lucro racional e sistematicamente, na maneira exemplificada por Benjamin Franklin». Weber especificou que a racionalidade desta atitude dependia, entre outras coisas, do desenvolvimento da contabilidade, que permite cálculos dos fatores técnicos da produção, e possibilita que a ação de aquisição seja «ajustada com cálculos em termos de capital».[5] Estas idéias weberianas, como logo se verá, influíram fortemente em alguns escritores brasileiros. Aqui cabe destacar que o objeto deste estudo está próximo daquilo que Weber denominou genericamente como espírito ou gênio social, a atitude mental com a qual os fazendeiros desempenharam a sua atividade econômica, com a ressalva de que não se trata de descobrir o grau de desenvolvimento do capitalismo no Brasil do século XIX, mas simplesmente procurar diferenças regionais.

3. Karl Marx, e Frederick Engels, *The German Ideology*, Edited by C. J. Arthur, Nova Iorque, International Publishers, 1970, p. 47, 64-68.
4. Karl Marx, *Capital*, 3 volumes, Edited by Frederick Engels, Nova Iorque, International Publishers, s/d, v. 3, p. 791-792.
5. Max Weber, *The Protestant Ethic and the Spirit of Capitalism*, Nova Iorque. Charles Scribner's Sons, 1958, p. 54, 64, 18.

Dada a importância da escola francesa de historiadores que estudam «l'histoire des mentalités», torna-se necessário considerar mais uma definição possível de mentalidade. Esta escola não faz a história das idéias, mas a história do «sucedâneo popular da *Weltanschauung* alemã, a visão do mundo... um universo mental ao mesmo tempo estereotipado e caótico». Assim, a pesquisa da escola francesa assemelha-se muito à da psicologia social, sendo que os historiadores trabalham com populações de épocas do passado. O meu interesse não abrange um objeto tão vasto e variado como o universo mental dos fazendeiros, que inclui atitudes para com muitas outras esferas da vida além da econômica, e exigiria um levantamento muito mais amplo de fontes literárias, artísticas, etc.[6]

I. As Interpretações

A interpretação que afirma, e dá grande ênfase à diferença regional entre mentalidades, provavelmente começou com Sérgio Buarque de Holanda, no seu livro *Raízes do Brasil,* originalmente publicado em 1936. Este autor observou que, a partir dos meados do século passado, no Oeste Paulista «o domínio agrário deixa, aos poucos, de ser uma baronia, para se aproximar, em muitos dos seus aspectos, de um centro de exploração industrial».[7] Em outro ensaio posterior, Sérgio Buarque repetiu as suas próprias palavras, elaborando-as: «a fazenda de café fluminense contentara-se em copiar, nos tempos áureos, o tipo tradicional dos engenhos de cana... formava uma unidade fechada, suficiente, quase autárquica», que tornava desnecessário um desenvolvimento maior de laços comerciais com o mercado interno. Mas no Oeste Paulista apareceu «uma nova raça de senhores rurais», gerada «em primeiro lugar pela carência nessa província de uma tradição agrícola realmente grande e próspera... também pelo aparecimento providencial de

6. Jacques Le Goff, "As Mentalidades. Uma História Ambígua", em *idem,* e Pierre Nora, *História: Novos Objetos,* tradução de Terezinha Marinha, Rio de Janeiro, Livraria Francisco Alves Editora, 1976, p. 73. A bibliografia deste artigo interessante cita as obras mais representativas de "l'histoire des mentalités", p. 81-83. Veja também a descrição em Ciro Flamarion Cardoso e Hector Pérez Brignoli, *Os Métodos da História,* tradução de João Maia, Rio de Janeiro, Graal, 1979, p. 394-406.

7. Sérgio Buarque de Holanda, *Raízes do Brasil,* 2ª edição, Rio de Janeiro, José Olympio, 1948, p. 260-261.

alguns homens de iniciativa e espírito prático... enfim pela própria natureza absorvente e exclusiva da cultura do café» que impediu que terras fossem dedicadas a lavouras de gêneros de primeira necessidade.[8]

Maria Isaura Pereira de Queiroz em 1950 aplicou algumas categorias sugeridas por Djacir Menezes, e alegou que os fazendeiros do Vale, «titulares do Império, representavam a burguesia latifundiária com fumos de nobreza... seriam os fazendeiros unicamente fazendeiros: o que não era de admirar, pois, quando do esplendor do café, seu lucro se espraiava em luxos e superfluidades». Os do Oeste Paulista «formavam uma burguesia comercial... mais frugais e modestos, cultivando terras frescas, puderam desviar capitais para sociedades anônimas e bancos, criaram novos interesses que impeliam a pugnar pela abolição... que lhes obstruía os passos para o alargamento do mercado interno». Maria Isaura rejeitou a sugestão de que os fazendeiros paulistas representavam «um prolongamento, no tempo, do bandeirante... enquanto os do Vale, seguindo na esteira dos primeiros portugueses... queriam era o lucro fácil e sem riscos».[9]

Embora usando uma linguagem um pouco diversa, alguns outros autores parecem pertencer a essa mesma corrente interpretativa. Emília Viotti da Costa concluiu um livro de longa pesquisa com a afirmação de que «os fazendeiros do Oeste Paulista tinham idéias mais avançadas do que os do Vale do Paraíba. Representaram duas fases da economia brasileira, dois estilos de vida, duas mentalidades».[10] Eugene D. Genovese assumiu este ponto de vista, e declarou que, depois de 1850, «o Vale permaneceu o baluarte dos obstinados... São Paulo surgiu na base de homens novos».[11]

8. Sérgio Buarque de Holanda, "Prefácio do Tradutor", *in* Thomas Davatz, *Memórias de um Colono no Brasil (1850)*, São Paulo, Martins/USP, 1972 — 1ª edição em português em 1941, p. XXIII-XXIV.

9. Maria Isaura Pereira de Queiroz, "A estratificação e a mobilidade social nas comunidades agrárias do Vale do Paraíba entre 1850 e 1888", in *Revista de História*, 1:2, abril-junho, 1950, p. 217-218. A autora cita Djacir Menezes, *O Outro Nordeste. Formação Social do Nordeste*, Rio de Janeiro, José Olympio, 1937, p. 153, onde se encontram as idéias de "burguesia latifundiária" e "burguesia comercial".

10. Emília Viotti da Costa, *Da Senzala à Colônia*, São Paulo, Difel, 1966, p. 465. Veja também um artigo mais recente onde a mesma autora reafirmou a hipótese: na segunda metade do século XIX, "os fazendeiros das regiões decadentes assumiram freqüentemente atitudes mais conservadoras, apegando-se aos antigos sistemas de produção e formas de valores da sociedade tradicional... o principal conflito é o que ocorre entre os representantes dos setores agrários retrógrados, apegados às formas tradicionais de produção; ao trabalho escravo, e aos valores da sociedade tradicional, e os novos grupos mais progressistas, ligados à agricultura e às novas empresas". *Da Monarquia à República: Momentos Decisivos*, São Paulo, Grijalbo, 1977, p. 201.

11. Eugene D. Genovese, *The World the Slaveholders Made: Two Essays in Interpretation*, Nova Iorque, Random House, 1969, p. 84-85.

Boris Fausto pressupôs a diferença de mentalidades, quando se dirigiu às causas: o Oeste Paulista para ele «nasceu em uma época em que as possibilidades de manutenção de sistema escravista se esgotavam. Esta antevisão dos novos tempos deu aos empresários da região uma enorme vantagem sobre os seus colegas do Vale». [12]

Certos sociólogos não somente constataram a alegada diferença entre mentalidades, mas também a associaram com um grau maior de «racionalização» que penetrava mais na fazenda do Oeste Paulista. Assim, Fernando Henrique Cardoso publicou um artigo em 1960, no qual ele expôs a hipótese de que, nas duas décadas antes da abolição, «na fazenda de café do Oeste Paulista... intensificou-se o processo de racionalização da empresa econômica, porque era montada com mão-de-obra assalariada que permitia, «pura e simplesmente, sua dispensa nos momentos de retração» do mercado internacional. [13] Como resultado, embora «tanto o café do Vale do Paraíba, como o açúcar do Nordeste, fossem explorados nos moldes dos latifúndios escravocratas típicos do Brasil», no Oeste Paulista, o fazendeiro era «empreendedor capitalista... Absenteísta... habitante da cidade, possuía a mente mais aberta às inovações tecnológicas e ao espírito de racionalização da empresa do que seus antecessores e muitas vezes, antepassados, do período cafeeiro do Vale do Paraíba». [14]

Logo após Fernando Henrique, Octavio Ianni também afirmou que na segunda metade do século XIX «na cafeicultura, em especial o Oeste Paulista, a *fazenda* se transforma numa *empresa*. A racionalidade inerente à economa mercantil penetra progressivamente a unidade produtora». Sem caracterizar especificamente o cafeicultor no Vale do Paraíba, Ianni insistiu na «organização racional dos negócios relacionados à cafeicultura... na racionalidade inerente ao modo capitalista de organização da produção... na auto-racionalização

12. Boris Fausto, "Expansão do Café e Política Cafeeira", em *idem* (org.), *História Geral da Civilização Brasileira*, 9 volumes, São Paulo, Difel, 1963-1977, tomo III, vol. 1, p. 198.
13. Fernando Henrique Cardoso, "Condições Sociais da Industrialização: o Caso de São Paulo", in *Revista Brasiliense*, n. 28, março-abril, 1960, republicado em *Mudanças Sociais na América Latina*, São Paulo, Difel, 1969, p. 190. Esta hipótese de o caráter do modo de produção capitalista estar ligado à capacidade de variar o uso dos fatores de produção, conforme as necessidades do mercado, reaparece mais desenvolvida na tese de doutoramento de Fernando Henrique Cardoso, *Capitalismo e Escravidão no Brasil Meridional. O Negro na Sociedade Escravocrata no Rio Grande do Sul*, São Paulo, Difel, 1962, especialmente p. 196-205.
14. Cardoso, "Condições Sociais da Industrialização", p. 189, 191.

do comportamento do empresário», idéia pela qual ele parece entender «a organização eficaz dos elementos da produção, tais como a terra, o capital, a técnica, a mão-de-obra, além do financiamento, do transporte, do crédito, etc.», como se antes, possivelmente no Vale do Paraíba, essa organização fosse menos «eficaz».[15]

Raimundo Faoro, revisando significativamente um trabalho originalmente publicado em 1958, juntou a terminologia de Sérgio Buarque à categoria de racionalidade, quando analisou «a mudança da estrutura interna da fazenda, mais empresa do que baronia, com a necessidade de ordenar racionalmente os cálculos econômicos». Entretanto, Faoro deixou uma certa ambigüidade, pois do fato de que as fazendas mais novas após 1870 não podiam mais depender exclusivamente da mão-de-obra escrava, ele concluiu que «o Oeste Paulista será uma réplica ao Vale do Paraíba, réplica em novos moldes, sem a adoção servil do clichê do engenho de açúcar... A fazenda paulista, desta sorte, embora escravista, não se tornou essencialmente ou necessariamente escravista».[16]

Florestan Fernandes, num livro lançado em 1974, desenvolveu também essa interpretação, mas sem aceitar plenamente a marcha da racionalização. Fernandes caracterizou os fazendeiros de café no Vale do Paraíba no segundo quartel do século XIX como obcecados pela defesa do status senhorial, um status que tinha as suas raízes na época colonial, e na dominação patrimonialista do estamento dos senhores de engenho. Este status significava, entre outras coisas, a perseguição não de lucros mas do «equivalente econômico... de grandeza da aventura e da audácia», e a condenação dos modelos capitalistas de ação «em nome de um código de honra que degradava as demais atividades econômicas e que excluía para si próprio inovações audaciosas nessa esfera».[17] «Ao que parece, a influência dos padrões coloniais, herdados dos portugueses, e o afã de nobilitação induziam os fazendeiros de café a adotarem adaptações econômicas selecionadas previamente pela aristocracia agrária».[18]

15. Octavio Ianni, *Raças e Classes Sociais no Brasil*, Rio de Janeiro, Civilização Brasileira, 1966, p. 79-80. Ênfase no original.
16. Raimundo Faoro, *Os Donos do Poder. Formação do Patronato Político Brasileiro*, 2 volumes, Porto Alegre/São Paulo: Globo/USP, 1975, vol. 2, p. 455-456.
17. Florestan Fernandes, *A Revolução Burguesa no Brasil. Ensaio de Interpretação Sociológica*, Rio de Janeiro, Zahar, 1974, p. 24-26.
18. *Ibid.*, p. 106.

No último quartel do século XIX, entretanto, «as pressões do mercado mundial sobre os custos sociais da produção agrária» fizeram com que «alguns fazendeiros do Oeste Paulista, mais envolvidos nas atividades e funções do capital comercial e financeiro, procurassem intensificar o trabalho escravo ou combiná-lo ao trabalho livre, tentando promover a substituição paulatina daquele; concomitantemente, eliminaram todos os custos diretos ou indiretos, visíveis ou invisíveis com que a ordem senhorial onerava a produção agrícola; substituíram ou aperfeiçoaram as técnicas agrícolas... modernizaram os transportes... separaram o lar senhorial da unidade de produção, removendo os fatores de redução da produtividade que provinham das técnicas de organização e dominação patrimonialista da produção».[19]

Para Fernandes, os paulistas do Oeste eram diferentes porque as suas origens sociais eram mais diversas: vieram da «modesta lavoura de subsistência», ou eram «antigos tropeiros e negociantes de gêneros nas minas; alguns ex-mineradores». Por isso, na prática «concediam-se extrema liberdade para agir independentemente do código ético senhorial... eram duros aventureiros». Numa frase, o novo fazendeiro do café não era mais um senhor rural, senão «um *homo oeconomicus* tosco», um «coronel» apegado ao poder político para defender a sua posição social, ou um «homem de negócios» procurando aplicar os excedentes de sua renda «na lavoura ou fora dela».[20]

Vale a pena lembrar que Fernandes discordou de Fernando Henrique e de Octavio Ianni. Em vez de uma marcha e penetração da racionalidade capitalista, Fernandes viu uma mudança de valores, de um privilegiamento do status senhorial para um privilegiamento de riqueza, e, mesmo assim, apenas alguns fazendeiros incorporaram esta nova mentalidade capitalista, e com bastante demora e vacilações.[21]

A interpretação mais nova na historiografia minimiza a importância das diferenças entre as mentalidades dos fazendeiros das duas regiões, e até nega a existência destas diferenças. Paula Beiguelman já em 1968 criticou a explicação que se serve de recurso de interpretar as transformações ocorridas no Oeste Paulista, em contraposição ao Vale

19. *Ibid.*, p. 109-110.
20. *Ibid.*, p. 113-115, 121-122.
21. *Ibid.*, p. 120, 154, 173, 180.

do Paraíba, como conseqüência de uma «mentalidade específica dos empreendedores daquela área», e advertiu que, «com tal esquema, não se faz mais que repetir... a ideologia do Oeste Paulista, que atribuía aos fazendeiros o epíteto de 'emperrados'». Para Beiguelman, deve-se perceber a «'mentalidade' peculiar... como *resultante* e não mais, de forma simplista, como *causa*».[22]

Imediatamente após Beiguelman, Dean Warren criticou a insistência de Maria Isaura Pereira de Queiroz em dois tipos de burguês; ele caracterizou os contrastes entre mentalidades como «muito exagerado», e negou que o paulista era «nem mais racional nem mais humano» na sua atitude para com a mão-de-obra. Dean demonstrou que em São Paulo havia fazendeiros que não conseguiam manter as suas fortunas, e no Vale do Paraíba havia fazendeiros que eram empresários bem sucedidos, e que ambas as regiões tinham os seus barões e condes.[23]

Jacob Gorender, no livro *O Escravismo Colonial* que de certa maneira inspirou esta antologia, também se colocou ao lado dos céticos a respeito da importância da diferença entre as mentalidades. Após resumir alguns dos trabalhos que contribuíram para o debate, Gorender afirmou que, no que diz respeito à escravidão, não houve diferença: «Não se formava uma nova classe de senhores rurais, supostamente dotados de racionalidade capitalista, mas se repetia o velho fenômeno das migrações de plantadores escravistas em busca de terras virgens. Tampouco se modificava, no Oeste Novo, a orientação escravista dos fazendeiros migrantes, sob a influência de fatores situacionais. Ao contrário, os fatores situacionais reforçavam a precedente orientação escravista... Assim, não era o escravismo que diferenciava os fazendeiros das diversas zonas do café. Tampouco os diferenciava a propensão à modernização dos meios de produção, embora os fazendeiros do Oeste Paulista tivessem melhores condições para isso do que os do Vale do Paraíba. A chamada 'racionalidade empresarial' se manifestou nuns e noutros, sempre aplicada à exploração do trabalho escravo».[24]

22. Paula Beiguelman, *A Formação do Povo no Complexo Cafeeiro: Aspectos Políticos*, São Paulo, Pioneira, 1968, p. 72. Ênfase no original.
23. Warren, Dean, *A Industrialização de São Paulo (1880-1945)*, tradução de Octávio Mendes Cajado, São Paulo, Difel, 1971, p. 48-49.
24. Gorender, *O Escravismo Colonial*, p. 562-563.

A mais recente contribuição ao debate é a de José de Souza Martins, que publicou um estudo em 1979 onde acompanhou Dean ao afirmar que as duas mentalidades apontadas eram encontráveis em cada região, nas décadas de 1870 e 1880. «Não só no oeste, mas também no Vale era possível encontrar capitalistas ativos, cuja orientação de modo algum se baseava numa vinculação emocional à terra. Por outro lado, tanto no oeste quanto no Vale era possível encontrar na mesma época escravistas empedernidos». Entretanto, Souza Martins afirmou uma diferença entre a mentalidade escravista e a que veio depois, uma diferença que tornou a transição para o trabalho livre «relativamente complicada e tensa» porque «a mentalidade do fazendeiro tinha, pois, raízes sociais definidas e expressava a forma de capital que estava na base do seu empreendimento». Ele concluiu que «mudanças objetivas nas condições de produção do café... deram um significativo suporte à transformação da mentalidade do fazendeiro, de modo a liberá-la da peia representada pelo escravo».[25]

Como se vê, existem pelo menos duas maneiras de compreender as diferenças entre as mentalidades dos fazendeiros de café: uma que vê um contraste marcado entre as mentalidades nas duas regiões, e outra que não o vê. O exame dos depoimentos dos fazendeiros no Congresso Agrícola no Rio de Janeiro em 1878, ano em que, conforme todos os autores, já estavam se diferenciando as duas regiões, deve permitir uma visão rica da variedade das idéias dos fazendeiros, e uma impressão quanto às mentalidades de pessoas de regiões diversas. Limitar-me-ei aos depoimentos sobre a questão de mão-de-obra por dois motivos: primeiro, para não me estender demais e, segundo, para salientar uma questão que todos os autores reconhecem como significativa. O meu pressuposto básico é o que, para comprovar a existência de uma mentalidade antiquada, atrasada, ou menos racional no Vale do Paraíba, será preciso constatar, naquela região, uma relutância em abandonar a mão-de-obra escrava, ou uma preferência para a sujeição de trabalhadores livres a regimes menos livres do que o de simples assalariado, enquanto entre

25. José de Souza Martins, *O Cativeiro da Terra,* São Paulo, Ciências Humanas, 1979, p. 30, 61, 34.

os fazendeiros do Oeste Paulista prevalecia outra mentalidade menos interessada em manter a escravidão e mais aberta para o trabalho livre sem grandes restrições.

II. O Congresso Agrícola do Rio de Janeiro

A questão de mão-de-obra foi uma das questões mais discutidas nas últimas décadas do Império. No âmbito do governo imperial, de todos os seus decretos, leis e decisões durante o século XIX com referência à escravidão, 81% foram promulgados entre 1850 e 1888. O movimento abolicionista, a partir da década de 1870, levou à criação de um grande número de jornais e livros que insistentemente colocavam em pauta a questão da mão-de-obra escrava, e a natureza de transição para a mão-de-obra livre.[26]

Em 1878 esta questão voltou a ser discutida com uma certa insistência em dois congressos agrícolas realizados no Rio de Janeiro e em Recife. A escolha da data para estes congressos pode ser explicada por vários motivos. Em primeiro lugar, era evidente nesta altura do século que as conseqüências do fechamento do tráfego internacional em 1850, e a limitação exercida pela Lei do Ventre Livre de 1871 sobre o crescimento natural da população escrava, condenavam fatalmente a escravidão. Por outro lado, os preços nominais de escravos atingiram o seu auge nos fins da década de 1870, tanto no Vale do Paraíba como no Oeste Paulista.[27] Para dificultar a vida dos escravocratas ainda mais, a década de 1870 foi especialmente desfavorável para as atividades da grande lavoura. O preço da saca de café estava caindo de uma alta de 39$716 em 1873-74 para 28$740 em 1877-78; e o preço de cem libras de açúcar continuava o seu declínio secular, caindo de 25/6 xelins em 1871 para 20/0 em 1878.[28]

26. Déa Ribeiro Fenelon arrolou 689 itens na legislação imperial entre 1813 e 1888 que diziam respeito à escravidão. Deste número, 558 itens tinham datas entre 1850 e 1888. "Levantamento e sistematização da legislação relativa aos escravos no Brasil", *Anais do VI Simpósio Nacional dos Professores Universitários de História. Trabalho Livre e Trabalho Escravo*, 3 volumes, São Paulo, *Revista de História*, 1973, vol. II, p. 199-307. Veja as publicações listadas por Robert Conrad, *Brazilian Slavery: An Annotated Research Bibliography*, Boston, G. K. Hall e Co., 1977.
27. Stanley J. Stein, *Grandeza e Decadência do Café no Vale do Paraíba*, tradução de Edgar Magalhães, São Paulo, Brasiliense, 1961, p. 274. Robert Slenes, *The Demography and Economics of Brazilian Slavery, 1850-1880*, tese de doutoramento, Stanford University, 1976, p. 183.
28. Affonso de Taunay, *Pequena História do Café no Brasil (1727-1937)*, Rio de Janeiro, Departamento Nacional do Café, 1945, p. 548. Noel Deerr, *The History of Sugar*, 2 volumes, Londres, Chapman and Hall, Ld., 1949-1950, v. 2, p. 531.

Por último, embora não tenha figurado tanto nas considerações no Rio como em Recife, o ano de 1878 marcou o segundo ano da pior seca do século XIX, uma catástrofe que abalou a agricultura das regiões nordestinas atingidas, e estimulou migrações internas de dezenas de milhares de nordestinos flagelados.[29]

Assim foi que, no meio desta conjuntura desfavorável para a grande lavoura, em junho de 1878, o Governo Imperial, através do então Ministro de Negócios de Agricultura, Comércio e Obras Públicas João Vieira Lins Cansansão de Sinimbu, convocou os agricultores das províncias do Rio de Janeiro, São Paulo, Minas Gerais e Espírito Santo, para discutirem sete questões:

«1. Quais as necessidades mais urgentes e imediatas da grande lavoura?

2. É muito sensível a falta de braços para manter, ou melhorar ou desenvolver os atuais estabelecimentos da grande lavoura?

3. Qual o modo mais eficaz e conveniente de suprir essa falta?

4. Poder-se-á esperar que os ingênuos, filhos de escravas, constituam um elemento de trabalho livre e permanente na grande propriedade? No caso contrário, quais os meios para reorganizar o trabalho agrícola?

5. A grande lavoura sente carência de capitais? No caso afirmativo, é devido este fato à falta absoluta deles no país, ou à depressão do crédito agrícola?

6. Qual o meio de levantar o crédito agrícola? Convém criar estabelecimentos especiais? Como fundá-los?

7. Na lavoura têm-se introduzido melhoramentos? Quais? Há urgência de outros? Como realizá-los?»[30]

Nas semanas anteriores ao Congresso, pelo menos 87 pessoas foram escolhidas como representantes de seus municípios por reuniões de agricultores. Quando o Congresso abriu em

29. Roger L. Cunniff, *The Great Drought: Northeast Brazil, 1877-1888*, tese de doutoramento, University of Texas, Austin, 1970.

30. Congresso Agrícola, *Colleção de Documentos*, Rio de Janeiro, Typographia Nacional, 1878, p. 2. As atas do congresso em Recife, que serão analisadas em outra oportunidade, encontram-se em Sociedade Auxiliadora da Agricultura de Pernambuco, *Trabalhos do Congresso Agrícola do Recife em outubro de 1878*, Recife, Typ. de Manoel Figueiroa de Faria & Filhos, 1879. Neste artigo, a ortografia original nas citações foi atualizada.

julho, 279 pessoas assinaram o livro de presença. Deste total, 145, ou 52%, vieram da província do Rio de Janeiro, e 71, ou 25%, vieram da província de São Paulo, incluindo 17 do Vale do Paraíba Paulista, e 48 do Oeste Paulista. De Minas Gerais vieram 53 pessoas, e umas poucas pessoas compareceram do Município Neutro (Corte), Espírito Santo e Rio Grande do Sul. A preponderância de participantes do Rio de Janeiro explica facilmente por que, entre as 82 comunicações no Congresso, eram os fluminenses que mais se manifestavam.[31]

Entretanto, mesmo dando mais peso para os contingentes menores que vieram de outras províncias, para compensar a preponderância do Rio de Janeiro, é preciso lembrar que muitas vezes os interesses econômicos e sociais da grande lavoura não se homogeneizaram necessariamente dentro das fronteiras políticas de cada província, mas antes obedeciam determinantes como tipos de lavoura, mercados, solos, topografias, distâncias, etc. Assim, não se pode ignorar uma forte identidade de interesses entre os lavradores do Sudeste de Minas Gerais, de onde desceram 43 dos 52 mineiros que assinaram o livro de presença, com os do Norte do Rio de Janeiro e o baixo Vale do Paraíba. Essa identidade era tanta que o mineiro Cristiano Benedito Ottoni se dizia representante das duas áreas, e três documentos foram encaminhados para o Congresso por comissões mistas formadas por lavradores destas duas áreas.[32]

A primeira pergunta colocada pelo Ministro da Agricultura indagava sobre as necessidades mais urgentes e imediatas da

31. As atas das reuniões eleitorais foram publicadas na *Colleção*, p. 17-30. Entre as 121 pessoas que se inscreveram mas que não assinaram o livro de presença, as proporções por província eram quase as mesmas, ou seja, 48% do Rio de Janeiro, 29% de São Paulo e 16% de Minas Gerais. Das 56 pessoas que motivaram o seu não-comparecimento, 39% era do Rio de Janeiro, 20% de São Paulo, 14% do Espírito Santo e 11% de Minas Gerais. *Ibid.*, p. 3-16. A definição das regiões obedece aos seguintes critérios: "Rio de Janeiro" refere-se a todos os municípios daquela província fora o Município Neutro. "Vale do Paraíba paulista" refere-se a todos os municípios ao norte e leste da capital São Paulo. "Oeste Paulista" refere-se a todos os municípios ao oeste da capital. É bem possível que as 13 pessoas do Município Neutro, que de alguma maneira participaram no congresso, tivessem propriedades na província do Rio de Janeiro; é mais difícil saber onde as sete pessoas da capital de São Paulo tiveram propriedades. Sobre as dificuldades de definir as regiões paulistas, veja Thomas Holloway, *Migration and Mobility: Immigrants as Laborers and Landowners in the Coffee Zone of São Paulo, Brazil, 1886-1934*, tese de doutoramento, University of Wisconsin, Madison, 1974, p. 442-453.

32. Só de Mar de Espanha, Juiz de Fora e Leopoldina vieram 38 mineiros. Uma comissão da Companhia União de Lavradores reunia cinco pessoas do Município Neutro e Juiz de Fora; outra juntou uns lavradores de Juiz de Fora com outros de Paraíba do Sul e Rio de Janeiro; e uma terceira apresentou uma proposta assinada por lavradores fluminenses de Valença, Cantagalo, Itaguaí e da Corte, e dois lavradores de Mar de Espanha e Leopoldina. *Colleção*, p. 69, 72, 78.

grande lavoura. A grande maioria das pessoas, que responderam a pergunta, apontou para a falta de braços: onze do Rio de Janeiro e do Vale do Paraíba paulista, três do Oeste Paulista e cinco de Minas Gerais.[33] Entretanto, houve quatro fluminenses e dois mineiros que negaram a falta de braços: três fluminenses acharam suficiente a oferta de braços livres, que incluía os «200 mil retirantes» do Nordeste; o Barão do Rio Bonito de Valença opinou que «ainda pode encontrar porção de escravos à venda no mercado da Corte». Da mesma forma, um mineiro de Leopoldina julgou que faltava apenas «dinheiro a juro barato... porque braços se adquirem com capitais», e apontou para os «escravos supridos pela lavoura onerada» do Norte do País. Um outro mineiro de Mar de Espanha parcialmente confirmou: «ainda há muitos escravos para comprar, muitos trabalhadores livres, e muitos caboclos, que vagam aí pelas matas e podem ser aproveitados».[34] Somente um paulista de Taubaté no Vale do Paraíba negou a falta de braços.[35]

A maioria dos congressistas foi tão convencida de que o alívio da falta de braços era uma das primeiras necessidades da grande lavoura, que não comentou em extenso a segunda pergunta do Ministro da Agricultura. Essa pergunta pressupunha a existência da falta de braços, e indagava se era muito sensível. Aqueles que responderam se limitaram a um simples sim ou não, com apenas um fluminense de Barra Mansa, no Vale do Paraíba, comprovando esta falta sensível com uma referência aos «preços elevadíssimos (dos) escravos importados do norte».[36]

Assim, ficou claro que fazendeiros do Vale do Paraíba e Minas, como do Oeste Paulista, reclamavam a falta de braços. Se fosse possível constatar que muitos fluminenses e mineiros pensavam somente na oferta da mão-de-obra escrava, enquanto que, principalmente o pessoal do Oeste Paulista, reclamava a falta de braços livres, podia-se acreditar mais

33. *Ibid.*, p. 43, 46, 51, 62, 64, 141, 194, 206, 209, 252, do Rio de Janeiro; p. 31, 37, 73, do Vale do Paraíba paulista; p. 45, 57, 67, 78, 155, 230, 240, do Oeste Paulista. Houve um número quase igual de discursos nos quais se apontava também a falta de capitais como uma necessidade urgente e imediata. Alguns oradores, principalmente de Minas Gerais, citaram a instrução e vias de comunicação como prioritárias. *Ibid.*, p. 45, 54, 67, 78, 240. Apenas umas poucas pessoas se referiram à necessidade de obter instrumentos e máquinas, uma melhor lei de terras, ou liberdade de exportação. *Ibid.*, p. 42, 43, 34.
34. *Ibid.*, p. 40, 137, 155, 163-164, 182, 237.
35. *Ibid.*, p. 187.
36. *Ibid.*, p. 52.

que existia uma verdadeira diferença de mentalidades, conforme as regiões. Mas dos fluminenses que não reclamavam a falta de braços, vários já contavam com o trabalho livre. Apenas um fluminense, e mais dois mineiros, responderam essas perguntas com referências exclusivamente à mão-de-obra escrava. Desta análise das respostas às primeiras duas perguntas, portanto, começa-se a duvidar que os congressistas manifestaram mentalidades regionais.

A terceira e quarta perguntas atingiram o centro das preocupações, uma vez que elas convidavam diretamente os congressistas a especificar uma solução para a falta de braços. Aqui, as respostas eram das mais variadas. Por estas razões, seria necessário detalhar mais a análise.

1. *O Trabalhador Livre Nacional*

Para começar, é notável que muita gente via no trabalhador livre nacional um fornecedor importante de mão-de-obra. Sete pessoas e mais uma comissão de Minas Gerais, seis homens do Rio de Janeiro, as duas comissões mistas de fluminenses e mineiros, três paulistas do Vale do Paraíba e um do Oeste, se manifestaram neste sentido. [37] Os entusiastas do trabalhador livre nacional afirmaram que este vivia na ociosidade, estando desempregado ou subempregado, e por isso podia ser melhor aproveitado pela grande lavoura. Dos «muitos milhares de vagabundos e vadios», somente «uma diminuta parte deles se aplica a algum serviço, trabalha um ou dois dias por semana, quando muito». A comissão de lavradores mineiros de Baependi condenou esta «ociosidade, justamente estigmatizada pela moral como a mãe dos vícios, que por sua vez são as mães dos crimes, e que constituem um mal social que se ostenta sob proporções assustadoras no país». [38]

A concordância a respeito da ociosidade do trabalhador livre nacional não impediu que os congressistas discordassem quanto às causas e curas desta inatividade. As causas foram encaradas como falta de repressão, a politicagem e a ausên-

37. *Ibid.*, p. 45, 58, 132, 134, 147, 182, 184, 154, 241, de Minas Gerais; p. 43, 52, 62, 133, 137, 197, 198, do Rio de Janeiro; p. 139, 157, 160, 186, 196, de São Paulo; p. 67, 78-79, para as comissões.
38. *Ibid.*, p. 45, 47, 58.

cia de incentivos positivos. Quem identificava a ociosidade como resultado da falta de repressão, apelou para a «correção e polícia que moralize e sujeite ao trabalho a classe jornaleira». Muita gente pediu uma maior repressão da vagabundagem, «uma boa lei de locação de serviços», e «sumariíssimo processo».[39] Um grupo da freguesia fluminense de Lage achava «de toda a conveniência que os vagabundos e vadios sejam empregados nos trabalhos paroquiais e, só na falta destes, recolhidos nas fazendas modelos, nos municípios que as tiverem, ou nas casas de correção, mas sempre sujeitos a regulamento severo». O mesmo grupo também opinou que a lei de locação de serviços devia obrigar a trabalhar quem não ganhava a renda mínima que qualificava o sufrágio, depois de ajustada para a inflação, o que podia ter implicado em trazer para o trabalho forçado todos os que ganhavam menos de 191$000 anuais. Até um médico cearense radicado em Rio Claro, no Oeste Paulista, recomendou «aproveitar os operários nacionais», e sugeriu: «arregimentando-os em uma milícia agrícola sem pressão sobre o pobre, mas com a obrigatoriedade do serviço agrícola nos sítios, e zonas onde morarem... É o meio de forçar o aborígine ao trabalho».[40]

Os paulistas do Vale do Paraíba tendiam mais a culpar os próprios fazendeiros do que os trabalhadores pela ociosidade destes, no sentido de que esses paulistas acharam que os grandes proprietários abrigavam homens livres improdutivos, nas suas propriedades, para fins eleitorais. Um agricultor de Taubaté propôs «excluir do direito de voto aos locadores de serviços», e outro quis «afastar das urnas a massa ignorante que tem concorrido para falsear a representação nacional e que, com a qualificação, iria prejudicar a economia da lavoura, porque é incontestável que, com o fim de osten-

39. *Ibid.*, p. 47, 182, 58, 67, 148, 241.
40. *Ibid.*, p. 62, 197, 160. Conforme a Constituição de 1824, capítulo VI, artigo 92, o sufrágio era um direito de todo cidadão brasileiro e estrangeiro naturalizado que ganhava pelo menos 100$000 anuais, com certas restrições que aqui não interessam. Adriano Campanhole e Hilton Lobo Campanhole, *Todas as Constituições do Brasil*, São Paulo, Atlas, 1978, p. 600. Oliver Ónody, *A Inflação Brasileira (1820-1958)*, Rio de Janeiro, s/e., 1960, calculou a alta do índice do custo de vida no Rio de Janeiro entre 1829 e 1881 em 91%; Mircea Buescu, *300 Anos de Inflação*, Rio de Janeiro, APEC, 1973, p. 222, criticou Ónody e calculou o índice, entre 1826 e 1878, em 185%. Para se ter uma idéia, quem ganhava cerca de 200$000 anuais em 1874, pressupondo 200 dias trabalhados na razão de 1$000, na Fábrica de Ferro de São João de Ipanema, em Sorocaba, era um "trabalhador de 2ª classe" nas minas, na construção de estradas, e nos transportes. *Relatório apresentado à Assembléia Geral Legislativa na Terceira Sessão da Décima Quarta Legislatura pelo Ministro e Secretário de Estado nos Negócios da Guerra João José de Oliveira Junqueira*, Rio de Janeiro, Typographia Universal de Laemmert, 1874, Anexo R, Mapa 6.

tar grande influência política no seu município, muitos dos nossos patrícios sacrificam os interesses de sua lavoura, entregando a homens ociosos e vadios grande parte de suas terras».[41] Entretanto, um homem de Queluz discordou da acusação contra os fazendeiros, e rejeitou o epíteto de «espoletas eleitorais» usado por um orador mineiro para descrever os agregados improdutivos: eram «espoletas de eleição aqueles que vivem dela e não os homens de trabalho», foi o seu desabafo.[42]

A terceira causa apontada foi a falta de estímulos positivos; várias medidas foram sugeridas. Os paulistas apoiaram a isenção do serviço militar: dois fazendeiros de Taubaté, e mais uma «comissão nomeada pelos lavradores de São Paulo», representada por dois campineiros e um taubateano, recomendaram a «isenção do serviço militar para o brasileiro que, tendo contrato de locação de serviço em um estabelecimento agrícola, apresentar atestado do locatário ou de outra qualquer prova de fiel cumprimento do contrato». Um fazendeiro de Rio Claro queria substituir o serviço militar por serviço numa «milícia agrícola» como meio de «forçar o aborígine ao trabalho».[43] Uma outra comissão de lavradores de Minas, Rio de Janeiro e Espírito Santo argumentou em favor da «dispensa do imposto de sangue», como fez também um cônego mineiro de Mar de Espanha.[44]

Mais diretamente, um mineiro de Ubá pediu que o governo oferecesse «prêmios» para quem se engajasse na agricultura, e um comerciante de Porto Alegre queria dar, como incentivo, não somente «parte dos capitais gastos com a introdução de colonos imprestáveis», como também terras. Um outro mineiro de Mar de Espanha partiu da observação de que «se a lavoura precisa de braços, facilmente ela os obterá quando conseguir a possibilidade de maiores salários» para culpar a «falta de capitais» pelo nível inferior de salários. Um fluminense, de Barra Mansa, sugeriu que aos senhores fosse permitido escolher quais dos seus escravos iam ser liberados pelo fundo de emancipação, criado pela Lei do Ventre

41. *Ibid.*, p. 186, 196. Veja, no mesmo sentido, fazendeiros de Caçapava e Campinas, p. 49, 166, e mineiros, p. 48, 147 e 156.
42. *Ibid.*, p. 160, 147. Manoel de Freitas Novaes, de Queluz, fundou em 1850 uma colônia de "quatro famílias dos chamados caboclos", a qual cresceu para "500 e tantos trabalhadores voluntários"; "não os há melhores que os nacionais". *Ibid.*, p. 139.
43. *Ibid.*, p. 76, 160, 185, 196. Veja também uma opinião mineira parecida, p. 45.
44. *Ibid.*, p. 78, 154.

Livre, «pois o escravo, agradecido a seu ex-senhor, facilmente se engajará por um salário a continuar no trabalho a que se acostumou».[45]

Não há como negar que o apelo para o trabalho forçado dos livres deixa-nos pensar em um novo tipo de escravidão, e que, neste sentido, podia ser caracterizado como a proposta de uma mentalidade mais ligada ao passado do que ao futuro. Por outro lado, não se deve esquecer que os melhores advogados desta causa de trabalho forçado não foram os fazendeiros do Vale do Paraíba, como as teses de historiografia referidas levariam a pensar, mas os do Sul de Minas Gerais, embora os interesses regionais fossem parecidos. Também deve-se lembrar que o trabalho forçado tinha muito em comum com a Lei dos Pobres de 1834 e as casas de trabalho na Inglaterra, o berço do capitalismo industrial, onde recorria-se ao trabalho forçado para evitar a ociosidade e obrigar os pobres a procurarem trabalhar nas fábricas.[46] Finalmente, a atenção dedicada ao trabalhador livre nacional já mostra uma certa flexibilidade em face da questão de regime de trabalho, flexibilidade esta que não tem sido admitida pelos autores modernos como característica da mentalidade dos fazendeiros das zonas mais antigas.

A quarta pergunta, formulada pelo Ministro da Agricultura, focalizava uma categoria especial de trabalhador livre nacional: a das crianças nascidas de mães escravas depois de 1871, quando foram consideradas legalmente livres pela Lei do Ventre Livre. A pergunta indagava se a grande lavoura tinha esperanças de aproveitar estes ingênuos que, na época do Congresso Agrícola, tinham um máximo de sete anos de idade, e, portanto, ainda estavam todos legalmente sob a tutela dos senhores de suas mães.[47]

As respostas eram de dois tipos: as que entreviam alguma possibilidade de aproveitar os ingênuos, desde que certas medidas fossem tomadas, e as que negavam esta possibilidade. Das pessoas mais otimistas, vários fluminenses e mineiros

45. *Ibid.*, p. 132, 41, 184, 52.
46. David Thomson, *England in the Nineteenth Century*, Harmondsworth, Inglaterra, Penguin Books, 1950, p. 68-71. Phyllis Deane, *A Revolução Industrial*, tradução de Meton Porto Gadelha, 3ª edição, Rio de Janeiro, Zahar, 1975, p. 168-171.
47. A Lei do Ventre Livre estipulava que os ingênuos tinham que ficar com as suas mães até a idade de 8 anos, quando seriam libertos mediante uma indenização de 600$000 paga pelo Estado, ou até os 21 anos, quando seriam libertos sem indenização. "Lei 2.040", *Colleção de Leis do Império do Brasil em 1871*, tomo XXXI, parte I, p. 147-151.

apelaram para que o Estado desse uma «educação agrícola» aos ingênuos, que atenderia dois objetivos: primeiro, qualificar e condicionar o ingênuo para um trabalho eventual na agricultura e, segundo, passar do fazendeiro para o cofre público os custos de sustento do ingênuo, até chegar à idade de trabalhar. Fluminenses de Valença e São José de Leonissa (Itaocara) pediram que o Governo Imperial montasse «estabelecimentos agrícolas e industriais, onde se comece a tratar desses ingênuos, onde se lhes dê a verdadeira educação agrícola», e o Marechal do Campo Henrique de Beaurepaire Rohan, residente em Niterói, apresentou uma longa defesa da idéia.[48] Um mineiro de Muriaé opinou para que as crianças ficassem estudando até os 21 anos, e um outro de Mar de Espanha foi mais além, pedindo para incluir «órfãos desvalidos, menores que dos pais não recebam educação e emprego útil, e os ingênuos cedidos gratuitamente pelos senhores de suas mães ou pelo Estado».[49]

Alguns homens do Vale do Paraíba fluminense insistiram em trabalhos forçados para os ingênuos. O Barão de Rio Bonito advertiu que os ingênuos formavam «uma classe nova de indivíduos... aumentada ela em número crescido, bem longe de tornar-se útil, pode constituir um elemento de desordem, desde que não haja recurso para obrigá-la a trabalhar», e seu vizinho, Ricardo José Guimarães, de Barra Mansa, acrescentou que «fiquem os ingênuos sob o poder dos senhores dos seus pais, e obrigados a servir até os 21 anos, em compensação do trabalho e despesas da criação».[50] O único mineiro que se manifestou a respeito dos ingênuos mostrou-se cético quanto ao uso da força: «o serviço dos ingênuos virá de modo relativo a ser útil na lavoura e povoações, mais devido à ação natural do interesse do trabalhador, do que à ação legislativa, sempre improfícua para prender ao trabalho o que *não quiser* trabalhar».[51]

48. *Colleção de Documentos*, 40, 201, 249-252.
49. *Ibid.*, p. 45, 153. Veja também p. 33, 41, 84.
50. *Ibid.*, p. 238, 53; veja também p. 43, 48. Guimarães opinou que os fazendeiros não deviam estar "sujeitos a ser desmoralizados por autoridades, como são os juízes municipais, moços inexperientes e precipitados, que, à mais leve queixa de um escravo ou de um ingênuo, por ter recebido uma simples e leve correção (indispensável a tais indivíduos para manter a disciplina de uma fazenda), fazem vir a sua presença os senhores, os repreendem e maltratam, muitas vezes diante dos injustos queixosos, e assim os deixam desmoralizados". Ele preferia deixar esta fiscalização com os "juízes de direito... mais práticas e de mais critério e experiência". *Ibid.*, p. 53. Seria interessante pesquisar até que ponto nesta época existia uma verdadeira divisão no judiciário a respeito da escravidão. Trabalhos recentes sobre a abolição, como o de Robert Conrad, *As últimas décadas da escravidão no Brasil, 1850-1888*, Rio de Janeiro, Civilização Brasileira, 1975, não examinam este aspecto.
51. *Colleção*, p. 152. Ênfase no original.

Muito mais congressistas, especialmente do Vale do Paraíba e de Minas Gerais, negaram a aproveitabilidade dos ingênuos, do que os que afirmaram esta possibilidade. Quatro «representantes de lavradores de Juiz de Fora e Paraíba do Sul» advertiram contra «o exemplo da insubordinação dos ingênuos», e declararam que «nem cremos portanto que possam eles permanecer como operários agrícolas, sendo outrossim quase certo que sejam destinados a outras indústrias, ao exército, ou constituam uma população desocupada e indolente».[52] Seis membros de uma comissão da Companhia União dos Lavradores, congregando pessoas do Município Neutro e do Sul de Minas, lamentaram que «antes é de presumir, pela natural tendência do homem de procurar a sua independência, que os ingênuos morigerados e trabalhadores se esforcem por ser proprietários, e por conseguinte se dediquem à pequena lavoura que demanda poucos capitais».[53] Um orador de Resende qualificou o serviço dos ingênuos como «problemático, e com certeza chegará tarde... porque, desde que eles obtenham a emancipação, a primeira coisa que devem querer é alcançar a liberdade», e outro orador, deste mesmo município do Vale do Paraíba fluminense, só esperava aproveitar o trabalho dos ingênuos «enquanto outras indústrias de mais vantagem no salário não os atraírem, e se convencerem de que não poderão viver à custa alheia, o que logo verificarão, e terrenos grátis não lhes forem ofertados». O Comendador Ângelo Thomás do Amaral de Itaboraí foi taxativo: «o ingênuo, que der trabalho frouxo, e concorrer para afrouxar o do escravo, e aumentar a indisciplina das fazendas, não é um elemento permanente da lavoura, porque, logo que findar o seu tempo de sujeição, por um sentimento natural ao homem que evita os lugares em que foi contrariado nos primeiros tempos de vida, e porque há de preferir trabalho menos pesado, procurá-lo-á nas cidades».[54]

Alguns lavradores do Oeste Paulista eram igualmente céticos quanto aos ingênuos. A comissão nomeada pelos lavradores de São Paulo entendeu que «a lavoura não pode contar com eles, não só pela indolência herdada dos escravos e na-

52. *Ibid.*, p. 72.
53. *Ibid.*, p. 68. Veja também uma conclusão parecida de outra comissão composta de sete fluminenses e mineiros, p. 78.
54. *Ibid.*, p. 144, 138. Veja também a opinião de um mineiro, p. 134.

cionais, como porque em geral os libertos preferem o mercantilismo» e «só em 1886 estarão eles aptos para prestar tais serviços», presumivelmente porque neste ano os ingênuos mais velhos já teriam atingido 15 anos. O representante do Comendador João Elisário de Carneiro Montenegro, de Mogi-Mirim, comunicou secamente que «os ingênuos não podem constituir elemento de trabalho permanente». [55]

Se as hipóteses de escravismo enraizado e falta de racionalidade no Vale do Paraíba tivessem mérito, era de esperar que os porta-vozes desta região apoiassem mais maciçamente o aproveitamento dos ingênuos, até com a ajuda do governo, num esforço derradeiro de prolongar a escravidão. Mas, como se vê, os representantes do Vale e do Sul de Minas eram bastante divididos nesta questão, e muitos concordaram com os seus colegas do Oeste Paulista de que o ingênuo não forneceria mão-de-obra para a grande lavoura. Então, o balanço das opiniões neste ponto sugere que as referidas hipóteses deviam ser reexaminadas.

2. *O Imigrante*

Desde que a opinião geral era a de que a mão-de-obra que faltava à grande lavoura não podia ser recrutada dentro do país, a alternativa lógica era de trazê-la de fora. Assim, a imigração estrangeira despertou grande interesse por parte dos participantes no Congresso, tanto entre o pessoal do Rio de Janeiro e Minas Gerais, como de São Paulo. A maior parte das pessoas que comentaram o assunto reconheceu que a imigração realizada até então não tinha dado reultado positivo para a grande lavoura; mas não perdeu a fé na imigração, e fez várias sugestões para reformar a política imigratória. O Barão de Rio Bonito lamentou que «a colonização oficial não tem produzido o resultado almejado», e Francisco de Paula Tavares, de Mar de Espanha, a caracterizou como «um sorvedouro de dinheiro sem resultados práticos». A comissão «nomeada pelos lavradores de São Paulo» confirmou que «a imigração espontânea... tem produzido somente resultados quase negativos». [56]

55. *Ibid.*, p. 76, 31.
56. *Ibid.*, p. 188, 75, 152, 238. Veja também p. 37, 191. Para a história da política imigratória antes de 1878, consulte Michael Hall, *The Origins of Mass Immigration in Brasil, 1871-1914*, tese de doutoramento, Columbia University, Nova Iorque

Entre os oradores do Vale do Paraíba fluminense, vários apontaram a localização das colônias como um fator determinante do seu êxito. Manuel Ribeiro, do Vale do Paraíba do Sul, considerou que os preços do feijão e café eram tão altos que convinha mais instalar núcleos coloniais nos «centros mortos» pelo «exaurimento do terreno» como, por exemplo, Vassouras, onde o acesso ao mercado era mais fácil, do que nas fronteiras com países estrangeiros. José Fernandes Moreira concordou que era interessante implantar colônias «em terrenos já abandonados pelos lavradores nacionais junto às estradas de ferro, e que, com o mais ligeiro amanho, serão grandes celeiros», mencionando também Vassouras «que foi tão rico», Valença e São João do Príncipe.[57]

Outros fluminenses defendiam um papel mais ativo para o governo. Um, de Niterói, argumentou que o governo devia ser autorizado a alugar terras para os posseiros, que pagariam um foro anual. Com esta renda, o governo forneceria aos imigrantes «todo o necessário por espaço de oito meses»; depois de cinco anos, o imigrante teria que indenizar o governo pelos adiantamentos, e depois de dez anos o mesmo também começaria a pagar um aluguel anual. Um lavrador de Valença atribuiu o fracasso da colonização oficial à falta de preparo e auxílio «com a parte industrial», citando o exemplo de Porto Real, em Resende, onde os colonos tinham plantado cana-de-açúcar, mas não encontravam onde moê-la. Um fazendeiro de Barra Mansa pediu «a remoção dos obstáculos que nossa constituição política e a legislação em geral opõem à imigração estrangeira».[58]

Os mineiros concordaram com os fluminenses, tanto na explicação do fracasso da velha política imigratória, como nas sugestões para uma nova política. Os lavradores de Baependi lembraram a localização como fator importante, e afirmaram que «seria conveniente que fossem (os imigrantes) colocados em núcleos próximos aos grandes centros produtores, e distribuídos com a relativa igualdade por todas as províncias do Império», e um representante de Juiz de

1969, capítulo 1; Emília Viotti da Costa, *Da Senzala à Colônia*, p. 65-123; Carlos H. Oberacker Jr., "A colonização baseada no regime da pequena propriedade agrícola"; Sérgio Buarque de Holanda, "As colônias de parceria"; e Tereza Schorer Petrone, "Imigração assalariada", todos em Sérgio Buarque de Holanda (org.), *História Geral da Civilização Brasileira*, tomo II, vol. 3.

57. *Colleção*, p. 161-162. O estudo clássico de Vassouras é de Stanley J. Stein, *Grandeza e Decadência do Café no Vale do Paraíba*.

58. *Colleção*, p. 42, 62, 238, 35, 193.

Fora e de São José do Rio Preto pediu que os colonos recebessem «terras de boa qualidade». Para atrair o imigrante, os lavradores de Baependi também quiseram que o governo pagasse aos imigrantes a diferença entre o custo da passagem para o Brasil e o custo da passagem para os Estados Unidos, além de custear o transporte dos imigrantes «até aos lugares de seus destinos», e a publicação e difusão na Europa de informações sobre o Brasil. A Companhia União dos Lavradores especificou que se devia multiplicar «as vias de comunicação acelerada, de modo que o imigrante possa com facilidade e comodidade, transportar-se para as terras devolutas, e com a mesma facilidade e comodidade fazer transportar os produtos de sua lavoura para os grandes mercados», e sugeriu a formação de «uma grande associação que se encarregue, sem a mínima intervenção do Governo, de receber os imigrantes no desembarque, acolhê-los, tratar os enfermos e fornecer-lhes as informações e recursos de que necessitem». Joaquim Eduardo Leite Brandão, de Mar de Espanha, acrescentou que o governo devia garantir o juro do capital desta sociedade. Muitos mineiros também recomendaram que as leis fossem reformadas para garantir os direitos civis e políticos dos imigrantes. [59]

Os fazendeiros do Oeste paulista, para onde uma certa corrente de imigrantes já fluía, e cuja fronteira de expansão de cafeicultura prometia exigir muito mais mão-de-obra, também se harmonizaram com as propostas dos seus colegas do Rio e Minas. A comissão nomeada pelos lavradores de São Paulo sugeriu que as colônias oficiais fossem removidas «para os centros produtores». Embora um cafeicultor que representava fazendeiros de Capivari e Porto Feliz julgasse preferível «que o Estado se limite a facultar ao agricultor a introdução do colono», José de Souza Barros, de Araraquara, foi mais direto e identificou a relação de produção como um obstáculo à imigração, notando «as queixas que os colonos levantam contra seus patrões, quando devem quantias que nunca poderão pagar com os salários que recebem por serviços contratados»; Souza Barros queria reformar a lei de locação de serviços, para que fosse proibido ao fazendeiro emprestar mais do que o colono pudesse pagar em dois anos, «a prêmio nunca mais alto de 6%», e abolir

59. *Ibid.*, p. 59, 241, 182, 70, 67.

totalmente a prisão por dívidas.[60] A comissão e mais dois fazendeiros, de Mogi-Mirim e Araraquara, defenderam também a liberdade de cultos, o registro civil de nascimentos, casamentos e óbitos, para que não-católicos pudessem legitimar as suas famílias, e a secularização dos cemitérios, além da «grande naturalização sem restrições dos seus efeitos civis e políticos».[61]

O consenso a favor da imigração estrangeira não evitou que os participantes no Congresso tivessem diferenças quanto ao tipo de estrangeiro que melhor conviesse trazer ao Brasil. Especificamente houve uma divisão de opiniões bastante marcada a respeito da idéia de incentivar a imigração asiática. Mas as opiniões não se dividiram conforme as regiões.[62]

Várias pessoas do Vale do Paraíba apoiaram a imigração asiática. O próprio Ministro da Agricultura, alagoano por nascimento mas com longos anos na Corte, abriu a primeira sessão do Congresso com um discurso, comparando as vantagens das experiências com o imigrante asiático em Maurícia, Ceilão, Peru, Cuba, as Antilhas e os Estados Unidos, com as desvantagens da colonização futura do Brasil por europeus, para quem «a elevação do salário é condição indispensável», cuja «tendência natural... não é para prestar-se ao serviço do assalariado, mas sim para constituir-se também proprietário», e que tem «repugnância... à cultura dos gêneros denominados coloniais».[63] José Fernandes Moreira, do Rio de Janeiro, elogiou o exemplo da importação de chineses para Maurícia, Peru e os Estados Unidos, e admirou «a civilização própria bem adiantada» que produziu um Confúcio, e «a perfeição» da agricultura chinesa.[64] Um fazendeiro

60. *Ibid.*, p. 76, 37, 44. Sobre o engenho central de Porto Feliz, veja "Os cem anos do engenho central de Porto Feliz", *Mensário do Arquivo Nacional* e X:L, janeiro, 1979, p. 26-29; Jonas Soares de Souza, "A primeira usina de açúcar paulista: o engenho central de Porto Feliz", *Mensário do Arquivo Nacional*, IX:10, outubro, 1978, p. 3-5; *idem*, "Uma empresa pioneira de São Paulo: o engenho Central de Porto Feliz", in *Brasil Açucareiro*, XC, II:5, novembro, 1978, p. 51-64; e *idem*, *O Engenho Central de Porto Feliz: Uma Empresa Pioneira em São Paulo*, São Paulo, USP, 1978.
61. *Colleção*, p. 75, 31, 43.
62. Sobre as origens da idéia de imigração asiática, veja Robert Conrad, "The Planter Class and the Debate over Chinese Immigration to Brasil, 1850-1893", in *International Migration Review*, 9:1, Spring 1975, p. 41-55.
63. *Colleção*, p. 128-129. Sinimbu foi eleito deputado imperial por Alagoas em 1842, e nomeado senador vitalício para a mesma província em 1857. Ele ocupou a pasta da Agricultura, Comércio e Obras Públicas pela primeira vez em 1862-63, e depois em 1878-80. Barão de Javari, *Organizações e Programas Ministeriais. Regime Parlamentar do Império*, 2ª edição, Rio de Janeiro, Arquivo Nacional, 1962, p. 131, 179, 297, 414.
64. *Colleção*, p. 193. Sebastião Gomes da Silva Belfort, de procedência não especificada, partiu de um pressuposto contrário para chegar a conclusão semelhante: "os povos da Ásia, menos ilustrados e mais numerosos que os povos da Europa, com

de Itaguaí, Rio de Janeiro, repetiu o elogio à experiência norte-americana na Califórnia, com a ressalva de que o progresso daquele Estado era mais fruto da mecanização do que da imigração chinesa, e recomendou que «o chim venha como jornaleiro e não possa de modo algum tomar parte em deliberações do país».[65]

Lavradores de Resende e do município açucareiro de Quissamã, Rio de Janeiro, apontaram vantagens específicas do chinês: «é sóbrio, trabalhador, e pede salários baratos», e nada perdia em comparação com o africano, cujo papel importante na vida econômica do Brasil todos reconheceram. Um fazendeiro de Itaboraí, Rio de Janeiro, considerou o «cule» como «um meio de transição para uma colonização de raças mais aperfeiçoadas».[66]

De São Paulo, A. Scott Blacklaw, representante do New London and Brasilian Bank Ltd., em Rio Claro, apoiou entusiasticamente a imigração asiática. Ele fez um longo relatório no qual citou as vantagens da importação de cules indianos para a Maurícia, Ceilão, Jamaica, Guiana Inglesa e Caiena. Blacklaw advertiu que «a lavoura tropical, a lavoura do café, não serve para gente branca» porque «não há um branco que possa trabalhar pelo mesmo salário de um preto ou de um cule da Índia (*Muitos apoiados*)».

Segundo Blacklaw, os cules «respeitam muito ao branco; não são barulhentos, são pouco dados à bebida, mesmo porque não ganham para alimentar este vício. Sua língua aprende-se facilmente», e, «conforme os princípios de sua religião, os cules estão sujeitos aos preconceitos das castas; não podem aspirar, na escala social, outra posição diferente daquela que ocupam». Ele detalhou o processo de engajamento na Índia e a viagem para os cafezais de Ceilão, e recomendou a lei de trabalho desta colônia inglesa, que obrigava o cule a dar um mês de aviso prévio antes de largar o serviço, sob pena de multa de 50$000, mesmo que o cule só trabalhasse por um dia antes de desistir.[67]

mais facilidade hão de unir-se à nossa raça indígena ou mestiça pela identidade de origem, e serão de maior utilidade para o Brasil no povoar o seu vastíssimo território", p. 104.

65. *Ibid.*, p. 216, 233.

66. *Ibid.*, p. 64, 138, 193, 222-223. Dois oradores apelaram para a colonização africana, mas não houve quem mais se interessasse pela idéia, p. 83, 153.

67. *Ibid.*, p. 255-262. Certamente os fluminenses de Lage teriam aplaudido ao Blacklaw, porque aqueles apoiaram a imigração de asiáticos "desde que se regerem pelas mesmas leis que nas colônias inglesas", p. 62.

Outros paulistas apoiaram a imigração asiática, embora menos entusiasticamente. A comissão nomeada pelos lavradores de São Paulo, reconhecendo que o «caráter subserviente e imoral há de contaminar a nossa população e afastar imigrantes de procedência europea», mesmo assim concluiu que «podem eles prestar serviços à lavoura, e ser aceitos como um meio de transição». Rodrigo Lobato Marcondes Machado, de Taubaté, que «como todos os paulistas» insistiu que «esses homens não são os melhores», contudo aceitou a imigração asiática como um «meio seguro de se passar do braço escravo para o braço livre». [68]

A oposição à vinda dos asiáticos partiu de pessoas de quase todas as regiões representadas no Congresso: um fluminense de Serraria assegurou que «basta a índole indolente do nosso povo para o atraso do país; não se deve ajuntar a esse elemento mais do que de mau nos pode trazer o chim». Cristiano B. Ottoni, representando Paraíba do Sul e Juiz de Fora, advertiu que «o cruzamento de tal raça contribuiria para abastardar-nos», e citou estatísticas de Cuba, das Antilhas francesas e dos Estados Unidos para comprovar que os cules tinham altos índices de criminalidade e de mortalidade, e que «a colonização de cules mata a colonização útil das raças do Ocidente». Ottoni calculou que o cule, na prática, sairia mais caro do que o europeu por causa dos custos maiores de transporte do país de origem até o Brasil. A comissão de lavradores de Paraíba do Sul e Juiz de Fora previa que os cules podiam se tornar, «sem o freio da escravidão e o temor do azorrague, um elemento dissolvente da ordem e do bem-estar da família agrícola». Um mineiro de Mar de Espanha foi contundente: «a imigração, quer de chins, quer de cules, importará entre nós o estabelecimento de uma raça inferior, corrompida e degradada (*Apoiados e não apoiados*)». [69]

Alguns paulistas montaram um ataque forte contra a imigração asiática. Domingos José Nogueira Jaguaripe Filho,

68. *Ibid.*, p. 76, 196. Warren, Dean errou quando afirmou que "alguns delegados paulistas ao Congresso Agrícola de 1878 defenderam tenazmente a importação de cules", *Rio Claro. Um Sistema Brasileiro de Grande Lavoura, 1820-1920*, tradução de Waldívia Marchiori Portinho, Rio de Janeiro, Paz e Terra, 1977, p. 151. O único defensor tenaz parece ter sido Blacklaw. Os outros oradores citados por Dean foram um paulista e um mineiro *contrários* à imigração de cules, e um fluminense a favor, mas nenhum destes sustenta a afirmação do Dean.

69. *Colleção*, p. 203, 212-213, 70, 184. Para opiniões menos coloridas, mas no mesmo sentido, veja também p. 192, 238.

de Rio Claro, citou 13 autoridades, incluindo vários escritores estrangeiros e um presidente dos Estados Unidos, para reforçar o seu argumento de que o chinês era «sem força moral, sem fé, sem futuro, sem idéia de melhoramento», e traz «decadência moral, a depressão, o aniquilamento do país». Para ele, os chineses só respeitavam castigos corporais, eram dados aos pequenos furtos, morriam facilmente, não tinham ilustração, e eram «estúpidos». João Cordeiro da Graça, de Limeira, chamou a China de «um país brutal, onde se aplicam leis que nada têm de civilizadas; ainda não abriu todos seus portos ao comércio». Eduardo A. Pereira de Abreu, de Silveiras, qualificou os cules como «fracos e indolentes por natureza, alquebrados pela depravação dos costumes e hábitos que desde o berço adquirem, narcotizados física e moralmente pelo ópio, não poderão nunca no Brasil suportar o árduo e penoso trabalho da cultura do café». [70]

Tanto as atitudes frente à imigração, quanto as opiniões sobre os asiáticos, refletem as dificuldades de identificar determinadas idéias com determinadas regiões. Se as hipóteses de atraso no Vale do Paraíba tivessem procedência, então era de se esperar que a resolução asiática, implicando num tipo de relação de trabalho apenas semilivre, encontrasse muito mais adeptos nesta região. Entretanto, como se viu, várias pessoas do Vale e do Sul de Minas manifestaram-se fortemente opostas à imigração asiática, e a idéia foi aceita com certas restrições até no Oeste Paulista.

Antes de concluir que as hipóteses de atraso e falta de racionalidade no Vale do Paraíba estivessem sem fundamento, deve-se reconhecer certas limitações desta análise. Em primeiro lugar, evidentemente todas as conclusões podem somente se referir a um determinado momento, os meados de 1878. É possível que as mentalidades regionais fossem mais contrastantes em momentos anteriores ou posteriores, como, por exemplo, durante a década crítica de 1880, e especialmente depois da abolição, quando a diferenciação entre os regimes de trabalho nas duas regiões ficou mais clara. Entretanto, há que se notar que a maioria dos autores, que defendem a hipótese de atraso e falta de racionalidade no Vale,

70. *Ibid.*, p. 157-158, 202, 39.
71. Souza Martins, *O Cativeiro da Terra*, p. 23-28, 62.

não hesitou em estender as suas afirmações a períodos de décadas e quartéis de séculos. Se, no esforço de examinar um pouco mais detalhadamente um momento, quando a suposta diferença devia estar-se manifestando, se vê que não era possível comprovar tal diferença, então, como continuar acreditando que ela tem cabimento durante períodos maiores?

Em segundo lugar, talvez as idéias manifestadas não fossem realmente representativas dos municípios e regiões dos congressistas. Embora fluminenses de Itaboraí, Mangaratiba, Monte Verde, Lage, Paraíba do Sul, São João do Príncipe, Piraí, Resende, Sapucaia e Vassouras; mineiros de Baependi, Leopoldina, Mar de Espanha, Rio Novo, São Pedro de Alcântara e Ubá; e paulistas de Barra de São Lourenço, Campo Largo, Capivari, Indaiatuba, Jacareí, Porto Feliz, Rio Claro, São José do Barreiro, Silveiras, Sorocaba, Tatuí e Taubaté, tivessem enviado para o Congresso cópias das atas das reuniões onde foram escolhidos os representantes, nem todos os participantes tinham sido eleitos. Mesmo os delegados formalmente eleitos talvez não compartilhassem da mentalidade da maioria dos fazendeiros. Evidentemente, tal objeção se estenderia também a toda assembléia representativa, e a resposta seria a mesma: mentalidades latentes não podem ser apenas adivinhadas, é preciso também examinar aquilo que chegou a ser articulado.

Em terceiro lugar, mesmo admitindo a representatividade dos congressistas, se avaliarmos com os critérios para levantamentos modernos de opinião pública, é claro que o número de respostas a cada questão era bastante reduzido, e bem aquém daquilo que é preciso para estabelecer níveis de confiança estatística. Divisões de opinião na base de 6 a 2, ou 8 a 5, quando o universo de referência inclui não só algumas centenas de congressistas mas dezenas de milhares de fazendeiros, exigem uma certa cautela quando se propõe extrapolar delas para as mentalidades de regiões inteiras. No mínimo, podem-se fazer afirmações quanto às tendências no Congresso. Contudo, não se acha necessidade para tanta modéstia nas conclusões, já que os autores das referidas hipóteses, com muito menos semelhança em um levantamento de opiniões de fazendeiros, chegaram a ser taxativos nas suas conclusões.

Finalmente, é possível que, mesmo sem estender a análise além do Congresso Agrícola de 1878, haja melhores maneiras de testar a hipótese. De certo ponto de vista, é possível considerar o escravo como capital, como um investimento de dinheiro na esperança da realização de uma renda futura, de modo que o preço de compra do escravo nunca podia exceder o valor líquido da sua renda capitalizada. Sabe-se que os próprios fazendeiros costumavam hipotecar os seus escravos para conseguir empréstimos, como depois da abolição eles iam penhorar as suas safras e as suas terras com a mesma finalidade.[71] Então, talvez este ensaio seja omisso ao não analisar os depoimentos que respondiam às últimas três perguntas do Ministro da Agricultura, sobre a falta de capitais e crédito agrícola. Pode-se até estudar as respostas a todas as perguntas como variações sobre um único tema: a necessidade dos fazendeiros de conseguir mais capital, seja qual for a sua forma concreta, para que eles pudessem melhor se reproduzir como fazendeiros. Entretanto, mesmo que se reconheça que um tal redimensionamento resultaria num estudo mais completo do Congresso, tenho dúvidas de que as conclusões a respeito das diferenças regionais fossem muito diferentes. E evidentemente se correria o risco de perder a especificidade da visão que a maioria dos congressistas tinha do problema de mão-de-obra.

Não obstante todas essas limitações, não me sinto constrangido em negar a importância das diferenças de mentalidades regionais, e até a sua própria existência, e assumir posição mais próxima à de Beiguelman, Dean, Gorender e Souza Martins. A implicação central desta conclusão, que constitui um ponto de partida para a reavaliação do período do fim do Império, é que, de fato, tanto os fazendeiros do Vale do Paraíba e do Sul de Minas, quanto os do Oeste Paulista, eram membros de uma só classe, uma classe baseada na exploração de grandes propriedades particulares e rurais, e trabalhadores diretos escravizados e, em grau menor, livres sem ser assalariados. Como qualquer classe, ela teve as suas divisões internas, mas em 1878 as divisões não obedeciam a divisões geográficas.

A MANUFATURA E O ENGENHO DE AÇÚCAR NO BRASIL COLONIAL

Theo Santiago

O objetivo desse texto é analisar a rica e pormenorizada descrição do processo de produção no engenho de açúcar no Brasil colonial que se encontra na obra de Antonil [1] a partir de determinados conceitos de Marx [2] e de certas reflexões contidas nos trabalhos de Balibar. [3]

Essa tentativa de exercer um esforço de teorização sobre a obra de Antonil tem como primeira finalidade a revisão crítica de alguns postulados teóricos contidos na maioria dos escritos sobre a história do Brasil-Colônia, que, na sua quase totalidade, encontram-se viciados por certos esquemas de explicação das sociedades baseados numa leitura stalinista do marxismo. A época colonial da história, não só do Brasil como de toda a América, segundo esses esquemas, *necessariamente* teria que ser pensada a partir da «escolha» obrigatória do conceito de modo de produção «feudal» ou do con-

1. Antonil, Pe. João Antônio Andreoni, *Cultura e opulência do Brasil,* Companhia Editora Nacional, São Paulo 1967.
2. K. Marx, *Le Capital,* livro 1, tomo II. Cap. XIII, "La coopération", e cap. XIV, "La division du travail et la manufacture", Éditions Sociales, Paris 1973.
3. E. Balibar, "Sur les concepts fundamentaux du matérialisme historique", *in* Althusser e Balibar, *Lire le Capital,* vol. 2, Maspéro, Paris 1969.

ceito de modo de produção capitalista. Antes mesmo de uma análise mais rigorosa dessas formações sociais coloniais tem-se estabelecido o *a priori* ideológico que conduziu (e ainda conduz) ao debate *totalmente deslocado* do caráter «feudal» ou capitalista do modo de produção dominante nessas formações sociais. Ernesto Laclau [4] demonstrou bastante bem como essa posição político-ideológica conduziu a esse deslocamento: o stalinismo e seu esquema dos cinco estágios universalmente válidos à evolução de toda e qualquer sociedade condiciona o debate à falsa opção capitalismo ou «feudalismo». Em verdade, por mais que se queiram antagônicas, as duas posições permanecem na mesma problemática.

De início, tomamos como ponto de partida a impossibilidade de conceituar essas formações sociais como capitalistas. Os que defendem essa posição colocam-se ou no terreno da definição de um modo de produção através das relações de troca, daí surgindo verdadeiras aberrações tal como a tentativa de apontar um certo «capitalismo comercial», ou no terreno também escorregadio da caracterização de um «escravismo capitalista». Tanto uma como outra dessas posições pouco ou nada têm a ver com o marxismo. Nunca é demais se repetir que para a teoria marxista o que permitirá a conceituação de um determinado modo de produção, a sua diferenciação com outros, são as *relações de produção* que irão determinar em última instância o lugar que irá ocupar nessa totalidade a política e a ideologia. E, definitivamente, não é o que fazem os defensores da tese capitalista ao tentar «ajustar» as sociedades coloniais da América a seu esquema politicamente predeterminado. Relembremos que a crítica ao chamado «capitalismo comercial» e ao pretenso caráter capitalista da sociedade européia nessa época histórica foi magistralmente feita por Maurice Dobb já em 1945. [5]

Por outro lado, não nos satisfaz a escolha da tese «feudal» com suas definições jurídicas e seus «sistemas escravistas-feudais». Tanto por aceitarmos o caráter dominante das relações de produção escravistas na época colonial quanto por pensarmos que a noção de modo de produção «feudal» ainda necessita ser bastante trabalhada para dar conta das sociedades que têm como base relações servis de produção.

4. E. Laclau, "Feudalismo e capitalismo na América Latina", in *Política e ideologia na teoria marxista*, Paz e Terra, Rio de Janeiro 1979.
5. M. Dobb, *A evolução do capitalismo*, 5ª ed., Zahar, Rio de Janeiro 1976.

E então chegamos ao ponto que nos permite romper com a antiga problemática stalinista: a necessidade de pensar as especificidades das sociedades coloniais a partir de uma teoria marxista das sociedades não-capitalistas e de uma teoria marxista da articulação dos modos de produção. E aí deparamo-nos com o impasse, pois não existe de uma forma elaborada, tal como encontramos em *O Capital* a teoria do modo de produção capitalista, tanto uma teoria das formas «pré-capitalistas» quanto uma teoria da articulação de modos de produção, ou a teoria da passagem de um modo de produção a outro, a teoria de uma transição. E esse impasse, via de regra, conduz a determinadas leituras não-rigorosas de certos trechos da obra de Marx, tal como a confusão que geralmente é feita com relação às diferentes partes que constituem *O Capital*. *O Capital* não é a história concreta do capitalismo e nem mesmo a história da Inglaterra, mas sim a teoria abstrata do modo de produção capitalista. Mas existem alguns de seus capítulos que *não* fazem parte dessa teoria [6] (tal como os trechos sobre a acumulação primitiva, a manufatura, a renda fundiária), dizem respeito, nas palavras de Balibar, à gênese dos elementos que irão constituir a estrutura capitalista. Esses trechos, sim, são referentes à Europa na época da formação do capitalismo.

Se antes apontamos a inexistência de uma teoria pronta e acabada da transição de um modo de produção a outro, a teoria da articulação de modos de produção, temos, por outro lado, algumas partes de *O Capital* que se referem concretamente à Europa da transição para o capitalismo, repetindo, a *gênese* dos elementos que irão constituir a estrutura capitalista. E para Balibar, nesse momento histórico, o que fundamentalmente poderia caracterizar essa transição seria a distinção feita por Marx entre o processo de subordinação *formal* e subordinação *real* do trabalho ao capital. Tentando aprofundar as indicações fornecidas por Marx, Balibar nos explicita o que seria essa dupla subordinação, e o deslocamento que há entre a primeira e a segunda, a partir de uma crítica à noção de forças produtivas tal como é comumente utilizada. Para tal ele nos demonstra que, ao contrário do que se pensa, as forças produtivas não são «coisas», que o «pro-

6. Ver o texto já citado de Balibar e também P.-Ph. Rey, *Les alliances de classes*, Maspéro, Paris 1973.

gresso» das forças produtivas não é um desenvolvimento linear e acumulativo, mas sim que as forças produtivas são uma *relação: relação de apropriação real,* que juntamente com as relações sociais formariam a estrutura econômica de um modo de produção. E então quando Marx nos fala sobre a subordinação *real* do trabalho ao capital ele está se referindo ao momento em que o trabalhador não mais controla o processo de trabalho em sentido estrito, onde não há mais a união do trabalhador e dos meios de produção, onde o trabalhador encontra-se realmente (e não apenas formalmente) *expropriado* pela introdução da máquina e o surgimento da grande indústria. Existe «um deslocamento cronológico na formação dos diferentes elementos da estrutura: o capital como 'relação social', ou seja, a propriedade capitalista dos meios de produção, existe antes e independentemente da subordinação 'real', ou seja, da forma específica de nossa relação (de apropriação real) correspondente ao modo de produção capitalista».[7]

Dessa forma, seria esse *deslocamento,* essa *não-correspondência* entre as forças produtivas (relação de apropriação real) e as relações sociais de produção o que caracterizaria os períodos de transição. E segundo Balibar, na Europa da formação do capitalismo, da transição do «feudalismo» ao capitalismo, a análise da *manufatura* seria o exemplo de uma forma específica de *transição.* A manufatura é a transição da produção «feudal» à produção capitalista. A manufatura, então, não poderia ser pensada como teoricamente idêntica ao artesanato ou à corporação de ofício e nem poderia ser reduzida a uma estrutura capitalista de produção semelhante à grande indústria. Ela é a forma específica dessa transição, caracterizada precisamente pelo deslocamento entre a subordinação formal e a subordinação real do trabalho ao capital, pela não-correspondência entre relações sociais capitalistas e relações de apropriação real (forças produtivas) que ainda caracterizam o controle do processo de trabalho pelo trabalhador direto.

A seguir, após uma sistematização dos principais conceitos que permitem definir a manufatura (tais como são apresentados por Marx e retomados por Balibar), procuraremos demonstrar como o engenho de açúcar do século XVIII no

7. Balibar, *op. cit.*, p. 128.

Brasil, tal como é descrito por Antonil, pode ser pensado como sendo uma manufatura.

A produção *artesanal* tem sua principal característica no completo controle que o trabalhador possui sobre os meios de produção (tanto os instrumentos de trabalho quanto a matéria-prima) e o processo de trabalho. O trabalhador, nessa situação específica, não depende de nenhum outro elemento para dar início, desenvolver e finalizar o processo de produção. O controle *total* sobre o trabalho e seu produto pertence apenas a ele. De uma forma ou de outra, quanto ao processo de trabalho em sentido estrito, dá-se o mesmo na corporação de ofício. Ainda o determinante continua sendo a união entre o trabalhador e os instrumentos de trabalho somada ao saber particular e à habilidade pessoal que permite a produção de certos objetos. O artesanato permanece sendo a base.

Com o surgimento da *manufatura* essa situação em parte se transforma. O principal traço distintivo da manufatura consiste no aparecimento do *trabalhador coletivo* através da cooperação. O produto final que antes era alcançado por um só trabalhador agora depende do trabalho cooperativo, tornando-se então obra de um trabalhador *coletivo*. Ainda que o processo de trabalho continue, tal como no artesanato, ainda dependendo diretamente do trabalhador, e portanto sendo por ele até certa parte controlado, o produto final não é mais individualizado, torna-se o resultado, nas palavras de Marx, do entrelaçamento de trabalhos isolados (cooperação simples) ou de operações complementares que apenas o seu conjunto dá lugar a um produto acabado (cooperação complexa).

Com a cooperação temos o aparecimento da divisão do trabalho e, por conseqüência, do trabalhador indireto. Em outras palavras, os trabalhadores diretos especializam-se em tarefas semelhantes ou tarefas complementares [8] e a necessidade de supervisão desses trabalhos isolados faz surgir a figura do trabalhador indireto: «Qualquer trabalho social ou comum, desenvolvendo-se em grande escala, reclama uma direção

8. Marx nos dá o exemplo da manufatura de carroças como sendo uma forma de cooperação simples: cada trabalhador especializa-se numa parte da carroça a ser produzida. E a manufatura de agulhas como forma de cooperação complexa: aí já não se pode dizer *onde* está o trabalho individual.

para colocar em harmonia as atividades individuais. Essa direção deve preencher as *funções gerais* que têm sua origem na diferença existente entre o movimento de conjunto do corpo produtivo e os movimentos individuais dos membros independentes do qual se compõe. Um músico executando um solo dirige a si próprio, mas uma orquestra tem necessidade de um chefe». [9]

Dessa forma, temos estabelecida a divisão do trabalho na manufatura: «Esta forma de cooperação constitui a essência da *divião manufatureira do trabalho:* um *mesmo* trabalho encontra-se dividido entre os operários». [10]

Mas mesmo com essas transformações, *mesmo* com a cooperação pressupondo a subordinação (formal) ao capital, a relação de apropriação real (as forças produtivas) permanece tal como no artesanato: o controle por parte do trabalhador direto do processo de produção em sentido estrito, a união do trabalhador com os meios de produção. Nas palavras de Marx: «a diferença começa por ser puramente *quantitativa*». [11] Na manufatura há a subordinação formal ao capital, mas não a subordinação real. «Em lugar de um corte, temos então uma continuidade entre o ofício e a manufatura: a divisão manufatureira do trabalho aparece como o prolongamento de um movimento analítico de especialização própria ao artesanato, que diz respeito simultaneamente ao aperfeiçoamento das operações técnicas e ao caráter psicofísico da força de trabalho operária». [12] Daí Marx poder dizer: «A manufatura produz a virtuosidade do trabalhador de detalhe, reproduzindo e levando ao extremo a separação dos ofícios, tal como havia encontrado nas cidades da Idade Média». [13] «O trabalhador parcelar e seu instrumento, eis os elementos simples da manufatura». [14]

Ainda dissecando a estrutura da produção manufatureira, Marx chama a atenção para o que ele denomina de «o duplo caráter da manufatura». Num primeiro caso o produto final é conseguido por «um simples ajustamento mecânico de produtos parciais independentes» (como é o caso da produção de carroças). Num segundo caso, a segunda espécie de ma-

9. K. Marx, "La coopération", *op. cit.*, p. 23.
10. Balibar, *op. cit.*, p. 129.
11. K. Marx, *op. cit.*, p. 16.
12. Balibar, *idem*, p. 129.
13. K. Marx, "La division du travail...", *op. cit.*, p. 31.
14. K. Marx, *idem*, p. 33.

nufatura, «ou seja, sua forma perfeita, fornece produtos que percorrem fases de desenvolvimento conexas, toda uma série de processos graduais (...) onde dois operários não executam a mesma operação».[15] Nesse caso, as operações são *sucessivas no tempo* e *simultâneas no espaço,* «o resultado do trabalho de um operário é o ponto de partida do trabalho de outro».[16]

Essa forma de trabalho cooperativo faz surgir um tipo de divisão do trabalho que será uma das características básicas desse processo de produção (e que é de fundamental importância para compreendermos o mecanismo de funcionamento do engenho de açúcar do Brasil colonial): «A divisão manufatureira do trabalho simplifica e ao mesmo tempo multiplica não apenas os órgãos qualitativamente diferentes do trabalhador coletivo; além disso ela cria uma relação matemática fixa que regula sua quantidade, ou seja, o número relativo de operários ou a grandeza relativa do grupo de operários em cada função particular».[17] Daí se poder afirmar que não é possível aumentar esse número senão empregando «um múltiplo de cada grupo especial».

Apenas mais duas citações de *O Capital:* «É o trabalhador coletivo formado pela combinação de um grande número de operários parcelares que constitui o mecanismo específico do período manufatureiro».[18] E: «A manufatura cria uma hierarquia das forças de trabalho à qual corresponde uma escala gradativa de salários».[19] Se existe o trabalho coletivo formado pela combinação de trabalhos parcelares, esses últimos não possuem uma igualdade, uns são mais ou menos especializados que outros.

Tentando resumir, poderíamos dizer que o surgimento do trabalhador coletivo através da cooperação encontra-se na dependência direta do controle do capital. Mas nesse primeiro momento esse controle, essa subordinação, ainda é formal na medida em que permanece a união entre a força de trabalho e os meios de produção. O controle do processo produtivo em sentido estrito ainda pertence ao trabalhador, dependendo de sua habilidade e do seu saber particular, o que permite a pro-

15. K. Marx, *idem*, p. 34.
16. K. Marx, *idem*, p. 36.
17. K. Marx, *idem*, p. 37.
18. K. Marx, *idem*, p. 39.
19. K. Harx, *idem*, p. 40.

dução de tal ou qual produto. Essa união só será quebrada com a introdução da máquina e o aparecimento da grande indústria, o que faz com que, nesse segundo momento, o trabalhador se torne finalmente «livre», totalmente expropriado, ficando agora o trabalho subordinado de uma forma real ao capital.

Todas essas características da produção manufatureira serão encontradas no engenho de açúcar.

Já no primeiro capítulo de seu livro, Antonil fornece uma descrição do que seria essa unidade econômica produtora de açúcar no século XVIII, permitindo situar o engenho no complexo do qual faz parte, ou seja, a *fazenda,* a *moenda* e as *fornalhas* e os diversos elementos necessários para o seu funcionamento. Temos dessa forma os traços característicos dessa unidade de produção: relações de produção escravistas dominantes na *plantation* articuladas a relações assalariadas no engenho e subordinadas ao processo de acumulação primitiva.

Para o nosso interesse imediato iremos nos prender ao processo de produção no engenho, ao *como* se dá o processo de trabalho nesse local que Antonil denomina de «fábrica de açúcar».[20] Seguindo a ordem de exposição do autor, em primeiro lugar aparece no texto uma enumeração detalhada dos elementos que compõem a força de trabalho situada nos dois locais que formam o engenho: a moenda e as fornalhas. No trabalho da moenda (que como o próprio nome indica é o lugar onde a cana-de-açúcar é moída), dada a não-necessidade de especialização, é utilizado o trabalho escravo.

Apenas na etapa seguinte, quando o caldo de cana sofre toda uma série de procedimentos para se transformar em açúcar, aparecem os «oficiais de soldada», aqueles que recebem salários. E aí localizamos o trabalho cooperativo, a divisão do trabalho, a especialização que possui cada um desses trabalhadores e a hierarquia da força de trabalho, a que se refere Marx, com sua escala de salários. Como iremos ver a seguir, o engenho corresponde a um processo de produção cooperativo complexo onde localizamos com exatidão a dependência do produto de um trabalho àquele que o antecede e a permanência da habilidade e do saber como condições da produção. Habilidade e saber que irão variar conforme

20. Antonil, *op. cit.*, p. 140.

a função requerida ao trabalhador e que irá implicar na escala hierarquizada de salários.

Segundo Antonil os elementos que compõem os «oficiais de soldada» são: 1) mestre do açúcar; 2) banqueiro; 3) contrabanqueiro; 4) purgador; 5) caixeiro; 6) feitor-mor. Ainda que correndo o risco de ser maçante, pensamos ser útil reproduzir as atribuições desses elementos e seus respectivos salários para podermos iniciar uma primeira análise desse processo de trabalho.

O *feitor-mor* cumpriria o papel do trabalhador indireto do qual nos fala Marx: «Obrigação do feitor-mor do engenho é governar a gente e reparti-la a seu tempo, como é bem, para o serviço» [21] (salário de 60.000 réis).

O *feitor da moenda:* «Chama a seu tempo as escravas, recebe a cana e a manda vir e meter bem nos eixos e tirar o bagaço (...) Procura que de 24 em 24 horas se lave a moenda e que o caldo vá limpo e se guinde para o parol. Pergunta quanto caldo há mister nas caldeiras, para que saiba com este aviso se há de moer mais cana ou parar até que se dê vazão, para que não azede o que já está no parol» [22] (salário de 40 ou 50.000 réis).

O *mestre do açúcar* (a principal figura na produção do açúcar): «A quem faz açúcar, com razão se dá o nome de mestre, porque o seu obrar pede inteligência, atenção e experiência». [23] Na realidade a produção de um açúcar de boa ou má qualidade vai depender diretamente da habilidade do mestre e de seus conhecimentos. Antonil nos diz que é ele quem controla a produção desde o momento em que indica a qualidade da cana, se ela é mais ou menos aguada, até a verificação do melado que se encontra nas *tachas,* já cozinhando, apontando qual o que pede maior ou menor cozimento. Enfim, dependerá do mestre dizer quando o açúcar está pronto e qual o trabalho necessário em todo o processo de transformação do caldo de cana em «pães de açúcar». Seu salário é o mais elevado de todos, 120.000 réis.

O *banqueiro* tinha como função substituir o mestre na sua ausência (salário de 40.000 réis).

O *purgador do açúcar:* «Conhecer quando o açúcar está enxuto e quando é tempo de lhe botar o primeiro barro;

21. Antonil, *idem,* p. 152.
22. Antonil, *idem,* p. 153.
23. Antonil, *idem,* p. 154.

como este se há de deixar, antes de se lhe botar o segundo; como se lhe hão de dar as unidades ou lavagens e quantas se lhe hão de dar; quais são os sinais de purgar ou não purgar bem o açúcar, conforme as diversas qualidades e têmperas» [24] (salário de 50.000 réis).

O *caixeiro do engenho* é aquele «quem encaixa o açúcar depois de purgado» [25] (salário de 40.000 réis).

Todos esses trabalhadores são altamente especializados e de seu trabalho depende a produção de açúcar. Como foi dito anteriormente, o produto final — o açúcar — só pode ser entendido como resultado da combinação de seus trabalhos e cada trabalho particular sendo o ponto de partida para o seguinte. E, o mais importante, é a habilidade e o conhecimento desses trabalhadores que determinam todo o processo de produção, principalmente no que diz respeito ao mestre do açúcar — «o qual preside a toda a obra» [26] —, é da sua *inteligência, experiência* e *vigilância* — nas palavras de Antonil [27] — que depende o «fazer-se bom ou mau açúcar».

Não contando o trabalho realizado na moenda, onde a cana é moída por uma série de aparelhos — «engenhos» — movidos a água e onde o trabalho realizado é escravo, na segunda etapa quando o caldo de cana saído da moenda será cozido até atingir o «ponto», purificado e colocado nas caixas já sob a forma final de açúcar, *todo* o trabalho efetuado dependerá diretamente da habilidade dos elementos citados acima. Se o feitor da moenda deixar moer uma quantidade não necessária de cana, corre-se o risco de perder o caldo. Se o mestre perder o «ponto» ótimo de cozimento desse caldo, o açúcar pode queimar ou, pelo contrário, não alcançar a consistência necessária para passar às caixas. E da mesma forma como na manufatura de agulhas citada por Marx, não é possível dizer, com relação ao produto final, onde se situa o trabalho desse ou daquele indivíduo.

Tal como nos exemplos apresentados por Marx, também no engenho de açúcar temos a cooperação fazendo surgir o trabalhador coletivo. E está claro que todo esse processo de trabalho encontra-se subordinado ao capital, mas repetindo mais uma vez, de uma maneira formal, na medida em que

24. Antonil, *idem*, p. 157.
25. Antonil, *idem*, p. 157.
26. Antonil, *idem*, p. 198.
27. Antonil, *idem*, p. 199.

são aqueles elementos citados acima que controlam o processo de trabalho através de sua habilidade e de seu saber particular. Não seria possível a *qualquer* trabalhador produzir o açúcar, mas somente aqueles já enumerados especializados numa determinada etapa do processo e dos quais depende o trabalho do seguinte. A cana é moída na moenda. O caldo aí obtido segue para as caldeiras, onde é cozido num certo tempo e num certo ritmo (o que Antonil denomina de «as três têmperas»). Após o que é purificado e colocado nas caixas. Todo esse processo encontra-se na dependência direta do trabalho efetuado pelo feitor, pelo mestre do açúcar, pelo purgador, etc. Criando-se dessa forma a «relação matemática fixa que regula sua quantidade, ou seja, o número relativo de operários ou a grandeza relativa do grupo de operários em cada função particular», da qual falava Marx. Essa forma específica de controle das forças produtivas, essa forma específica de relação de apropriação real, só será quebrada com a introdução da máquina e a *real expropriação* do trabalhador direto.

NOTA SOBRE OS AUTORES

ANTÔNIO BARROS DE CASTRO — Professor Titular do Departamento de Economia do Instituto de Filosofia e Ciências Humanas da UNICAMP. Trabalhos principais: *7 ensaios sobre a Economia Brasileira,* 2 vols., Ed. Forense, Rio 1969; *O Capitalismo ainda é aquele,* Ed. Forense-Universitária, Rio 1979.

CIRO FLAMARION CARDOSO — Professor do Mestrado de História da Universidade Federal Fluminense e da Pontifícia Universidade Católica do Rio de Janeiro. Trabalhos principais: 1) Livros: *La historia como ciencia,* San José, Editorial Universitaria Centroamericana, 1975; *Centroamérica y la economía occidental (1520-1930),* em colaboração com Héctor Pérez Brignoli, São José, Editorial Universidad de Costa Rica, 1977; *Os Métodos da História* (em colaboração com Héctor Pérez Brignoli), Ed. Graal, Rio 1979; *Agricultura, Escravidão e Capitalismo,* Ed. Vozes, Petrópolis 1979; 2) Artigos: «El modo de producción esclavista colonial en América», in *Cuadernos de Pasado y Presente,* México, Siglo XXI, n. 40, 1977 (5ª ed.); «The Formation of the Coffee Estate in Nineteenth-Century Costa Rica», *in* Duncan e Rutledge (compiladores), *Land and Labour in Latin América,* Cambridge, Cambridge University Press, 1977, p. 165-202. Livro no prelo: *Historia económica de América Latina,* 2 tomos (em colaboração com Héctor Pérez Brignoli), Barcelona, Editorial Crítica (Grijalbo).

JACOB GORENDER — Editor de Planejamento da Abril S/A Cultural e Industrial. Trabalho principal: *O Escravismo*

Colonial, Ed. Ática, S. Paulo 1978. Em preparo: *Gênese e Desenvolvimento do Capitalismo no Campo Brasileiro* (ensaio).

JOSÉ ROBERTO DO AMARAL LAPA — Professor Titular do Departamento de História do Instituto de Filosofia e Ciências Humanas da UNICAMP. Trabalhos principais: 1) Livros: *A Bahia e a Carreira da Índia,* Cia. Ed. Nacional, São Paulo 1968; *Economia Colonial,* Ed. Perspectiva, São Paulo 1973; *A História em questão* (Historiografia Brasileira Contemporânea), Ed. Vozes, Petrópolis 1976; *Livro da Visitação do Santo Ofício da Inquisição ao Estado do Grão-Pará, 1763-1769,* Ed. Vozes, Petrópolis 1978. 2) Artigos: «Primeiras notas para uma Bibliografia da História de Campinas», in *Estudos Históricos,* n. 5, Fac. de Filosofia de Marília (SP), 1966; «Esquema para um estudo do tabaco baiano no período colonial», in *Afro-Ásia,* Centro de Estudos Afro-Orientais da Univ. da Bahia, n. 6 e 7, Salvador 1968; «Ação mercantil numa área de mineração», in *Revista de História,* n. 94, USP, 1973; «O charme da velha senhora», in *Rev. Bras. de Estudos Políticos,* n. 42, Univ. Fed. de Minas Gerais, Belo Horizonte, janeiro, 1976; «História do Brasil: problemas e perspectivas», in *HISTÓRIA - Cadernos de Pesquisa,* n. 1, Ed. Brasiliense, São Paulo 1977; «América Latina: o modo de produção do conhecimento histórico», in *Estudos CEBRAP,* n. 20, abr.-maio-jun., São Paulo 1977; «No Velho Oeste Paulista», in *Ciência e Cultura,* n. 6, vol. 31, SBPC, São Paulo, jun. de 1979; «Historiografia brasileira 1978», in *Ciência e Cultura,* n. 3, vol. 31, SBPC, São Paulo, março de 1979. Em preparo: livro: *Pauperismo urbano numa economia agrária.*

NELSON WERNECK SODRÉ — Ex-Instrutor-Chefe do Curso de História Militar da Escola de Comando e Estado Maior do Exército (1948-1950), ex-chefe do Deptº de História do ISEB. Trabalhos principais: Livros: *História da Literatura Brasileira,* São Paulo 1938; 2ª edição, Rio 1940; 3ª edição, Rio 1960; 4ª edição, Rio 1964; 5ª edição, Rio 1969; 6ª edição, Rio 1976; edição polonesa, Varsóvia 1975. — *Panorama do Segundo Império,* São Paulo 1939. — *Oeste. Ensaio sobre a Grande Propriedade Pastoril,* Rio 1941. —

Orientações do Pensamento Brasileiro, Rio 1942. — *Síntese do Desenvolvimento Literário no Brasil,* São Paulo 1943. — *Formação da Sociedade Brasileira,* Rio 1944. — *O Que se Deve Ler para Conhecer o Brasil,* Rio 1945; 2ª edição, Rio 1960; 3ª edição, Rio 1967; 4ª edição, Rio 1973; 5ª edição, Rio 1976. — *Introdução à Revolução Brasileira,* Rio 1958; 2ª edição, Rio 1963; 3ª edição, Rio 1967; 4ª edição, São Paulo 1978. — *Narrativas Militares,* Rio 1959. — *A Ideologia do Colonialismo,* Rio 1961; 2ª edição, Rio 1965; 3ª edição, Rio 1979. — *Formação Histórica do Brasil,* São Paulo 1962; 2ª edição, São Paulo 1963; 3ª edição, São Paulo 1964; 4ª edição, São Paulo 1967; 5ª edição, São Paulo 1968; 6ª edição, São Paulo 1970; 7ª edição, São Paulo 1971; 8ª edição, São Paulo 1974; 9ª edição, Rio 1976; 10ª edição, Rio 1979. — *Quem é o Povo no Brasil,* Rio 1962; 2ª edição, Rio 1962; 3ª edição, Rio 1963. — *Quem Matou Kennedy,* Rio 1963; 2ª edição, Rio 1964. — *História da Burguesia Brasileira,* Rio 1964; 2ª edição, Rio 1967; 3ª edição, Rio 1976. — *Evolución Social y Económica del Brasil,* Buenos Aires 1964. — *História Militar do Brasil,* Rio 1965; 2ª edição, Rio 1968; 3ª edição, Rio 1979. — *Ofício de Escritor,* Rio 1965. — *O Naturalismo no Brasil,* Rio 1965. — *As Razões da Independência,* Rio 1965; 2ª edição, Rio 1969; 3ª edição, Rio 1978. — *História da Imprensa no Brasil,* Rio 1966; 2ª edição, Rio 1977. — *Memórias de um Soldado,* Rio 1967. — *Fundamentos da Estética Marxista,* Rio 1968. — *Fundamentos da Economia Marxista,* Rio 1968. — *Fundamentos do Materialismo Dialético,* Rio 1968. — *Fundamentos do Materialismo Histórico,* Rio 1968. — *Síntese de História da Cultura Brasileira,* Rio 1970; 2ª edição, Rio 1972; 3ª edição, Rio 1974; 4ª edição, Rio 1976; 5ª edição, Rio 1977; 6ª edição, Rio 1978; 7ª edição, Rio 1979. — *Memórias de um Escritor,* I, Rio 1970. — *Brasil. Radiografia de um Modelo,* Buenos Aires 1974; 1ª edição brasileira, Rio 1974; 2ª edição, Rio 1975; 3ª edição, Rio 1977; edição russa, Moscou 1976. — *Introdução à Geografia. Geografia e Ideologia,* Rio 1976; 2ª edição, Rio 1977. — *A Verdade sobre o ISEB,* Rio 1978. — *Oscar Niemeyer,* Rio 1978. — *A Coluna Prestes,* Rio 1979.

OCTAVIO IANNI — Professor da Pontifícia Universidade Católica de São Paulo e membro do CEBRAP (São Paulo).

Trabalhos principais: Livros: *As Metamorfoses do Escravo,* Difusão Européia do Livro, São Paulo 1962; *Escravidão e Racismo,* Hucitec, São Paulo 1978; *A Formação do Estado Populista na América Latina,* Civilização Brasileira, Rio de Janeiro 1975; *Estado e Planejamento Econômico no Brasil (1930-1970),* Civilização Brasileira, Rio de Janeiro 1971. Em preparo: *Colonização e Contra-Reforma Agrária na Amazônia,* Ed. Vozes, Petrópolis.

PETER L. EISENBERG — Professor do Departamento de História do Instituto de Filosofia e Ciências Humanas da UNICAMP. Trabalhos principais: Livro: *Modernização sem Mudança: A Indústria Açucareira em Pernambuco,* Ed. Paz e Terra, Rio de Janeiro 1977. Artigo: «O Homem Esquecido: o trabalhador livre nacional no século XIX. Sugestões para uma pesquisa», in *Anais do Museu Paulista,* vol. XXVIII (1977-1978), p. 157-173. Em preparo: *Um estudo sobre as modalidades do trabalho livre em São Paulo no último século da escravidão.*

THEO SANTIAGO — Professor do Departamento de História do Instituto de Letras, História e Psicologia de Assis-UNESP. Trabalhos principais: Artigos: «Feudalismo y coacción extraeconómica», in *Estudios Sociales Centroamericanos,* n. 7, S. José, Costa Rica 1974; «As sociedades pré-capitalistas», in *Debate e Crítica,* n. 5, São Paulo 1975. Organização de coletâneas: *Capitalismo-transição,* Liv. Eldorado, Rio 1974; *América Colonial,* Ed. Pallas, Rio 1975; *Descolonização,* Liv. Francisco Alves, Rio 1977. Em preparo: volume sobre Louis Althusser para a Coleção «Grandes Cientistas Sociais», da Ed. Ática, São Paulo.

Este livro foi composto
e impresso nas oficinas da
Editora Vozes Limitada
Petrópolis - RJ - Brasil

EDITORA VOZES

Rua Frei Luís, 100
Caixa Postal, 23
25600 Petrópolis - RJ
Tel.: (0242)43-5112
End. Telegráfico: VOZES
CGC 31.127.301/0001-04
Inscr. Est. 80.647.050

Filiais:

Rua Senador Dantas, 118 — Loja I (Largo da Carioca)
20031 Rio de Janeiro - RJ
Tel.: (021)220-6445

Rua Carvalho de Souza, 152 — Madureira
21350 Rio de Janeiro - RJ
Tels.: (021)359-3661 e 359-9959

Rua Senador Feijó, 158 e 168
01006 São Paulo - SP
Tels.: (011)32-6890, 36-2064 e 36-2288

Rua Haddock Lobo, 360 (ao lado do Colégio São Luís)
01414 São Paulo - SP
Tels.: (011)256-0611, 256-0161 e 256-0361

Av. Miguel Cocicov, s/n
12900 Bragança Paulista - SP
Tel.: (011)433-3675

Rua Tupis, 85 — Loja 10
30000 Belo Horizonte - MG
Tels.: (031)222-4152, 226-0665 e 226-5383

Rua Riachuelo, 1280
90000 Porto Alegre - RS
Tel.: (0512)25-1172

CLR/Norte — Q. 704 — Bloco A — Nº 15
70730 Brasília - DF
Tel.: (061)223-2436

Rua Conselheiro Portela, 354 — Espinheiro
50000 Recife - PE
Tel.: (081)222-6991

Rua da Concórdia, 167
50000 Recife - PE
Tel.: (081)224-3924

Rua Alferes Póli, 52
80000 Curitiba - PR
Tel.: (041)233-1392

Representante:

Ceará Ciência e Cultura Ltda.
Rua Edgar Borges, 89
60000 Fortaleza - CE
Tel.: (085)26-7404